目　录

真题试卷

预测试卷

国家教师资格考试

历年真题解析及预测试卷

参考答案及解析

历史学科知识与教学能力

初级中学

山香教师资格考试命题研究中心　主编

国家教师资格考试
历年真题解析及预测试卷
历史学科知识与教学能力

| 初级中学 |

山香教师资格考试命题研究中心　主编

关注公众号，点击"笔试练习"领取学科笔记

图书在版编目(CIP)数据

历史学科知识与教学能力．初级中学 / 山香教师资格考试命题研究中心主编．-- 北京 ：首都师范大学出版社，2020.6(2021.8重印)

国家教师资格考试历年真题解析及预测试卷

ISBN 978-7-5656-5503-6

Ⅰ．①历… Ⅱ．①山… Ⅲ．①中学历史课－教学法－初中－中学教师－资格考试－题解 Ⅳ．①G633.515-44

中国版本图书馆CIP数据核字(2020)第009136号

国家教师资格考试历年真题解析及预测试卷
LISHI XUEKE ZHISHI YU JIAOXUE NENGLI CHUJI ZHONGXUE
历史学科知识与教学能力·初级中学
山香教师资格考试命题研究中心　主编

策划编辑　张文强
责任编辑　曹亮亮　　　封面设计　山香教育
首都师范大学出版社出版发行
地　　址　北京市西三环北路105号
邮　　编　100048
咨询电话　010-68418523(总编室)　　010-68982468(发行部)
网　　址　http://cnupn.cnu.edu.cn
印　　刷　河南黎阳印务有限公司
经　　销　全国新华书店
版　　次　2020年6月第1版
印　　次　2021年8月第3次印刷
开　　本　787mm×1092mm　1/16
印　　张　14
字　　数　335千
定　　价　35.00元

前　言

中小学教师资格考试是由国家建立考试标准，省级教育行政部门组织的全国统一考试。通过实施中小学教师资格考试，考查申请人是否具备教师职业道德、基本素养、教育教学能力和教师专业发展潜质。严把教师入口关，择优选拔乐教、适教人员取得教师资格。

中小学教师资格考试包括笔试和面试两部分。笔试各科目采取纸笔考试，笔试各科成绩合格者，方可参加面试。教师资格笔试单科成绩有效期为2年，教师资格考试合格证明有效期为3年，中小学教师资格实行5年一周期的定期注册。目前，除西藏外，我国其余省份全部实行教师资格全国统一考试，不管是师范类专业的考生还是非师范类专业的考生，要想成为一名教师，就必须参加教师资格考试。

山香教育在调研历年教师资格考试真题的基础上，结合最新考试标准和考试大纲，策划出版了本套试卷，致力于帮助广大考生实现教师之梦。

本套试卷具有以下特点：

1. 紧依大纲，浓缩考点。本套试卷按照最新考试大纲编写。试卷知识点全面，题型设置和整体难度也较为准确、全面地反映了大纲的要求，是考生进行备考不可多得的辅导资料。

2. 真题先行，预测居后。本套试卷真题与预测互为补充：真题居前，有助于考生把握国家教师资格考试的题型、难度和命题趋势；预测在后，依真题进行命制，帮助考生有针对性地进行强化训练。

3. 试题海量，答案详尽。试题丰富，且所有试题都附有详细的答案和解析，有助于考生理解知识点，科学备考。

本套试卷难免存在一些不足之处，衷心希望各位读者朋友批评指正，同时希望这套试卷能为考生顺利通过教师资格考试提供帮助。

编　者

目　录

参考答案及解析单独成册

题型解读

一、单项选择题

(一)题型介绍

单项选择题主要考查学科专业知识和学科教学能力中的知识识记与理解,考查覆盖面广。在历年真题中,各模块题量基本稳定,其中,学科专业知识占24道,学科教学能力占1道。单项选择题总题量比较稳定,有25道,总分值50分,约占试卷总分值的33%。

学科专业知识主要包括中外历史知识和历史学科理论基础,主要考查的知识点包括中国古代史、中国近代史、中国现代史、世界古代史、世界近代史、世界现代史、《义务教育历史课程标准》(2011年版)、历史理论知识的相关内容。根据对历年真题的分析,单项选择题在学科专业知识各考点中的题量分布大致如下:中国古代史7—10道、中国近代史3—8道、中国现代史1—3道、世界古代史0—3道、世界近代史2—6道、世界现代史2—5道、《义务教育历史课程标准》(2011年版)0—1道、历史理论知识1道。历年真题中对这部分考点,一般以历史知识或历史理论的方式考查。题目形式为题干中给出一段材料,提出相应条件,选出选项中符合条件或不符合条件的一项。

学科教学能力包括历史教学设计、历史教学实施和历史教学评价。历史教学设计主要考查的知识点包括教学过程的设计和历史课外活动设计。历史教学实施主要考查的知识点为历史课堂教学中常用的教学方法。历史教学评价主要考查的知识点为学生学习评价的方法。历年真题中对这部分考点,一般以理论知识的方式考查。题目形式为题干中提出相应条件,根据历史教学设计、实施、评价的相关知识,选择选项中符合条件或不符合条件的一项。

(二)解题方法

能否认真审题,是做好单项选择题的关键。单项选择题常用的解题方法有以下几种:

1.排除法:在不能确定正确选项或对考查的知识模糊不清的情况下,可以用此法逐一排除不正确的选项,缩小选择范围,从而确定正确选项。

2.简化法:为了增加难度,有一些题目的中心词或限制词有意扩充,使考生在答题时要绕几个弯。这时,就需要将复杂的题目简化,画出题目的主、谓、宾,依据这些关键词来分析备选项。

3.替换法:有时题干中的词是我们平时不熟悉的,为了便于思考,可以找一个接近的词替换一下,如“功绩”可换成“积极作用”,“重大举措”可换成“重大措施”。

4.直接联想法:此法指直接回忆有关内容,尤其是通过联想分辨时空方面或逻辑方面最直接的内容。

5.题干还原法:题干内容和答案之间必有严密的逻辑联系。解题时首先把题意明显不符的选项剔除,然后把其他各项纳入题干之中,进行还原思考。

二、简答题

(一)题型介绍

简答题主要考查学科专业知识和学科教学能力中的知识识记与理解,考查覆盖面广。在历年真题中,各模块题量基本稳定。其中,学科专业知识1—3道,学科教学能力0—2道。简答题总题量比较稳定,有3道,总分值30分,占试卷总分值的20%。

学科专业知识主要考查的知识点包括中外历史知识、《义务教育历史课程标准》(2011年版)和历史理论知识的相关内容。

学科教学能力包括历史教学设计、历史教学实施和历史教学评价。历史教学设计主要考查的知识点为教学环节的设计。历史教学实施主要考查的知识点包括教学资源、历史课堂教学中常用的教学方法、历史专题内容的讲授方法、历史网络教学和历史复习。历史教学评价主要考查的知识点包括课堂评价的基本方法和课堂教学评价的内容。

历年真题中对这部分考点,一般以历史专业知识或教学理论知识的方式考查。题目形式为简述、论述、评价、比较或说明某一历史事件、历史现象或教学理论。

(二)解题方法

1.审题

首先,审清楚试题是针对哪一历史事件、历史现象或哪个教学理论知识进行提问。

其次,看题目具体规定要回答哪一方面的内容,是背景、经过、意义还是方法、原则。

再次,看题目要求的作答方式,一般来说,有“评价”“论述”“比较”“说明”等。

最后,注意题目对答题范围的限定。

2.回忆相关知识

知识点包括两大类,一是与题目有关的基本史实,二是答题所需的历史基本理论和基本认识。回忆知识点要做到全面、快速简明。

3.厘清思路

动笔之前先想好答题顺序,如何组织相关知识点。考生可以先在草稿纸上简单写一下思路再动笔。

4.规范作答

首先,答题格式要规范,做到“段落化、要点化、序号化”。其次,语言要规范,要使用历史学科术语。最后,做到字迹清晰、卷面整洁。

三、材料分析题

(一)题型介绍

材料分析题主要考查学科专业知识和学科教学能力中的知识识记、理解和运用,考查覆盖面广。在历年真题中,各模块题量基本稳定,其中,学科专业知识1—2道,学科教学能力1—2道。材料分析题总题量比较稳定,有3道,总分值48分,占试卷总分值的32%。

学科专业知识主要考查的知识点包括中外历史知识和历史学科理论基础的相关内容。

学科教学能力包括历史教学设计、历史教学实施和历史教学评价。历史教学设计主要考查的知识点包括教学设计类型、教学目标及教学重难点的设计、教学过程的设计和历史课外活动设计。历史教学实施主要考查的知识点包括历史课堂教学中常用的教学方法、历史专题内容的讲授方法、初中历史课教学模式和历史导学案。历史教学评价主要考查的知识点包括教学评价的基本方法和课堂教学评价的内容。

历年真题中对这部分考点，一般以历史专业知识或教学理论知识与教学案例相结合的方式考查。题目形式为：题目中给出一到三则历史材料或一段教学案例片段，根据学科专业知识或学科教学能力的相关知识，分析历史材料或分析该教学案例，指出其优缺点并提出改进意见。

(二)解题方法

1.学科专业知识材料分析题

(1)先浏览，后细审。

第一步，快速浏览一遍试题，看材料主要涉及哪些知识点，如何设问的。第二步，结合设问要求，细读材料，从材料中找出答题所需的关键信息。

(2)重视材料的出处和说明性文字。材料出处对理解材料观点非常重要。

(3)调动知识要“依据材料，结合所学”。

(4)按分值多少确定答案要点，答案要点要齐全。

(5)答案要段落化、序号化、要点化，书写工整。

(6)运用历史学科概念和术语。

2.学科教学能力材料分析题

学科教学能力材料分析题主要有以下三种类型：

(1)对教师的教学行为进行整体评述。

作答思路：

首先，对教师行为进行整体判断，在分析教师的行为时，要辩证地看待。

其次，指出其合理之处，并针对合理之处分析说明原因。

最后，指出不合理之处，针对不合理之处分析说明原因，并提出改正措施。

(2)对某一具体行为进行评述。

作答思路：

首先，判断所使用的教学方法、技能、方案或活动是什么，可简单指出该教学方法、技能、方案或活动的定义及其优缺点。

其次，运用相关教学方法、技能、方案或活动的原则或注意事项的知识并结合案例进行分析。

最后，指出该教学方法、技能、方案或活动在使用过程中的合理之处及其原因，或者不合理之处及其原因。

(3)针对某一教学方法、技能、方案或活动进行提问。

作答思路：直接针对问题回顾相关理论知识进行回答。

四、教学设计题

(一)题型介绍

教学设计题主要考查教学设计的能力和水平。在历年真题中，教学设计题总题量比较稳定，有1道，总分值22分，约占试卷总分值的15%。教学设计题一般是从现行版本的初中历史教材中节选一段教学内容，要求考生根据《义务教育历史课程标准》(2011年版)和课文内容，设计出相关的教学过程，包括教学环节、教师活动和学生活动，并说明设计意图。

(二)解题方法

1.确定教学内容、知识结构。

(1)确定教学内容。

①结合课程标准提炼知识点。

②结合课文摘录提炼知识点。

(2)确定知识结构。

结合课程标准和课文摘录中的知识点重新组合知识，确定知识点的逻辑和结构。

2.根据知识内容的特点设计教学活动。

3.采用恰当的方式进行书写。

(1)表格式

考试可采用表格来呈现教学活动的片段设计，这种方法直观性强，方便考官阅卷。但是，如果考生画的表格不够整齐，就会影响试卷美观，因此要酌情使用。

(2)文字式

考生可将表格转化为文字，充分实现段落化，通过段落来强调不同的活动。

机密★启封前　　　　　　　　　　　　姓名＿＿＿＿＿　准考证号＿＿＿＿＿

2020年下半年中小学教师资格考试真题试卷(精编)

《历史学科知识与教学能力》(初级中学)

(本套试卷共32小题,目前已收录30小题)

注意事项:

1. 考试时间为120分钟,满分为150分。
2. 请按规定在答题卡上填涂、作答,在试卷上作答无效,不予评分。

一、单项选择题(本大题共25小题,每小题2分,共50分)

在每小题列出的四个备选项中只有一个是符合题目要求的,请用2B铅笔把答题卡上对应题目的答案字母按要求涂黑。错选、多选或未选均无分。

1. 在我国新石器时期,人们使用的工具是什么?(　　)

A. 打制石器　　B. 磨制石器

C. 青铜器　　D. 铁器

2. 《史记》记载,秦始皇曰:"天下共苦战斗不休,以有侯王。赖宗庙,天下初定,又复立国,是树兵也,而求其宁息,岂不难哉!"为了"求其宁息",秦始皇采取了哪项措施?(　　)(常考)

A. 修建长城　　B. 统一度量衡

C. 焚书坑儒　　D. 推行郡县制

3. 北魏孝文帝改革当中采取的关于税收制度的改革措施是(　　)

A. 两税法　　B. 租调制

C. 户调制度　　D. 摊丁入亩

4. 根据某史料记载,某水利工程"北通涿郡之渔商,南运江都之转输,其为利也博哉"。这句话描述的水利工程是(　　)

A. 灵渠　　B. 郑国渠

C. 都江堰　　D. 隋朝大运河

5. 日本的奈良城中有一条朱雀大街,此外还有东市、西市两个商业区,它仿照的是中国古代的哪个城市?(　　)

A. 汉代的洛阳城　　B. 唐代的长安城

C. 宋朝的东京城　　D. 明朝的北京城

6. 某史料记载:"上既削平诸国(女真各部),每三百人设一牛录额真,五牛录设一甲喇额真,五甲喇设一固山额真。""上"指的是(　　)

A. 成吉思汗　　B. 努尔哈赤

C. 忽必烈　　D. 皇太极

7. 从明朝万历时期开始,北京的戏曲形成了"四方歌者皆宗吴门"的现象。"吴门"指的是(　　)

A. 乐府　　B. 京剧　　C. 昆曲　　D. 评弹

8. 张之洞认为:"棉布本为中国自有之利,自有洋布、洋纱,反为外洋独擅之利。耕织交病,民生日蹙,再过十年,何堪设想!今既不能禁其不来,惟有购备机器,纺花织布,自扩其工商之利,以保利权。"为此他建立了(　　)(易混)

A. 湖北织布局　　B. 上海机器织布局

C. 机器织呢局　　D. 华盛纺织总厂

9. 下列条约当中,和香港有关的是(　　)(易错)

①《南京条约》　②《北京条约》　③《天津条约》　④《马关条约》

A. ①②　　B. ①③　　C. ②③　　D. ②④

10. 近代中国的一篇文章在开篇说道:"长梦千年何日醒,睡乡谁遣警钟鸣。"这篇文章的作者是(　　)

A. 章太炎　　B. 陈天华

C. 邹容　　D. 黄兴

11. 孙中山曾说:"万户涕泪,一人冠冕,其心尚有共和二字存耶?既忘共和,即称民贼。……誓死戮此民贼,以拯吾民。"与此有关的历史事件是(　　)(易混)

A. 武昌起义　　B. 二次革命

C. 护国战争　　D. 护法战争

12. 下图是1915年毛泽东手书的一句话,其中有"五月七日,民国奇耻"一句,这句话反映的历史事件是(　　)

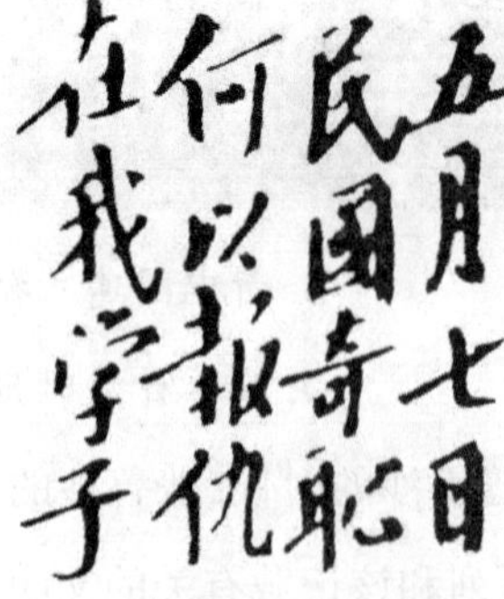

A. 沙俄侵占我国北方大量领土　　B. 北洋舰队全军覆没

C. 袁世凯政府签订"二十一条"　　D. 五四运动时期北洋军阀政府逮捕学生

13. 下列选项中属于我国第一部无声电影的是(　　)

A

B

C

D

14. 与1952年相比,1957年中国的钢产量增长了296%,煤炭产量增长了96%,该现象和下列哪一历史事件有关?(　　)

第14题

A. 全国土地改革的完成　　B. "大跃进"运动的开展

C. 抗美援朝战争的胜利　　D. 第一个五年计划的实施

15. 下图是一对夫妻结婚时领取的结婚证。根据图片信息判断这对夫妻可能是什么时候结婚的?(　　)

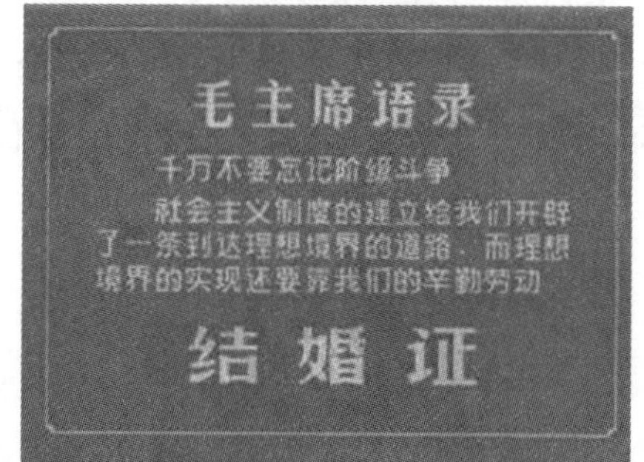

毛主席语录

千万不要忘记阶级斗争

社会主义制度的建立给我们开辟了一条到达理想境界的道路,而理想境界的实现还要靠我们的辛勤劳动

结婚证

A. 解放战争时期　　B. 新中国建立初期

C. "文化大革命"时期　　D. 改革开放时期

16.《梨俱吠陀》记载,当诸神分割原人普鲁沙的时候,普鲁沙的口产生了婆罗门,手臂产生了刹帝利,腿产生了吠舍,脚产生了首陀罗。下列和该记载有关的文明是(　　)

A. 古印度文明　　B. 古埃及文明

C. 古巴比伦文明　　D. 古希腊文明

17. 唐朝时期,西方有一个地跨亚、欧、非三洲的大帝国,它是哪个国家?(　　)

第17题

A. 阿拉伯帝国　　B. 罗马帝国

C. 亚历山大帝国　　D. 奥斯曼土耳其帝国

18. 中世纪晚期,以手工业享誉欧洲的城市是(　　)

A. 热那亚　　B. 巴黎

C. 威尼斯　　D. 佛罗伦萨

19. 下列航线中反映麦哲伦船队的是(　　)(常考)

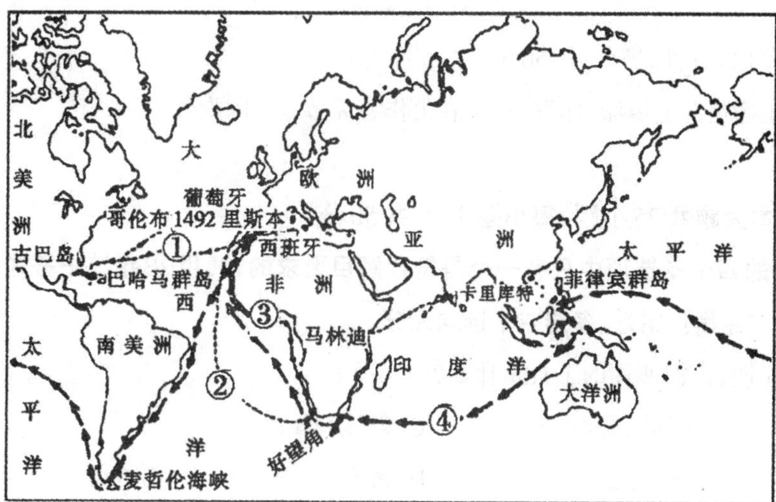

A. ①　　B. ②　　C. ③　　D. ④

20. 下列思想家属于英国启蒙思想家的有(　　)

①卢梭　②洛克　③霍布斯　④斯宾诺莎

A. ①②　　B. ②③

C. ③④　　D. ②④

21. 下图中的人物是美国《独立宣言》的起草者,他是(　　)

A. 华盛顿　　B. 杰斐逊

C. 林肯　　D. 富兰克林

22. 1943年12月发表的《开罗宣言》称，三大盟国进行此次战争之目的，在于制止及惩罚日本的侵略，决不为自己图利，亦无拓展领土之意。三大盟国指的是哪三个国家?(　　)

A. 中国、美国、英国　　B. 中国、苏联、印度

C. 英国、法国、埃及　　D. 美国、苏联、法国

23. 下列与《布雷顿森林协定》相关的是哪些组织?(　　)

①国际货币基金组织　②世界贸易组织　③国际复兴开发银行　④亚太经合组织

A. ①②　　B. ①③

C. ②④　　D. ③④

24. 《史记》当中记录西周各诸侯国历史的是(　　)(易错)

A. 本纪　　B. 列传

C. 世家　　D. 书

25. 运用史料之前要辨别史料，为了考查史料的准确性，可以(　　)

①考查史料的来源　②依据官方的文件　③比较史料的异同　④考究史料的真伪

A. ①②③　　B. ①②④

C. ①③④　　D. ②③④

二、简答题(本大题共3小题，每小题10分，共30分)

26. 简述遵义会议的内容和历史意义。(10分)

27. 简述历史教学中复习的意义。(10分)

28. 历史教师在教学中应该如何突出教学重点?(10分)

三、材料分析题(本大题共1小题,16分)

29. 阅读下面材料并回答问题。

材料 贞观十一年七月一日,……洛水暴涨,漂六百余家。……十三日,诏曰:"暴雨为灾,……诸司供进(进奉财物),悉令减省。凡所力役,量事停废。遭水之家,赐帛有差。"……九月黄河泛溢,……太宗幸白马坂以观之。

——摘自《旧唐书》

问题:

(1)唐太宗对待灾情的态度是什么?(4分)

(2)他所做的救灾措施是什么?(6分)

(3)结合所学知识谈谈这些救灾措施的意义是什么。(6分)

四、教学设计题(本大题共1小题,共22分)

30. 根据下列材料,按要求完成教学设计任务。

材料一 《义务教育历史课程标准》(2011年版)规定:讲述开国大典,认识新中国成立的意义。

材料二 课文摘录

开国大典

1949年10月1日下午3点,毛泽东等国家领导人登上天安门城楼,首都30万军民齐集天安门广场,隆重举行开国典礼。毛泽东向全世界庄严宣告:"中华人民共和国中央人民政府今天成立了!"他按动电钮,中华人民共和国国旗——五星红旗冉冉升起。乐队奏起了《义勇军进行曲》,54门礼炮齐鸣28响。广场上响起暴风雨般的欢呼声,欢庆新中国的诞生。毛泽东宣读了中央人民政府公告,宣布本政府为代表中华人民共和国全国人民的唯一合法政府。

随后,盛大的阅兵式开始。朱德任检阅司令员,聂荣臻任阅兵总指挥。人民海军和陆军部队在《中国人民解放军进行曲》的乐曲声中,以整齐的步伐由东向西通过主席台;人民空军的飞机编队飞过天安门上空,接受检阅。

3小时的阅兵式结束后,举行了盛大的群众游行。天安门广场成为欢乐的海洋,庆祝活动一直持续到晚上9点半。

中华人民共和国的成立,开辟了中国历史的新纪元。中国人民经过一百多年的英勇斗争,终于推翻了帝国主义、封建主义和官僚资本主义的统治。中国真正成为独立自主的国家,占人类总数四分之一的中国人从此站起来了。新中国的成立,壮大了世界和平民主和社会主义的力量。

要求:根据《义务教育历史课程标准》(2011年版)要求和课文内容,设计出相关的教学过程,包括教学环节、教师活动和学生活动,并说明设计意图。

机密★启封前　　　　姓名＿＿＿＿＿＿　准考证号＿＿＿＿＿＿

2019年下半年中小学教师资格考试真题试卷

《历史学科知识与教学能力》(初级中学)

注意事项:

1. 考试时间为120分钟,满分为150分。
2. 请按规定在答题卡上填涂、作答,在试卷上作答无效,不予评分。

一、单项选择题(本大题共25小题,每小题2分,共50分)

在每小题列出的四个备选项中只有一个是符合题目要求的,请用2B铅笔把答题卡上对应题目的答案字母按要求涂黑。错选、多选或未选均无分。

1. 孔子曰:“殷因于夏礼,所损益,可知也;周因于殷礼,所损益,可知也。”文中所说“礼”的含义是(　　)(常考)

A. 生活礼节　　B. 国家政权　　C. 风俗习惯　　D. 政治制度

2.《史记》载:“高祖末年,非刘氏而王者,若无功上所不置而侯者,天下共诛之。”这反映出西汉统治者的主要意图是(　　)

A. 加强皇帝专制统治　　B. 维护“家天下”统治

C. 鼓励百姓建功立业　　D. 加强对地方政权控制

第2题

3. 在中国古代的选官制度中,由下而上推荐人才的制度是(　　)

A. 世官制　　B. 科举制　　C. 察举制　　D. 军功爵制

4. 下图是古代中国某一历史时期的政局形势图(局部)。此图反映的时期是(　　)(易错)

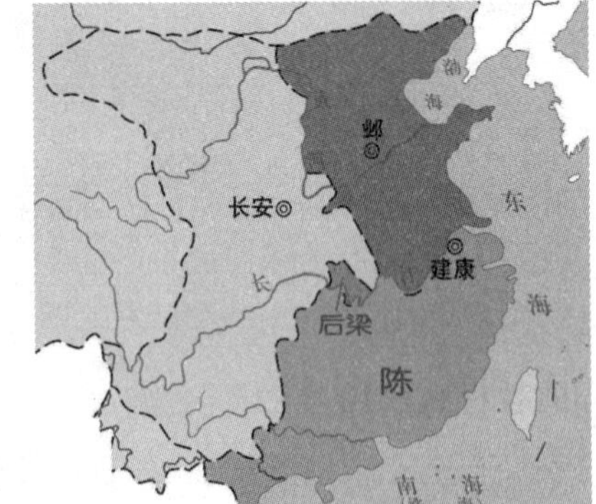

A. 南北朝时期　　B. 十六国时期　　C. 两宋时期　　D. 五代十国时期

5. 唐朝用两税法取代租庸调制的主要原因是(　　)

①均田制的废弛　②农民破产的结果　③安史之乱的破坏　④朋党之争的影响

A. ①②③　　B. ①②④　　C. ①③④　　D. ②③④

6.《元朝秘史》中对12世纪蒙古草原的状况描述道:有星的天旋转着,众百姓反了,互相抢掠财物;有草皮的地翻转着,全部百姓反了,互相攻打。结束这种局面的史事是(　　)

A. 铁木真统一蒙古　　B. 蒙古攻灭西夏

C. 忽必烈建立元朝　　D. 元朝统一中国

7. 明末清初以经世致用、注重现实为特征的著作是(　　)

①《梦溪笔谈》　②《明夷待访录》　③《日知录》　④《朱子全书》

A. ①②　　B. ①③　　C. ②③　　D. ③④

8. 19世纪末20世纪初,中国社会兴起一股办厂的热潮。不属于这一热潮出现的原因是(　　)

A. 洋务派自强运动的推动　　B. 清政府放宽民间设厂限制

C. 国民政府鼓励发展实业　　D. 西方列强放松对华经济侵略

9. 下图是《点石斋画报》刊登的《海上繁华》组图中的一幅。图中所描绘的这一社会生活景象出现在(　　)

赛脚踏车

A. 晚清时期的中国都市　　B. 民国初期的中国乡村

C. 民国后期的中国城市　　D. 20世纪80年代的中国

10. 在一本有关民国初期的读物中,作者写道:“喝咖啡逛公园的上海买办、书包里藏着白话小说的学生、在政府各部跑新闻的北京记者和出口中国茶叶进口英国钢琴的广州商人们,他们的力量远远不足以支撑一个现代宪政社会。”由此可以得出的结论是(　　)

A. 生活习俗全盘西化　　B. 新潮人士已遍及城乡

C. 西方商品开始进入　　D. 民主化进程基础薄弱

11. 下列红军长征历程中的重大事件,按时间先后排列正确的是(　　)(易错)

①召开遵义会议　②飞夺泸定桥　③吴起镇会师　④巧渡金沙江

A. ①②③④　　B. ①③④②　　C. ①④②③　　D. ②④①③

12. 中国共产党在某次会议上提出:“党要立即开始着手建设事业,一步一步地学会管理城市,并将恢复和发展城市中的生产作为中心任务。”这次会议是(　　)

A. 中共六大　　B. 瓦窑堡会议

C. 洛川会议　　D. 中共七届二中全会

13. 20世纪80年代中期，为跟踪世界战略性高科技发展方向，抢占科学技术前沿，缩小与发达国家的差距，我国政府提出的发展战略是（　　）

A. 科教兴国　　B. "863计划"

C. 改革开放　　D. "七五"计划

14. 下表为中国某一时期制定和修改的法律。制定和修改这些法律的主要目的是（　　）

制定	证券法、合同法、招标投标法、信托法、个人独资企业法、政府采购法等
修改	对外贸易法、中外合资经营企业法、外资企业法、专利法、商标法、著作权法等

A. 建立新民主主义经济基础　　B. 保障社会主义改造的推进

C. 启动城市经济体制的改革　　D. 适应加入世界贸易组织的需要

15. 法国学者费奈隆认为"民众支配雅典，演说支配民众"。这句话表明他对古代雅典民主政治的看法是（　　）（常考）

A. 民众缺乏民主意识　　B. 公民大会形同虚设

C. 民主制度有局限性　　D. 雅典缺乏民主传统

16. 17世纪早期，一位英国的国王说："我不允许议论我的政权，君主制是地上最高制度，君主是上帝派来统治人民的总督。"这位国王是（　　）（易混）

A. 詹姆士一世　　B. 詹姆士二世

C. 查理一世　　D. 查理二世

17. 某法令规定："一切公职人员，都只应领取相当于工人工资的薪金，并且毫无例外地可以随时撤换。"这一法令出自（　　）

A. 国民公会　　B. 巴黎公社

C. 共产国际　　D. 工兵代表苏维埃

18. 第一次世界大战后期，美国总统威尔逊对战后问题提出方案。这一方案是（　　）

A.《和平法令》　　B.《十四点原则》

C.《大西洋宪章》　　D.《联合国宪章》

19. "阿芙乐尔号"巡洋舰现已成为著名的历史遗迹，与之相关的史事是（　　）

A. 俄国二月革命　　B. 苏俄国内战争　　C. 苏联卫国战争　　D. 彼得格勒起义

第19题

20. 1932年7月，美国漫画家柯尔比画了一幅漫画：当一架机翼标有"新政"字样的罗斯福座机在天空掠过时，一位迷惘而满怀希望的农民倚锄仰望。该漫画反映的是（　　）

A. 社会保障覆盖广大农民　　B. 贫困和饥饿遍及城乡

C. 美国人民期盼度过危机　　D. 农业萧条状况得以改善

21. 荣获诺贝尔文学奖的阿尔贝·加缪写有荒诞三部曲，其中有这样的表述："今天，妈妈去世了。可能是昨天，我不清楚。"这三部曲可以归属的文学流派是（　　）

A. 浪漫主义　　B. 现实主义　　C. 现代主义　　D. 后现代主义

22. 二十世纪八九十年代，在日本的科研经费构成中，企业投入占70%，企业拥有的科研人员占全国科研人员的59%，企业拥有全国80%以上的科研机构。这一现象反映的是（　　）

A. 产学研一体化　　B. 科研经费充足

C. 企业主导科研　　D. 科研队伍庞大

23. 北美自由贸易区、东南亚国家联盟和亚太经合组织在职能上的共同之处是（　　）

A. 阻碍区域一体化进程　　B. 加强成员国反恐合作

C. 对抗特定的国家集团　　D. 推动经济区域集团化

24. 丛书是汇集多种单独的著作为一编并冠以总书名的一种集群式图书。下列图书中具有这一属性的是（　　）（易混）

A.《永乐大典》　　B.《四库全书》　　C.《康熙字典》　　D.《古今图书集成》

25. 课堂教学中引用多样化历史材料的主要作用是（　　）

①提高学生阅读和理解材料的能力　②引导学生多角度分析历史问题

③帮助学生形成求真求实的历史意识　④促进学生理解专家的权威结论

A. ①②③　　B. ①②④　　C. ①③④　　D. ②③④

二、简答题（本大题共3小题，每小题10分，共30分）

26. 简述冷战结束后世界格局多极化趋势加强的表现。（10分）

27. 概述运用网络平台开展历史教学的优势。（10分）

28. 在历史教学中，教师应树立怎样的教材观？（10分）

三、材料分析题(本大题共3小题,每小题16分,共48分)

29. 阅读下面材料并回答问题。

材料一 大秦王安敦遣使自日南徼外献象牙、犀角、玳瑁,始乃一通焉。其所表贡,并无珍异,疑传者过焉。

——摘自范晔《后汉书·西域传》

材料二 如果来使的身份真实,必然会带来大量宝贵的信息,更新汉人对于罗马帝国本土的认识。然而种种迹象表明,这些来使的身份值得怀疑。首先,中外学者并没有从罗马帝国的拉丁文文献中发现存在过这样一个使团。其次,使团向汉朝皇帝的进献并无意大利本土的特产和工艺品,却都是一些热带地区的特产,如象牙、犀角、玳瑁……所以所谓使团应该是假借了罗马帝国为名的商业团体。

——摘编自李博文《先秦两汉西极观与汉代大秦国印象》

问题:

(1)材料一中的"始乃一通"指的是哪一历史事件?"疑传者过焉"表明范晔对这一事件持何看法?(4分)

(2)你认为材料二中的哪些信息可以为范晔的看法提供支持?(6分)

(3)历史教科书对"始乃一通"多持肯定态度,结合所学知识说明其理由。(6分)

30. 阅读下面材料并回答问题。

材料 某教师为《辛亥革命》一课设计了导学案,其结构是:知识梳理(填空)、问题求解(问答)、巩固运用。以下是该导学案的节选:

三、武昌起义——革命的高潮

(1)爆发:①时间:____________

②领导力量:____________

③革命主力:____________

(2)结果:中华民国成立

①临时大总统:____________

②首都:____________

③纪年方法:____________

④《中华民国临时约法》性质:____________

四、____________——革命的失败

问题:

(1)请指出该导学案在设计上存在的不足之处。(6分)

(2)简述在历史教学中运用导学案的主要作用。(10分)

31. 阅读下面材料并回答问题。

材料 某教师在讲授《盛唐气象》一课中的“唐诗”时，首先让学生回忆自己熟悉的唐代诗歌，接着将全班学生分成7个小组进行比赛，背诵诗歌最多的小组获一等奖，最少的一组为末等奖。然后教师将自己准备的礼物作为奖品发给学生，随即教师宣布下课。

观摩该课的大多数教师认为此活动不可取。

问题：

(1)观摩教师认为“此活动不可取”的主要原因是什么？(10分)

(2)针对本课中“唐诗”的教学内容，课堂教学应如何体现历史课的特色？(6分)

四、教学设计题(本大题22分)

32. 根据下列材料，按要求完成教学设计任务。

材料一 《义务教育历史课程标准》(2011年版)规定：初步了解人口的南迁和江南地区的开发。

材料二 课文摘录

江南地区的开发

秦汉时期，北方和南方的经济发展很不平衡。黄河流域经济发达，是全国经济重心；而江南地区地广人稀，农业生产落后。西晋末年以来，大批北方人民为躲避战祸南下。到东晋后期，长江中下游地区布满了南迁的流民，尤以江苏一带为多；有一部分流民继续南下，进入今天的浙江、福建和广东等地。北方人的南迁，给江南地区输送了大量的劳动力，也带来了中原先进的生产工具和生产技术，从而使自然条件优越的江南地区得到开发，经济迅速发展。

当时的江南地区，不像北方那样战乱不休，社会比较安定。在南下移民和当地民众共同努力下，大量荒地被开垦出来，耕地面积不断增加，并兴修了很多水利工程。农业生产技术也有了很大的改进，包括推广和改进犁耕，实行精耕细作，以及推广选种、育种、田间管理和施用粪肥等比较先进的生产技术。例如，水稻由原来的直播变成育秧移栽，这是水稻生产技术的重大进步；普遍实行了麦稻兼作，五岭以南地区还种植了双季稻，使粮食产量有了很大的提高。此外，还发展种桑养蚕、培植果树、种植药材等，实行农业多种经营。

南方的手工业也有了快速的进步。在缫丝、织布、制瓷、冶铸、造船、造纸、制盐等方面都有显著的发展。农业和手工业的发展，促进了商业的交流和城市的繁荣。南朝时的建康，人口众多，是当时商业最为活跃的大都市。

材料研读

《晋书·食货志》记载东晋后期南方的情形是：“天下无事，时和年丰，百姓乐业，谷帛殷阜，几乎家给人足矣。”

想一想，当时南方社会经济发展的原因是什么？

要求：根据《义务教育历史课程标准》(2011年版)的要求和课文内容，设计出相关的教学过程，包括教学环节、教师活动和学生活动，并说明设计意图。

机密★启封前　　　　姓名＿＿＿＿＿＿　准考证号＿＿＿＿＿＿

2019年上半年中小学教师资格考试真题试卷

《历史学科知识与教学能力》(初级中学)

注意事项:

1. 考试时间为120分钟,满分为150分。
2. 请按规定在答题卡上填涂、作答,在试卷上作答无效,不予评分。

一、单项选择题(本大题共25小题,每小题2分,共50分)

在每小题列出的四个备选项中只有一个是符合题目要求的,请用2B铅笔把答题卡上对应题目的答案字母按要求涂黑。错选、多选或未选均无分。

1. 据先秦典籍记载,有一位思想家在论述仁义问题时,提出"仁者无敌""仁人无敌于天下"的观点。这位思想家是(　　)(常考)

A. 老子　　B. 墨子　　C. 孟子　　D. 荀子

2. 下列选项,发生在东汉时期的是(　　)

①耦耕的推广　②《九章算术》成书　③党锢之祸　④始设西域都护

A. ①②　　B. ①③　　C. ②③　　D. ②④

3. 杜佑《通典》记载:"贞观五年……增筑学舍千二百间。国学、太学、四门亦增生员,其书、算各置博士,凡三千二百六十员。其屯营飞骑,亦给博士,授以经业。无何,高丽、百济、新罗、高昌、吐蕃诸国酋长,亦遣子弟请入国学。于是国学之内八千余人。"当时的办学特色是(　　)

A. 官学与私学并举　　B. 学制完备

C. 官办教育具有开放性　　D. 开始设文武博士

4. 中国古代名窑都有自己独具特色的产品。下列以冰裂纹瓷器著称的是(　　)(易混)

A. 汝窑　　B. 哥窑　　C. 邢窑　　D. 钧窑

5. 据《明史·职官志》载:"成祖即位,特简解缙、胡广、杨荣等直文渊阁,参预机务。阁臣之预务自此始。然其时,入内阁者皆编、检、讲读之官,不置官属,不得专制诸司。诸司奏事,亦不得相关白。"这说明当时的内阁实质上是(　　)

A. 皇帝的参谋、秘书机构　　B. 中央一般行政机构

C. 中央主要决策机构　　D. 事实上的宰相

第5题

6. 提出"吾心之良知,即所谓天理也""是非之心,不待虑而知,不待学而能,是故谓之良知"的理学家是(　　)

A. 朱熹　　B. 陆九渊　　C. 张载　　D. 王阳明

7. 清朝时,江南地区商业繁荣。史书载"徽州富甲江南,然人众地狭,故服贾四方者半土著"。江苏吴江"人浮于田,计一家所耕,不能五亩,以是仰贸易工作为生"。这反映当时江南地区商业繁荣的直接原因是(　　)

A. 政府鼓励商业发展　　B. 农业和手工业繁盛

C. 工商皆本观念影响　　D. 地少而人口众多

8. 魏源提出"夷之长技有三:一战舰,二火器,三养兵练兵之法"的历史背景是(　　)

A. 西学开始传入中国　　B. 英国使者觐见乾隆帝

C. 英国发动鸦片战争　　D. 外国使者获得驻京权

9. 据史料统计,1872—1890年间,进口棉纱的价格下降了1/4以上,如以1872年的进口棉纱价格为基数,1886年进口棉纱的价格仅为它的66.9%。这一变化引起的直接后果是(　　)

A. 政府财政收入增加　　B. 民族工业迅速发展

C. 自然经济加速解体　　D. 阶级矛盾空前尖锐

10. 有一张官方发行的"兴文教育彩票",上面写着"光绪三十四年五月初五日开彩"。其发行目的是(　　)

A. 纪念屈原　　B. 中体西用　　C. 实业救国　　D. 兴办新学

11. 1917年初,《新青年》载文:"一曰,须言之有物。二曰,不摹仿古人。三曰,须讲求文法。四曰,不作无病之呻吟。五曰,务去烂调套语。六曰,不用典。七曰,不讲对仗。八曰,不避俗字俗语。"这篇文章的题目是(　　)

A.《文学改良刍议》　B.《敬告青年》　C.《庶民的胜利》　D.《文学革命论》

12. 下图是小明家里收藏的一张民国时期的香烟广告。这张广告适于探究学习的历史主题是(　　)(易错)

A. 二次革命　　B. 护国运动　　C. 五四运动　　D. 国民大革命

13. 下图是1927—1937年中国共产党党员人数发展折线图。图中折线上升部分表示党员人数急速上升，其主要原因是(　　)

30
25
20
15
10
5
0
1927 1928 1934 1937 (年)

A. 农村革命根据地的发展　　B. 工农红军的战略大转移

C. 抗日救亡运动的新高涨　　D. 苏维埃政府的整风运动

14. 据学者统计，截至1938年底，全国有1001座城市沦陷，中东部地区就有755座被占；全国集中于中东部地区92%的工厂除了少量迁出(上海也只迁出12.3%)外，其余均沦入敌手。这些数据可用来说明的观点是(　　)

A. 日寇侵略迟滞了中国现代化进程

B. 汪伪政府的成立造成国土沦丧

C. 上海一直是中国城市发展的翘楚

D. 中东部地区工业基础被彻底摧毁

NATIONAL SOUTHWEST ASSOCIATED UNIVERSITY
★ 1946 ★
★ 国立西南联合大学 ★

15. 右图所示学校所在的城市是(　　)

A. 长沙　　B. 重庆

C. 昆明　　D. 贵阳

16. 党的十一届三中全会以后，农村实行家庭联产承包责任制，大大提高了农民生产积极性。这一改革的核心是(　　)

A. 引导农民与市场接轨　　B. 增加农业发展的资金投入

C. 扩大农民生产自主权　　D. 强化农业生产的指令性计划

17. 继公民法之后，罗马逐渐形成了万民法。其主要原因是(　　)(常考)

A. 领土的不断扩张　　B. 帝制取代共和制

C. 公民矛盾逐渐激化　　D. 社会经济的繁荣

18. 房龙在《人类的故事》中指出：人们的人生观已经改变，他们开始穿与以前不同的服装，不再把全部思想与精力集中于在天堂等待幸福的永生，他们试图在今生、在地球上建立他们的天堂。下列与上述"改变"相关的史事是(　　)

A. 新航路的开辟　　B. 文艺复兴运动的开展

C. 法国启蒙思想的传播　　D. 工业革命的扩展

19. 史学家评论某一文件"是一份对既定权威造反有理的声明"，是美国"创造了一个新的、不同类型的国家"的标志。这一文件是(　　)

A.《常识》　　B.《独立宣言》

C.《邦联条例》　　D.《联邦宪法》

20. 下图是英国发行的一组邮票，其中的人物被誉为"铁路机车之父"。这位人物是(　　)(易错)

100F　REPUBLIQUE POPULAIRE DU CONGO
REPUBLIQUE POPULAIRE DU CONGO　Postes　150F
200F　REPUBLIQUE POPULAIRE DU CONGO
300F　REPUBLIQUE POPULAIRE DU CONGO

A. 凯伊　　B. 瓦特

C. 史蒂芬孙　　D. 哈格里夫斯

21. 在第一次世界大战中，规模最大、消耗最大的战役是(　　)(易混)

A. 凡尔登战役　　B. 索姆河战役

C. 马恩河战役　　D. 坦能堡战役

22. 1950年法国提出的一份文件中写道："这样结合起来的联营生产意味着将来在法德之间发生战争是不可能的，而且在物质上也不再可能。"这一文件是(　　)

A.《马歇尔计划》　　B.《巴黎条约》

C.《欧洲经济共同体条约》　　D.《舒曼计划》

23. 1961年，第一次不结盟国家和政府首脑会议召开，会议的东道主是(　　)

A. 中国　　B. 南斯拉夫

C. 印度尼西亚　　D. 坦桑尼亚

24. 梁启超在《中国历史研究法》中指出：史迹之为物，必与"当时""此地"之两观念相结合，然后有评价之可言。这里涉及的历史研究方法是(　　)

A. 比较法　　B. 时空定位法

C. 归纳法　　D. 因果分析法

25. 纲要图示方法是历史教学的重要方法之一，其主要功能是(　　)

①对历史资料进行具体解释　②直观明了地呈现历史信息

③展示教学内容的逻辑关系　④对知识要素进行整合与概括

A. ①②③　　B. ①②④

C. ①③④　　D. ②③④

二、简答题(本大题共3小题,每小题10分,共30分)

26. 简述《人权宣言》的主要内容。(10分)

27. 什么是历史讲述法？简述其主要特点。(10分)

28. 简述历史课外读物的主要类型及其相应的教学功能。(10分)

三、材料分析题(本大题共3小题,每小题16分,共48分)

29. 阅读下面材料并回答问题。

材料一 李自成是明末农民军最杰出的领袖。崇祯十七年(1644年)正月,李自成在西安建国,国号大顺,建元永昌。……农民军以疾风暴雨之势,从陕西经山西直捣北京。三月十七日,农民军已至北京城下。……十九日晨,崇祯帝在煤山自缢而死。农民军胜利地开进北京。

——摘自翦伯赞《中国史纲要》

材料二 崇祯十二年(1639年),张献忠叛乱……李自成也乘时猖獗,于十四年(1641年)攻陷河南……十六年(1643年),李自成陷襄阳,僭号"新顺王"。次年,李自成建国,号曰大顺,改元永昌……这时洪承畴早为清军所俘,山海关之地全部沦陷,而流寇的势力已非明朝所能抵御。就在这一年,流寇攻陷北京,清军也接着入关。

——摘自傅乐成《中国通史》

问题:

(1)对同一史事的叙述,材料一与材料二有何不同?(8分)

(2)结合所学知识分析出现不同叙述的原因。(8分)

30. 阅读下面材料并回答问题。

材料:

下面是某历史教学法教材在论述课文辅助系统时所用的案例:

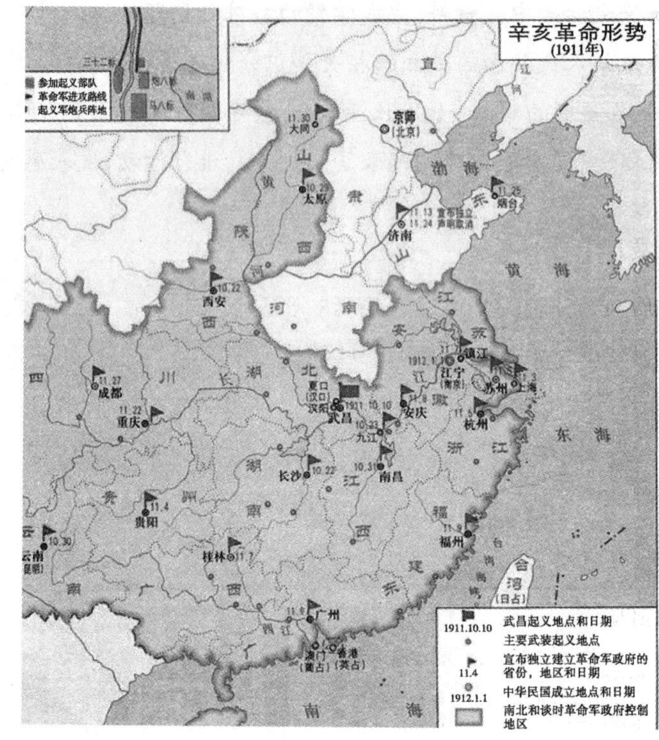

辛亥革命形势图

结合地图,归纳一下武昌起义发生的有利条件:

①从地理位置看。

②从经济发展看。

③从革命基础看。

此外,你认为还有哪些因素？如四川保路运动的影响。

数数看,到1911年,共有多少省份宣布独立？他们主要集中在哪些地区？

问题:

(1)指出该课文辅助系统编排的主要特点。(8分)

(2)这种编排对学生学习历史有何重要作用?(8分)

31. 阅读下面材料并回答问题。

材料：

下面是某教师为“中华人民共和国的成立”一课设计的学生自主学习环节：

(1)个体学习：阅读课文学案中的材料，完成学案的基础知识题。

(2)小组交流：围绕中华人民共和国成立的相关知识分组进行交流。

(3)合作探究：结合学案中的材料，如人民英雄纪念碑的碑文、《共同纲领》的内容、图片《开国大典》、国旗、国歌等，以“中国人民从此站起来了”为主题，进行活动、发表感想。

(4)总结提升。

问题：

(1)你认为这位教师的设计有哪些可取之处？(8分)

(2)历史教学中开展学生自主学习应遵循哪些原则？(8分)

四、教学设计题(本大题22分)

32. 根据下列材料，按要求完成教学设计任务。

材料一　《义务教育历史课程标准》(2011年版)规定：知道秦始皇和秦统一中国，了解秦代的中央集权制度和统一措施对中国历史发展的影响。

材料二　课文摘录

秦实现统一后，原来各自为政的政治形态已不能适应新的社会发展。为加强对全国的统治，秦朝创立了大一统的中央集权制度。

国家的最高统治者称为皇帝，拥有至高无上的权威，总揽全国的一切军政大权。嬴政自称“始皇帝”，史称“秦始皇”。皇帝之下，设有中央政权机构，由丞相、太尉、御史大夫统领，分别掌握行政、军事和监察事务，最后的决断权由皇帝掌控。

在地方上，秦朝进一步废除西周以来实行的分封制，建立由中央直接管辖的郡县制。全国分为36郡，后增至40多郡，郡的行政长官称郡守；在郡下设县，县的长官称县令或县长。郡县的长官都由朝廷直接任免。县以下又设乡、亭、里等基层社会组织。这样，皇帝和朝廷就牢牢地控制了全国各地的权力，并把政治、法律、军事、土地及赋役等制度推向全国。郡县制的实行，开创了此后我国历代王朝地方行政的基本模式。

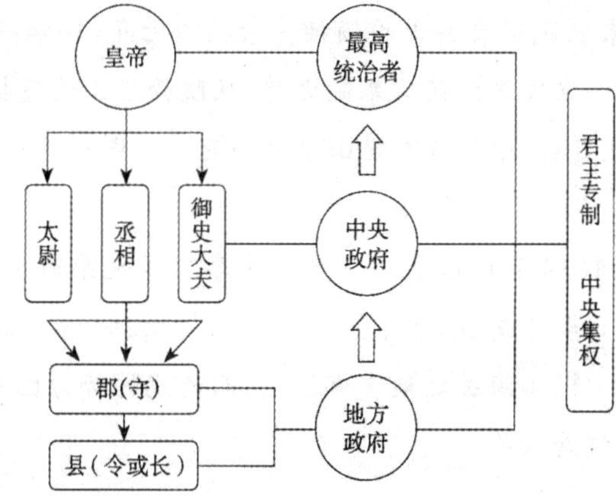

要求：根据课程标准要求和课文内容，设计出相关的教学过程，包括教学环节、教师活动和学生活动，并说明设计意图。

机密★启封前　　　　　　　　　　　　姓名＿＿＿＿＿＿　准考证号＿＿＿＿＿＿

2018年下半年中小学教师资格考试真题试卷

《历史学科知识与教学能力》(初级中学)

注意事项:

1. 考试时间为120分钟,满分为150分。
2. 请按规定在答题卡上填涂、作答,在试卷上作答无效,不予评分。

一、单项选择题(本大题共25小题,每小题2分,共50分)

在每小题列出的四个备选项中只有一个是符合题目要求的,请用2B铅笔把答题卡上对应题目的答案字母按要求涂黑。错选、多选或未选均无分。

1. 在一份中国考古报告中写道:“陶器,除支座外,均为以稻草茎叶、稻壳为羼和料的夹碳黑陶。”由此可推断出土这种陶器的遗址是(　　)

A. 北京人遗址　　B. 半坡遗址

C. 河姆渡遗址　　D. 山顶洞人遗址

2. 先秦时期,某思想家认为“德之不修,学之不讲,闻义不能徙,不善不能改,是吾忧也”。这位思想家是(　　)(常考)

A. 老子　　B. 孔子

C. 庄子　　D. 墨子

3.《汉书》载:“诏贤良曰:‘……贤良明于古今王事之体,受策察问,咸以书对,著之于篇,朕亲览焉。’于是董仲舒、公孙弘等出焉。”文中的“朕”指的是(　　)

A. 汉高祖　　B. 汉文帝

C. 汉景帝　　D. 汉武帝

4. 右图是古代中国某一历史时期的政局形势图。这一政局形势出现于(　　)

A. 公元5世纪　　B. 公元6世纪

C. 公元7世纪　　D. 公元8世纪

5. 唐朝科举制度中最重要的两科是(　　)

A. 明经、进士　　B. 秀才、进士

C. 明经、明法　　D. 明法、明书

6. 农业著述是中国古代农业文明的重要组成部分。下列历史文献属于该分类的是(　　)

①《沟洫志》　②《齐民要术》　③《氾胜之书》　④《水经注》

A. ①②③　　B. ①②④　　C. ①③④　　D. ②③④

7. 苏轼云:“颜公变法出新意,细筋入骨如秋鹰。”下列书法作品中为“颜公”创作的是(　　)

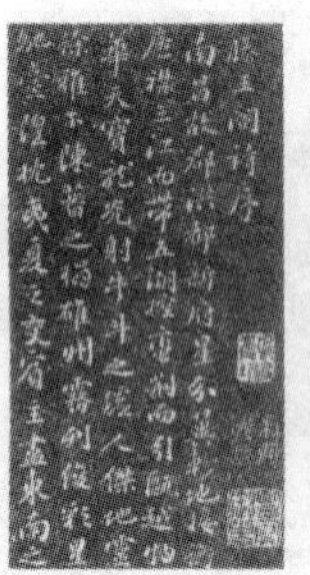

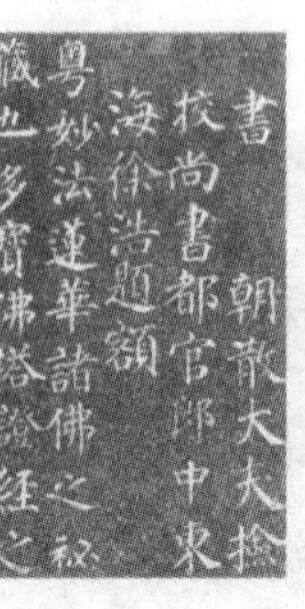

A　　B　　C　　D

8. 两宋时期,风俗画得到了前所未有的发展与繁荣,其主要原因是(　　)

A. 城市商品经济的发展　　B. 程朱理学影响的扩大

C. 对外交往的日益频繁　　D. 民族文化交流的加强

9.《新元史》记载:“上至中书省,下逮郡县亲民之吏,必以蒙古人为之长,汉人、南人贰之。”此处的“汉人”指的是(　　)(易错)

A. 所有的汉族人　　B. 随蒙古人西征的汉族人

C. 原南宋统治下长江以南的汉族人　　D. 原辽、金统治下的汉族人及契丹、女真族人

10. 史学家黄仁宇写道:“《南京条约》签订之后,感到不满意的不是战败国而是战胜国。”下列使战胜国感到最不满意的是(　　)(常考)

A. 中国赔款数量太少　　B.“修约”要求遭到拒绝

C. 鸦片贸易未合法化　　D. 中国市场开放程度有限

11.《全球通史》中写道:“(西方的)入侵在各个领域都达到很大的规模,使中国的生存似乎都受到威胁。结果,愈来愈多的中国领导人被迫得出这样的结论:重大的变革是生存所必不可少的,而这种变革不能仅限于军事和经济方面。”文中所说的“重大的变革”指的是(　　)

A. 洋务运动　　B. 戊戌变法　　C. 辛亥革命　　D. 护国运动

12. 费正清在《伟大的中国革命(1800 — 1985)》一书中写道:“在向西北前进的路上,毛泽东于1935年初重新被推举上了中共领导地位,自那以后再没有更换。”下列与这一论述相关的史事是(　　)

A. 中共二大　　B. 八七会议　　C. 古田会议　　D. 遵义会议

13. 20世纪上半期的一份历史课程标准规定,历史课程要“叙述中华民族之演进,特别注意各支族间之融合与其相互依存之关系,以阐发全民族团结之历史的根据,而于历史上之光荣,以及近代所受

列强之侵略与其原因，尤宜充分说明，以激发学生复兴民族之意志与决心”。据此判断，该文件颁行于(　　)

A. 辛亥革命时期　　B. 国民革命时期

C. 全面抗战时期　　D. 解放战争时期

14. 下列选项中，与下图所反映史事相关的是(　　)

A. 土地改革　　B. 农业社会主义改造

C. 人民公社化运动　　D. 家庭联产承包责任制

15. 20世纪后半期，我国决定选择生物技术、航天技术、信息技术、激光技术、自动化技术、能源技术和新材料七个领域作为国家发展高科技的重点。这一科技发展规划是(　　)(易混)

A. “七五计划”　　B. “985工程”

C. “211工程”　　D. “863计划”

16. 英国诗人雪莱说：“我们全都是希腊人；我们的法律、我们的文学、我们的宗教，根源皆在希腊。”这句话强调的是(　　)

A. 英国人和希腊人同宗同源　　B. 英国全盘继承古希腊遗产

C. 希腊文明对西方文明影响深远　　D. 西方法律、文学与宗教联系紧密

17. 有学者评价某一史事时指出：“在14世纪严峻的考验中……新思想渗透到激流涌动的城市国家里。学者和政治家一同复苏了人类尊严的骄傲、人类实践主义的自信及古典思想的魅力。”该史事指的是(　　)

A. 文艺复兴　　B. 新航路开辟

C. 宗教改革　　D. 启蒙运动

18. 有学者认为：“16世纪前后，它的生产、传播、消费，连接起美洲、欧洲、中亚、东亚等地，成为流淌在全球贸易机体中的血液。”文中的“它”指的是(　　)(易错)

A. 白银　　B. 香料　　C. 瓷器　　D. 呢绒

19. 有学者在评论一位西方科学家时说，他用一把利剑“斩断了无知、迷信和傲慢这些束缚人类对亿万年来生命了解的镣铐”。他评论的这位科学家是(　　)

A. 达尔文　　B. 牛顿　　C. 哥白尼　　D. 爱因斯坦

20. 下图所示是苏联时期的一幅宣传画。它所反映的史事是(　　)

A. “大清洗”运动　　B. 农业集体化运动

C. 第一个五年计划　　D. 反击法西斯入侵

21. 1917年4月，美国总统威尔逊说：“这是一种与全世界各国为敌的战争，美国船已被击沉，美国人的生命被夺去，其手段令我们所听到大为激怒。”威尔逊所说的“手段”指的是(　　)(易混)

A. 闪电战　　B. 海空一体战

C. 大规模消耗战　　D. 无限制潜艇战

22. 下图所示为欧洲大陆某时期的形势图，所反映的是(　　)

A. 凡尔赛体系下的局势　　B. 反法西斯战争中的局势

C. “冷战”开始时的局势　　D. 美苏争霸时的局势

23. 下列史家名句中，出自意大利历史哲学家克罗齐的是(　　)

A. “一切历史都是思想史”

B. “一切历史都是当代史”

C. “历史不仅是过去，而且是有意义的过去”

D. “历史是现在跟过去之间的永无止境的问答交谈”

24. 下列王朝中，一个皇帝只有一个年号的是(　　)

A. 唐朝　　B. 北宋　　C. 元朝　　D. 清朝

25. 教师在编制历史初中试题时，要关注难度与区分度。为保证试题有较好的区分度，试题难度应控制的区间为(　　)

A. 0.1 — 0.2　　B. 0.2 — 0.4　　C. 0.4 — 0.6　　D. 0.7 — 0.9

二、简答题(本大题共3小题，每小题10分，共30分)

26. 概述第二次工业革命的主要成就。(10分)

27. 简述历史课堂教学中板书的主要作用。(10分)

28.《义务教育历史课程标准》(2011年版)在“教学建议”中提出要充分激发学生的历史学习兴趣。试列举激发学生历史学习兴趣的主要策略。(10分)

三、材料分析题(本大题共3小题，每小题16分，共48分)

29. 阅读下面材料并回答问题。

材料：

1933年5月，美国国会通过《农业调整法》，一方面控制农产品产量，从而提高农产品价格；另一方面，政府对缩减耕地、缩减产量的农民提供补贴。不久，国会又通过《农业调整法》的修正案，允许政府采用减少美元含金量等办法，增加全国货币流通量和信用贷款数量。1933年6月，美国国会通过《国家工业复兴法》，提高工人工资和工业品价格。在《国家工业复兴法》的影响下，物价很快上涨。价格上升吸收了投放到市场的货币，增加了货币存量。货币存量的增加，导致名义收入的增加和就业人口的增加。这一增加，又进一步提高了物价。

——李世安《大萧条时期的美国金融改革及其影响》

问题：

(1)根据材料，概述这两项法案所采取的相同的金融货币手段。(6分)

(2)根据材料及所学知识，说明上述两项法案颁布的背景与影响。(10分)

30. 阅读下列材料并回答问题。

材料：

某实习生在对“统一多民族国家的巩固和发展”一课进行教学设计时，直接从网上下载了下面的《清时期全图》，准备用于教学。

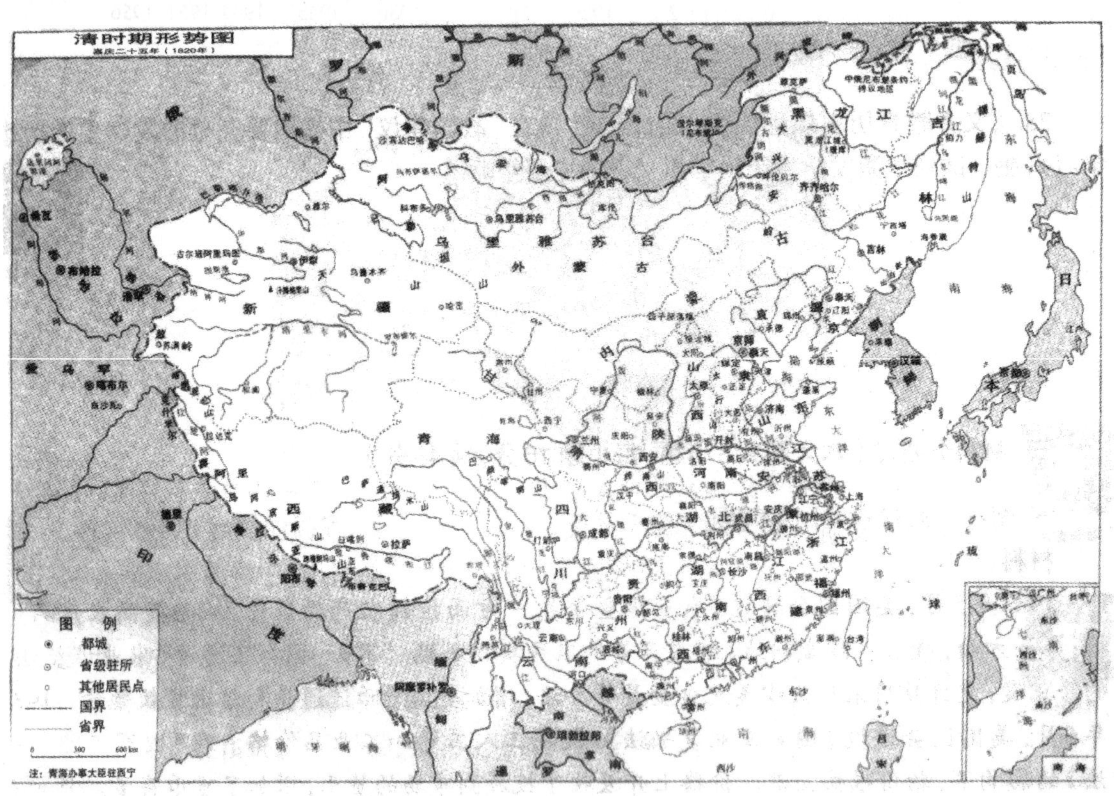

问题：

(1)实习生的指导教师认为用这幅地图不合适，其理由是什么？(6分)

(2)在历史教学中教师选择历史地图应注意哪些问题？(10分)

31. 阅读下列材料并回答问题。

材料：

下面是某师范生在模拟教学中讲授"近代中国民族工业的曲折发展"的内容时制作的一幅课件：

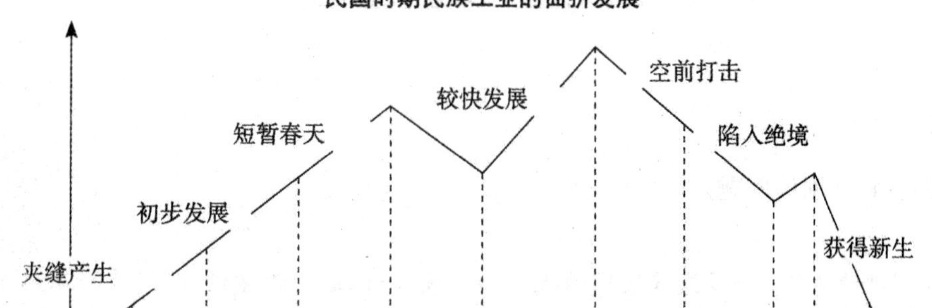

问题：

(1)该课件的内容存在哪些问题?(6分)

(2)课件制作中设计示意图应注意哪些问题?(10分)

四、教学设计题(本大题22分)

32. 根据下列材料，按要求完成教学设计任务。

材料一 《义务教育历史课程标准》(2011年版)规定："通过活字印刷术的发明以及指南针、火药的应用和外传，认识四大发明对世界文明发展的贡献。"

材料二 课文摘录

活字印刷术的发明

我国在隋唐时期发明了雕版印刷术，促进了文化的发展。辽、宋、西夏、金时期，刻书很盛行。雕版印刷技术进一步发展。但雕版印刷刻版费工费时，而且刻好的版只能印制一种书籍。在多年探索的基础上，宋代的印刷技术有了新的突破，这就是活字印刷术的问世。

活字印刷术是由北宋时期的匠人毕昇发明的。他用胶泥刻字，然后用火烧制，使字模变硬。制版时，在一块四周有框的铁板上撒上松脂、石蜡和纸灰等，将烧制好的字模在铁板上排成版，用火将铁板中的松脂熔化，将字版压平，这样就可以印书了。印完之后，再将松脂熔化，泥字拆开，然后又可以再次排版。此后，能工巧匠们又发明了木活字。到了元代，著名的科学家王祯在《农书》中对木活字技术做了系统的总结并有所创新，发明了转轮排字法。元朝中期，出现了铜活字印刷。

相关史事

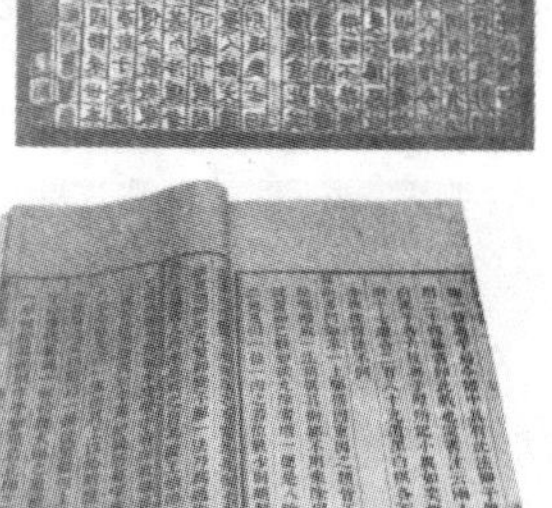

沈括是北宋杰出的科学家，他写了《梦溪笔谈》一书，内容涉及天文、地理、数学、化学、生理学以及科技诸多方面，在我国科技史上占据重要的地位。沈括在这本书中记录了毕昇发明的活字印刷术，并指出用这种技术印书，"若止印三二本，未为简易；若印数十百千本，则极为神速"。

活字印刷术对人类文明的发展产生了重大的影响。13世纪时，活字印刷术传入朝鲜，之后传到日本及东南亚地区，又经丝绸之路传到波斯，后来经过蒙古人的西征等途径传入欧洲。

要求：根据《义务教育历史课程标准》(2011年版)要求和课文内容，设计出相关的教学过程，包括教学环节、教师活动和学生活动，并说明设计意图。

机密★启封前　　　　　　　　　姓名＿＿＿＿＿＿　准考证号＿＿＿＿＿＿

2018年上半年中小学教师资格考试真题试卷

《历史学科知识与教学能力》(初级中学)

注意事项:

1. 考试时间为120分钟,满分为150分。
2. 请按规定在答题卡上填涂、作答,在试卷上作答无效,不予评分。

一、单项选择题(本大题共25小题,每小题2分,共50分)

在每小题列出的四个备选项中只有一个是符合题目要求的,请用2B铅笔把答题卡上对应题目的答案字母按要求涂黑。错选、多选或未选均无分。

1.《诗经·大雅》云:"大邦维屏,大宗维翰,怀德维宁,宗子维城。"从中可以看出西周政治制度的特点是(　　)(常考)

A. 以礼乐制维持社会安定　　B. 以为政有德强化天子的统治地位

C. 以井田制保证财政收入　　D. 以血缘亲疏维系天子与诸侯关系

2.《全球文明史》写道:"席卷整个中国的战争对正在兴起的官僚精英和平民来说,都是一次较大的挫折。在这个时代,军事技能和体能被看作比士所具有的文学和礼仪才能更有价值。"文中的"这个时代"是指(　　)

A. 春秋战国时期　　B. 三国时期

C. 南北朝时期　　D. 宋金对峙时期

3. 下图是东汉画像石拓片,从中可以直接获取的历史信息是(　　)

A. 播种工具的出现　　B. 铁制农具的发明

C. 牛耕技术的运用　　D. 灌溉技术的进步

4. 史载:"晋主虽有南面之尊,无总御之实,宰辅执政,政出多门,权去公家,遂成习俗。"文中"习俗"指的是(　　)

A. 郡国并行　　B. 内阁专权　　C. 地方割据　　D. 门阀政治

5. 安史之乱造成北方地区"人烟断绝,千里萧条"。有诗人描述道:"寂寞天宝后,园庐但蒿藜。我里百余家,世乱各东西。"这位诗人是(　　)

A. 李白　　B. 杜甫　　C. 杜牧　　D. 白居易

6. 下图是南宋李嵩的《货郎图》,此图反映的是(　　)

A. 农业技术进步　　B. 商业活动活跃

C. 手工业的兴盛　　D. 娱乐业的兴起

7. 元朝"上承天子,下总百司"的最高行政机关是(　　)(常考)

A. 中书省　　B. 尚书省　　C. 门下省　　D. 行中书省

8. 顾炎武说:"愚所谓圣人之道如之何?曰'博学于文',曰'行己有耻'……士而不先言耻,则为无本之人。"上述言论的主旨是(　　)

A. 倡导经世致用　　B. 强调学术与道德的结合

C. 提倡无征不信　　D. 回归先秦儒学的义利观

9. 晚清一位大臣针对列强在华攫取的某项特权说:"一国所得,诸国安然而享之;一国所求,诸国群起而助之,是不啻驱西洋诸国,使之协以谋我。"这项特权指的是(　　)(易错)

A. 领事裁判权　　B. 外国公使进驻北京

C. 开矿筑路权　　D. 片面最惠国待遇

10. 孙中山说:"(我)所最信的是定地价的法,比方地主有地价值一千元,可定价一千元,或多至二千,就算将来因交通发达涨至一万,地主应得二千,已属有益无损;盈利八千,当归国家。"他的主张与下列各项相关的是(　　)

A. 民主主义　　B. 民族主义　　C. 民生主义　　D. 民权主义

11. 1925年10月,以共产党员和共青团员为骨干的"攻城先锋队"攻克惠州,促进了广东革命根据地的统一,下列各项与之相关的是(　　)(易混)

A. 黄埔军校校军东征　　B. 国民革命军东征

C. 国民革命军北伐　　D. 工农红军西征

12. 右图是我国“一五”计划期间各部门的投资比例示意图，此图反映的是(　　)

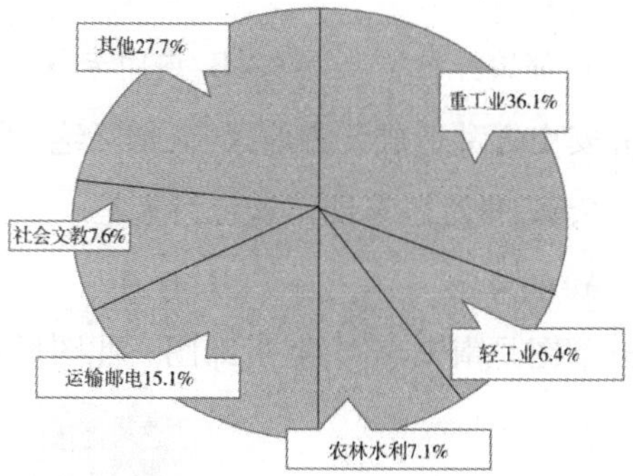

其他27.7%
重工业36.1%
社会文教7.6%
轻工业6.4%
运输邮电15.1%
农林水利7.1%

A. 优先发展重工业
B. 各行业协调发展
C. 奠定轻工业基础
D. 国民经济比例失调

13. 1958年，有报道说：“过去每亩(山药)两千棵秧子的耕作法发展到这里的每亩一万五千棵，计划产量从每亩二十万斤直到一百万斤。”这段报道反映的史事是(　　)

A. 土地改革运动　　B. “大跃进”运动
C. 农业合作化　　D. 农村经济体制改革

14. 20世纪70年代末，广东省委要求中央给予当地一定的权力，以便借助华侨众多和毗邻港澳的优势发展经济，中央同意给予政策支持。这一政策直接推动了(　　)

A. 联产承包责任制的实行　　B. 沿海经济开放区的设立
C. 国有企业市场化的开始　　D. 外向型经济特区的兴办

15. 卢梭认为：“在国家里没有什么基本上不能废除，社会契约本身也不例外，因为假如所有公民一致同意破坏契约，无疑地这将是合法的破坏。”这句话所反映的政治理念是(　　)

A. 自由平等　　B. 三权分立
C. 民主共和　　D. 人民主权

16. 英国是进行奴隶贸易的主要国家，从中获利最大，但1807年英国国会通过了废除奴隶贩卖法令。下列各项中与之相关的因素有(　　)

①拉美独立运动的高涨　②废奴运动的开展　③工业革命的推动　④“日不落帝国”的形成

A. ①②　　B. ①④　　C. ②③　　D. ③④

17. 1688年，英国的六位政党领袖和一名主教联名向玛丽和威廉发出邀请，声称英国人民极不满意目前的政府，盼望他们来保护英国的“宗教、自由和财产”。这一邀请直接导致了(　　)

A. 斯图亚特王朝复辟　　B. “光荣革命”发生
C. 《权利法案》颁布　　D. 责任内阁制确立

18. 1787年，华盛顿在致麦迪逊的信中说：“凡是有判断能力的人，都不会否认对现行制度进行彻底变革是必需的。”这里所说的“彻底变革”指的是(　　)

A. 建立开明君主制　　B. 改革联邦政体
C. 实行君主立宪制　　D. 改变邦联体制

19. 1917年，美国驻俄大使弗朗西斯说：“布尔什维克正试图创造一场世界范围的社会革命，并坚决鼓吹以暴力来推进这场革命。现在看来，资产阶级能否使这个世界成为一个安全的社会都成了问题。”他所评论的“社会革命”是(　　)(常考)

A. 二月革命　　B. 七月革命
C. 十月革命　　D. 十一月革命

20. 1889年，在上海格致书院举行的一次考试中，有学生写道：“其动物之不合宜者，渐渐澌灭，其合宜者，得以永存，此谓天道自然之理。”文中所说的“天道自然之理”的创立者是(　　)

A. 伽利略　　B. 哥白尼　　C. 达尔文　　D. 爱因斯坦

21. 1942年，盟军在太平洋战场组织了一次战役，使太平洋战场局势发生了根本性转折。这场战役是(　　)

A. 中途岛海战　　B. 冲绳岛登陆战
C. 珊瑚岛海战　　D. 西西里登陆战

22. 美国将军李奇微在回忆录中写道：“我国的安全应放在集体行动的基础之上……在我国历史上，我们第一次了解到‘有限’战争的概念。”文中“有限”战争指的是(　　)

A. 海湾战争　　B. 波黑战争
C. 朝鲜战争　　D. 越南战争

23. 1992年，欧共体成员国签订条约，决定将“欧共体”改名为“欧洲联盟”。这一条约是(　　)

A.《巴黎条约》　　B.《罗马条约》
C.《布鲁塞尔条约》　　D.《马斯特里赫特条约》

24. 有史学家认为，“时代愈后，传说中的古史期愈长”“时代愈后，传说中的中心人物愈放愈大”，所以“古史是层累地造成的”。提出这一观点的史学家是(　　)

A. 顾颉刚　　B. 陈寅恪　　C. 王国维　　D. 郭沫若

25. 下面是某教师讲授“百家争鸣”一课时的板书，该板书的类型属于(　　)

百家争鸣

学派	代表	著作	主张
儒家	孟子	《孟子》	民贵君轻，仁政，反对战争
	荀子	《荀子》	人定胜天
墨家	墨子	《墨子》	兼爱，非攻，反对以强凌弱
道家	庄子	《庄子》	无为而治
法家	韩非子	《韩非子》	提倡法治、中央集权

A. 图表式板书　　B. 纲要式板书
C. 图示式板书　　D. 线索式板书

二、简答题(本大题共3小题,每小题10分,共30分)

26. 简述伯利克里时期雅典公民民主权利扩大的主要表现。(10分)

27. 简述《义务教育历史课程标准》(2011年版)在课程性质中有关“思想性”的内容。(10分)

28. 初中历史教科书中有“知识拓展”“自由阅读卡”“每课一得”这一类栏目,其主要功能是什么?(10分)

三、材料分析题(本大题共3小题,每小题16分,共48分)

阅读下列材料,并回答问题。

29. **材料一** 中国人民不是倒向社会主义一边,就是倒向帝国主义一边,绝无例外。骑墙是不行的,第三条道路是没有的。

——摘编自毛泽东《论人民民主专政》

材料二 从1960至1964年,共有14个亚非国家同中国正式建交,其中撒哈拉以南的独立的非洲国家占12个。

——摘编自张岂之《中国历史新编》

材料三 1971年4月,周恩来根据毛泽东的决策,指示有关部门主动邀请美国乒乓球队访华,随后又亲自会见他们。“乒乓外交”被国际舆论称为“小球转动了大球”。

——摘编自《中国近现代史纲要》

问题:

(1)根据上述材料并结合所学知识,概述从新中国成立到20世纪70年代我国外交政策的变化过程。(8分)

(2)根据材料三并结合所学,说明开展“乒乓外交”的历史背景。(8分)

30. **材料:**

某青年教师在讲授“两汉的科技与文化”一课后,设计了一个参观考察活动的方案。

参观考察活动方案

时间、地点	活动方式	活动要求
周六上午九点,在汉墓竹简博物馆集合入馆。学生自行前往,路上注意安全	以班级小组为单位进行活动	①认真听讲解员讲解 ②搜集资料,回家整理 ③准备下周一上课交流

该教师将方案交给教研组长审阅,组长建议修改。

问题:

(1)这个参观考察活动方案的设计有何不足?(8分)

(2)概述参观考察活动对于历史学习的主要作用。(8分)

31. 材料：

下面是某实习生为讲解“中日甲午战争与瓜分中国狂潮”一课制作的时间轴：

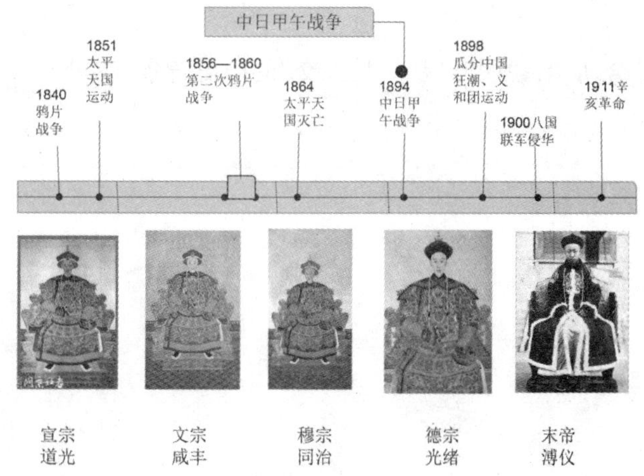

问题：

(1)该时间轴的制作存在哪些问题？(8分)

(2)简述历史教学中使用时间轴的主要作用。(8分)

四、教学设计题(本大题22分)

32. 根据下列材料，按要求完成教学设计任务。

材料一 《义务教育历史课程标准》(2011年版)规定：通过法国大革命和拿破仑帝国的活动，初步理解法国革命的历史意义。

材料二 课文摘录

法国大革命

1789年7月14日，巴黎城中枪声四起，愤怒的市民拿起武器同军警展开激战。这一天，起义群众攻占了关押政治犯的巴士底狱，掀开了轰轰烈烈的法国大革命序幕。

18世纪时，法国社会等级森严，全体社会成员分成三个等级，包括资产阶级和农民在内的第三等级，政治上无权，却要供养生活腐朽的上层等级。广大农民生活非常困苦，人民怨声载道。王室挥霍无度，国家财政陷于破产。1789年，国王召开三级会议筹款。会议期间，第三等级代表不愿顺从国王，国王企图派兵将他们逮捕，巴黎人民闻讯发动了起义。革命形势飞速发展，资产阶级掌握了政权，不久又颁布《人权宣言》，宣称人们生来自由，权利平等，私有财产神圣不可侵犯。

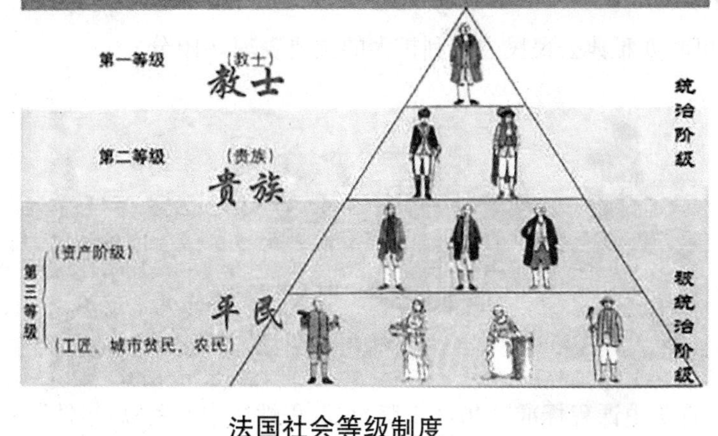

法国社会等级制度

在权利方面，人们生来是而且始终是自由平等的。

法律是公共意志的表现。全国公民都有权亲身或经由其代表去参与法律的制定。

——《人权宣言》

1792年，法国废除了君主制度，建立了共和国——历史上称为法兰西第一共和国。不久，法国国王路易十六被推上断头台，欧洲一些国家以此为借口，侵略法国；法国国内形势也动荡不定。巴黎人民再次发动起义。罗伯斯庇尔等人掌握了政权，采取了一系列果断措施，打退了外国军队的进攻，平息了国内的叛乱，把法国大革命推向高潮。

罗伯斯庇尔等人采取的政策包括限定生活必需品的价格、管制粮食买卖、把没收来的逃亡贵族的土地以分期付款的方式卖给缺地的农民等；同时，用恐怖手段严惩反动分子，但也伤及了无辜。这些措施帮助法国渡过了最困难的时期，但是罗伯斯庇尔等为首的雅各宾派也因此遭到很多非议。

1794年7月，罗伯斯庇尔等人在政变中被送上断头台，法国大革命高潮结束。法国大革命摧毁了法国的封建统治，传播了资产阶级自由民主的进步思想，对世界历史的发展有很大影响。

要求：根据《义务教育历史课程标准》(2011年版)要求和课文内容，设计出相关的教学过程，包括教学环节、教师活动和学生活动，并说明设计意图。

机密★启封前　　　　　　　　姓名＿＿＿＿＿＿　准考证号＿＿＿＿＿＿

2017年下半年中小学教师资格考试真题试卷

《历史学科知识与教学能力》(初级中学)

注意事项:

1. 考试时间为120分钟,满分为150分。
2. 请按规定在答题卡上填涂、作答,在试卷上作答无效,不予评分。

一、单项选择题(本大题共25小题,每小题2分,共50分)

在每小题列出的四个备选项中只有一个是符合题目要求的,请用2B铅笔把答题卡上对应题目的答案字母按要求涂黑。错选、多选或未选均无分。

1. 史书记载,禹死后,“益干启位而启杀之”“诸侯皆去益而朝启”。这一史事对中国古代政治制度产生的主要影响是(　　)

A. 实行了禅让制　　B. 创立了分封制

C. 开创了王位世袭制　　D. 确立了皇帝制

2. 有学者指出,孟子对于社会秩序思考的出发点是建立在“人性善”上。下列言论体现孟子这一思想的是(　　)(常考)

A. 老吾老以及人之老,幼吾幼以及人之幼　　B. 父子兄弟作怨恶,离散不能相和合

C. 释法术而以心治,尧不能正一国　　D. 人生不能无群,群而无分则争

3. 考古学家在丝绸之路沿线的乌孙、于阗等地的墓葬中发现许多汉锦、丝绸、铁器、装饰品。这表明汉代(　　)

A. 中原与西域的经济联系密切　　B. 西域手工业的兴盛

C. 西域与中原丝织业水平相当　　D. 西域奢侈之风盛行

4. 钱穆在《国史新论》中写道:“自经此项制度推行日久,平民社会,穷苦子弟,栖身僧寺,十年寒窗,也可跃登上第。”文中的“此项制度”指的是(　　)(常考)

A. 军功爵制　　B. 察举制　　C. 九品中正制　　D. 科举制

5. 今天的马六甲、爪哇等地都有“三宝庙”。下列人物与此相关的是(　　)

A. 玄奘　　B. 鉴真　　C. 郑和　　D. 法显

6. 南宋《梦粱录》载:“杭州城内外,户口浩繁,州府广阔,遇坊巷桥门及隐僻去处,俱有铺席买卖。”造成这种现象的原因是(　　)

A. 杭州商业繁盛　　B. 坊市界限的打破

C. 城镇人口激增　　D. 市民阶层的壮大

7. 中国历史上有多次赋役制度的改革,其中把税收并为单一的土地税的赋役制度是(　　)

A. 租庸调制　　B. 方田均税法　　C. 一条鞭法　　D. 摊丁入亩

8. 《中国现代化的区域研究》中记载:“1880年,直隶总督李鸿章委派候补知县戴华藻集股两万两白银,开办中兴矿局,均为商股。”由此可以判断中兴矿局的经营方式是(　　)

A. 官督商办　　B. 官办

C. 商办　　D. 官商合办

9. 下面资料出自中国近代某不平等条约。该条约是(　　)(易混)

> 第七款:大清国国家允定各使馆界,以为专与住用之处,并独由使馆管理。中国民人概不准在界内居住,亦可自行防守。

A.《天津条约》　　B.《北京条约》

C.《马关条约》　　D.《辛丑条约》

10. 史学家陈旭麓认为,近代中国所产生的新的社会力量,由于同新的经济关系血肉相连,构成了整个社会变化的基干。这里所说的“新的社会力量”指的是(　　)

①农民阶级　②买办阶层　③民族资产阶级　④工人阶级

A. ①②③　　B. ①②④

C. ①③④　　D. ②③④

11. 张謇指出:“自今而后,经济潮流,横溢大地,中外合资营业之事,必日益增多。我无法律为之防,其危险将视无可得资为尤甚,故农林工商部第一计划即在立法。”他倡导立法的真正目的在于(　　)

A. 维护民族工业的利益　　B. 建立中外合资企业

C. 向外国寻求资金援助　　D. 呼吁大力发展工商业

12. 1937年,毛泽东在和英国记者贝特兰谈话时回忆说:“那时军队设立了党代表和政治部,这种制度是中国历史上没有的,靠了这种制度使军队一新其面目。”毛泽东所说的“这种制度”始于(　　)

A. 黄埔军校　　B. 南昌起义　　C. 三湾改编　　D. 古田会议

13. 下图所示的战役是(　　)

A. 淞沪会战　　B. 淮海战役　　C. 徐州会战　　D. 渡江战役

14. 邮票蕴含着丰富的历史信息。下图反映的是(　　)

A. 中国首次提出和平共处五项原则　　B. 广大亚非拉国家掀起不结盟运动

C. 亚非国家寻求紧密的团结与合作　　D. 中国首次以大国身份出席国际会议

15. 梭伦写道:“黑色的土地,将是最好的证人,因为正是我,为她拔掉了众多的债权标,以前她备受奴役,而今已重获自由。许多被出卖的人们……我都使他们获得解放!”梭伦为“使他们获得解放”而采取的措施是(　　)

A. 废除债务奴隶制　　B. 实行土地私有制

C. 按财产多少划分等级　　D. 实行陶片放逐法

16. 恩格斯以为,罗马法“包含着资本主义时期的大多数法律关系”,是“商品生产者社会第一个世界性法律”。下列表述符合恩格斯的论断的是(　　)

A. 罗马法是第一部资产阶级成文法典　　B. 罗马法是罗马帝国统治的有力支柱

C. 罗马法提倡法律面前公民人人平等　　D. 罗马法是近代欧美国家的立法基础

17. 下图是1801—1860年俄国农民暴动统计图,导致这种状况的主要原因是(　　)

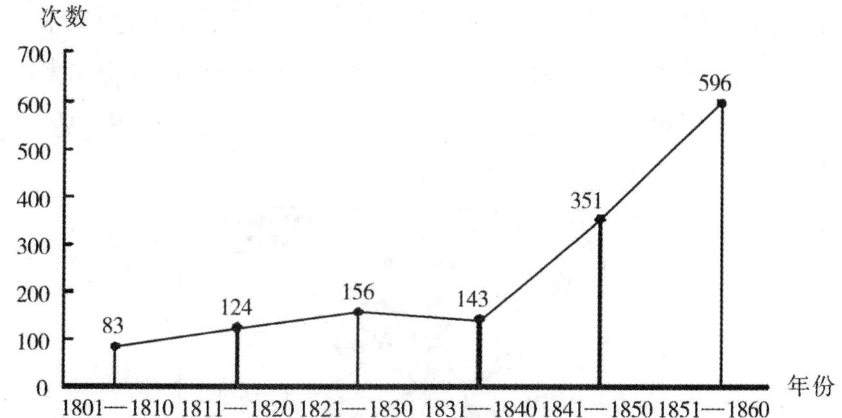

A. 沙皇专制统治的残暴　　B. 资本主义的迅速发展

C. 无产阶级力量的壮大　　D. 马克思主义理论的传播

18. 史学家帕尔默在《现代世界史》中写道:“1870年以后,那些欧洲的大民族国家如今倚仗占压倒优势的新力量为它们自己夺得了遍及全球的帝国。”这里所说的“新力量”指的是(　　)(常考)

A. 实践经验与技术创新的结合　　B. 科学与技术的紧密结合

C. 工业生产与市场需求的结合　　D. “大棒”与“金元”结合

19. 罗斯福新政期间成立“民用工程署”,在全国建立18万个小工程,包括校舍、桥梁等,吸纳400万人工作。该措施的作用是(　　)

A. 减少企业盲目生产　　B. 刺激生产与消费

C. 促进企业间公平竞争　　D. 建立社会保障体系

20. 某国际文件写道:“现时业已到来,日本必须决定一途……《开罗宣言》之条件必将实施,而日本之主权必将限于本州、北海道、九州、四国及吾人所决定其他小岛之内。”该文件是(　　)

A.《大西洋宪章》　　B.《联合国家宣言》

C.《德黑兰宣言》　　D.《波茨坦公告》

21. 1935年,世界第一部彩色电影拍摄成功。这部电影是(　　)

A.《摩登时代》　　B.《浮华世界》　　C.《战争与和平》　　D.《大独裁者》

22. 下图为美国军费开支统计曲线,与这一时期变化相关的史事是(　　)

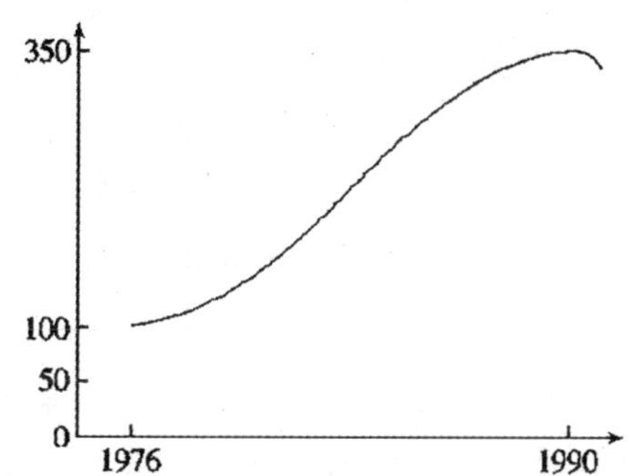

A. 朝鲜战争　　B. 越南战争　　C. 星球大战计划　　D. 科索沃战争

23. 梁启超曾说:不敢自承,所作《戊戌政变记》,“悉为信史”,因为“感情作用所支配,不免真迹放大”。此言论说明史料可靠性要考虑(　　)

A. 尽量采用原始证据　　B. 记录者动机

C. 语言取舍与文饰　　D. 当事人记忆

24. 要了解“班超经营西域”的史实,可查阅(　　)(易错)

①《史记》　②《后汉书》　③《三国志》　④《资治通鉴》

A. ①②　　B. ②③　　C. ②④　　D. ③④

25. 某教师在进行指南针、火药、印刷术三大发明传播教学中,发给学生相应文献资料,要求学生分析材料,得出结论并在地图上标出路线。这一教学活动培养的能力主要是(　　)

A. 历史感知　　B. 史料实证　　C. 历史想象　　D. 读图用图

二、简答题(本大题共3小题,每小题10分,共30分)

26. 列举明清时期商业发展的主要表现。(10分)

27. 简述科技史教学应达成的价值观目标。(10分)

28. 历史教师听课时,观察学生表现应包括哪些主要方面?(10分)

三、材料分析题(本大题共3小题,每小题16分,共48分)

阅读材料,并回答问题。

29. 材料:

1870年的普法战争结束后,统一的德意志帝国成立。此后,德国的资本主义迅速发展。从1870年至1913年,德国工业生产增长4.6倍,同期英国只增长1.3倍。1870年至1900年,德国酸和碱等基本化学原料的产量增加了7倍,染料的产量增加了3倍,均已跃居世界首位。1900年,世界所用染料的4/5是德国生产。1913年,德国贸易已占世界贸易总额的13%,而英国是15%。1857年,德国第一个卡特尔出现,1905年达385个,并迅速向更高的形式——辛迪加和康采恩发展。

——摘编自王珏《世界经济通史》

问题:

(1)根据材料概述这一时期德国经济发展的突出表现。(8分)

(2)根据材料并结合所学,指出这一时期德国经济迅速发展的原因。(8分)

30. 材料:

某教师在“抗日战争”的教学中,引用了一段日军第59师团第54旅团第110大队伍长富岛健司的口述材料:

“我想起了1943年在渤海湾的沿海地带生活的事情。我们如果见了男人的话,就抓过来殴打,残酷地加以杀害。但是见了女人,就要羞辱她。如果她们哀求或反抗的话,就大骂她们‘混蛋,难道不知道为什么让你们活下来吗?’于是拼命地打她们,以致用刺刀将她们杀死。”然后,教师问:这段材料能说明什么?学生答道:说明日军侵华暴行。教师补充说:这是亲历者的口述,是日军暴行的有力证据。

问题:

(1)该教师引用这段口述史料有哪些作用?(8分)

(2)历史教学中,教师应如何选择口述史料?(8分)

31. 材料：

某教师为《中国早期人类的代表——北京人》的教学，设计了如下的课后作业：参观历史博物馆，查阅图书资料并结合课文内容，自拟题目，比较一下古猿、北京人与现代人的区别，书面作答。

问题：

(1)指出该教师设计这一课后作业的意图。(8分)

(2)对学生的这一作业应从哪些方面评价？(8分)

四、教学设计题(本大题22分)

32. 根据下列材料，按要求完成教学设计任务。

材料一 《义务教育历史课程标准》(2011年版)规定：知道康有为、梁启超等维新派代表；了解“百日维新”的主要史实。

材料二 课文摘录

公车上书

1895年春，《马关条约》签订的消息传到北京，正在北京参加科举考试的康有为和梁启超，邀请各省参加科举考试的举人，联名上书光绪帝，反对同日本议和，请求变法图强。史称“公车上书”。这次上书，对清政府触动不大，却轰动了全国。从此，变法维新运动揭开了序幕。

康有为是广东南海人。他从小熟读四书五经。面对列强侵略中国的现实，他从儒家经典里找不到解脱办法。后来，他通过阅读一些外国书了解到，俄国和日本都靠变法迅速强盛起来，感到发现了医治中国的灵丹妙药，开始宣传变法维新的道理。梁启超是广东新会人。他小时候有“神童”的美称。梁启超听康有为讲俄国和日本如何通过变法使国家富强，觉得很新鲜。于是，他诚恳地拜康有为做老师。

公车上书失败后，康有为、梁启超创办《万国公报》，通过介绍资本主义国家的政治经济情况，继续宣传维新变法。不久，他们联合朝中大臣在北京组织强学会，定期集会讲演。

随后，他们又把《万国公报》改名为《中外纪闻》，作为强学会的机关报发行。维新派的政治团体形成了。

要求：根据《义务教育历史课程标准》(2011年版)要求和课文内容，设计出相关的教学过程，包括教学环节、教师活动和学生活动，并说明设计意图。

机密★启封前　　　　　　　　　　　　姓名____________　准考证号____________

2017年上半年中小学教师资格考试真题试卷

《历史学科知识与教学能力》(初级中学)

注意事项:

1. 考试时间为120分钟,满分为150分。
2. 请按规定在答题卡上填涂、作答,在试卷上作答无效,不予评分。

一、单项选择题(本大题共25小题,每小题2分,共50分)

在每小题列出的四个备选项中只有一个是符合题目要求的,请用2B铅笔把答题卡上对应题目的答案字母按要求涂黑。错选、多选或未选均无分。

1. 图1中的文字是西周毛公鼎上的铭文,这种文字被称为(　　)

A. 甲骨文　　B. 金文　　C. 契丹文　　D. 小篆

图1

2. 战国时期,梁惠王问一位学者有关利国之道的问题,该学者答道:“王何必曰利?亦有仁义而已矣。”这位学者是(　　)(常考)

A. 墨子　　B. 孟子　　C. 庄子　　D. 荀子

3. 图2所示是唐代名窑的瓷器,被诗人陆龟蒙赞誉为“夺得千峰翠色来”。它产自(　　)

图2

A. 邢窑　　B. 哥窑　　C. 钧窑　　D. 越窑

4. 古诗云:“私家无钱炉,平地无铜山,胡为秋夏税,岁岁输铜钱。”该诗所指的赋税制度是(　　)

A. 初税亩　　B. 租庸调　　C. 两税法　　D. 地丁银

5. 1436年,明朝政府下令:南畿、浙江、江西、湖广、福建、广东、广西米麦共400余万石,以米麦一石折银二钱五分为率,共计折银百万余两,解京充俸,称为“金花银”。这表明(　　)

A. 海外白银开始大量输入中国　　B. 钱、钞兼行的货币制度已结束

C. 政府认可了白银的货币地位　　D. 农副产品在全国实现了商品化

6. 有学者说,某机构办事者“职在批答,犹开府之书记也……吾以谓有宰相之实者,今之宫奴也。”这个机构是(　　)(易错)

A. 唐代政事堂　　B. 宋代枢密院　　C. 明代内阁　　D. 清代理藩院

7.《都门杂咏》云:“时兴小戏得人和,四大徽班势倒戈。虽是园中不上座,原图堂会彩钱多。”词中描绘的情境出现于(　　)

A. 宋朝　　B. 元朝　　C. 明朝　　D. 清朝

8. 太平天国前期,英国代表声称:英国“绝不左袒中国政府”,表示要恪守“中立”,同时把《南京条约》的文本抄送给太平天国。英国政府的主要意图是(　　)

A. 支持太平天国政权　　B. 维护侵华权益

C. 宣示英国主导地位　　D. 承认两个政权

9.《上海县竹枝词》云:“卅年求富更求强,造炮成船法仿洋。海面未收功一战,总归虚牝掷金黄。”词作者的态度是(　　)

A. 支持守旧势力　　B. 痛斥外国列强

C. 批评洋务运动　　D. 同情海军官兵

10.《清史稿》载:光绪帝“师徒挠败,割地输平,遂引新进小臣,锐志更张,为发奋自强之计。”这里的“发奋自强之计”是指(　　)

A. 实行维新变法　　B. 推动预备立宪

C. 创建近代海军　　D. 废除科举制度

11. 1912—1936年我国经济快速增长,与其相关的因素是(　　)

①中华民国建立及实行促进经济发展的政策

②一战期间,欧洲列强放松对华资本和商品输出

③南京国民政府开展“国民经济建设运动”

④四大家族对民族工业的推动

A. ①②③　　B. ①②④　　C. ①③④　　D. ②③④

12. 图3所示纸币开始发行于(　　)

图3

A. 大革命时期　　B. 土地革命时期

C. 抗日战争时期　　D. 解放战争时期

13. 统计数据表明:全国农村人口的人均乡村社会商品零售额,1950年为21.7元,到1952年提高到30.7元,平均每年递增18.9%。这说明(　　)

A. 城乡交流已经初见成效　　B. 合作社促进了农业生产

C. 农产品价格大幅度提升　　D. 农民生活有了明显改善

14. 下列我国外交方针中,最能体现"君子和而不同"理念的是(　　)

A. "另起炉灶"　　B. 求同存异

C. "一边倒"　　D. 联美遏苏

15. 有学者认为,在古代世界三个相隔遥远的地区,大约同一个时候,都开展着高度的哲学活动。这三个地区指的是(　　)(易错)

A. 埃及、印度、罗马　　B. 希腊、中国、印度

C. 印度、中国、罗马　　D. 埃及、中国、希腊

16. 1776年初,潘恩的《常识》在北美大地流行,其中写道"现在是分手的时候了",此处"分手"的含义是指(　　)

A. 印第安人要求自治　　B. 南部种植园主要分裂

C. 殖民地人民要独立　　D. 黑人要消除种族歧视

17. 图4显示1751—1851年英国城市人口占总人口比例不断增加,导致这种变化的相关因素是(　　)

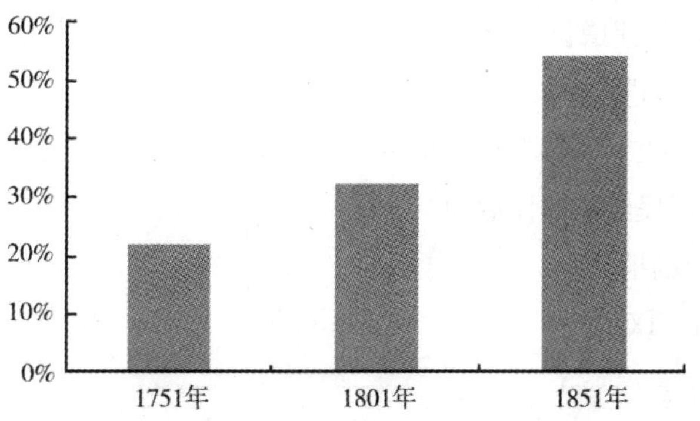

图4　英国城市人口占总人口百分比

①工业革命为城市人口增加提供了物质基础

②农村自然灾害频发迫使大量农民涌入城市

③工业发展促进了城市数量增加和规模扩大

④圈地运动使部分农民流入城市成为雇佣工人

A. ①②③　　B. ①②④

C. ①③④　　D. ②③④

18. 1921年初,列宁认识到"广大农民群众不是自觉地而是本能地在情绪上反对我们"。滋生这一"反对"情绪的主要原因是(　　)

A. "战时共产主义政策"的实行　　B. 新经济政策的实施

C. 农业集体化运动的开展　　D. "玉米运动"的推进

19. 图5所反映的罗斯福新政的措施是(　　)

图5　田纳西水坝

A. 加强工业计划指导　　B. 加强社会保障体系

C. 减少农业耕种面积　　D. 兴办大型公共工程

20. 从最初的西欧六国结盟到横跨大半个欧陆的28国集团,催生并推动欧洲一体化进程的主要动力是(　　)

①消弭民族国家间的冲突与战争　②建立统一大市场以促进经济繁荣

③提升欧洲在国际竞争中的实力　④法国与德国欲联手共同控制欧洲

A. ①②③　　B. ①②④　　C. ②③④　　D. ①③④

21. 二战后建立的旨在稳定国际汇率,通过提供短期贷款,缓解成员国国际收支不平衡的国际组织是(　　)(易混)

A. 国际货币基金组织　　B. 世界贸易组织

C. 国际复兴开发银行　　D. 亚太经合组织

22. 图6为法国浪漫主义代表作,其作者是(　　)

图6　自由引导人民

A. 列宾　　B. 梵高　　C. 毕加索　　D. 德拉克洛瓦

23. 史料大致可以分为文献、实物、口传三种。下列史料中兼具文献和口传两种属性的是(　　)

A.《汉谟拉比法典》　　B.《荷马史诗》

C. 秦始皇陵兵马俑　　D. 银雀山汉简

24. 20世纪初,明确主张进化史观,提出“史界革命不起,则吾国遂不可救。悠悠万事,唯此为大”的历史学家是(　　)

A. 王国维　　B. 陈寅恪

C. 傅斯年　　D. 梁启超

25. 在下列选项中,能帮助学生形成历史空间概念的直观教具是(　　)

A. 历史地图　　B. 历史年表

C. 历史照片　　D. 历史文物

二、简答题(本大题共3小题,每小题10分,共30分)

26.《卢沟桥歌》中有句歌词:“卢沟桥,卢沟桥,国家存亡在此桥!”简述这首歌所反映的历史事件的背景与影响。(10分)

27. 教师应从哪些方面评价学生的历史小论文?(10分)

28. 教师在历史人物的教学中要注意哪些方面的问题?(10分)

三、材料分析题(本大题共3小题,每小题16分,共48分)

阅读材料,并回答问题。

29. **材料一**　在国王授予城市的特许状中规定:任何人来到这个市镇,只需要住满一年零一天,就可免受其先前主人的追捕;新来者虽然必须经全体市民一致同意才能留住城市,但只要无人对那一年零一天提出非议,就可算是一致同意了。此后除了国王以外的任何人对他都不再有领主权,即他成为了自由人。

——摘编自[美]泰格《法律与资本主义的兴起》

材料二　特许状授予城市居民各种特权是为了使市民们更好地从事商业交易,这些权利包括:市民可以在城市里自由流动,这是市民享有的个人自由;市民可以随时向城市法庭提出诉讼请求和控告,这是司法自由;市民可以控制自己的财产,并随意处置它们,这是承认城市市民财产私有制。

——摘编自冯正好《中世纪西欧的城市特许状》

材料三　城市自治运动比任何后来的革命更为重要,甚至也比文艺复兴运动、印刷术的发明和罗盘针的发现,或比十九世纪的革命和由此而产生的所有产业上的革命,更为重要……城市运动比任何其他中世纪运动更明显地标志着中世纪时代的消逝和近代的开端。

——摘编自[美]汤普逊《中世纪经济社会史》

问题:

(1)根据材料一、二并结合所学知识,说明中世纪西欧城市获取自治权的方式及其表现。(10分)

(2)根据材料三并结合所学知识,概括中世纪城市自治的历史作用。(6分)

30. 材料：

下面是某教师讲授《香港和澳门回归》一课的教学流程。

教师悬挂《中华人民共和国政区图》，醒目地标注香港、澳门的位置。播放“香港回归”的视频，用多媒体呈现香港和澳门的区旗、区徽。接着要求学生结合教科书，在“是什么，怎么样”的问答形式上，六人一组，各有分工，你问我答，梳理基本知识。教师在巡回参与的过程中，不断说出“不错”“很好”“继续问”“你说一说”等话语。十分钟后，若干学生带着本组的答问记录，到讲台前进行展示，教师予以评述。

问题：

(1)指出上述材料呈现的主要学习方式，概括这一学习方式应有的特征。(8分)

(2)分析该教师教学行为的可取之处和存在的不足。(8分)

31. 材料：

某校历史教师在命制期末考试题时，找到如下一段史料：“国朝设关之初，番舶入市者，仅二十余柁(艘)……舶长曰大班，次曰二班，得居停十三行，余悉守舶，仍明代怀远驿旁建屋居番人制也。”据此，该教师命制了一道单项选择题：

史载：“国朝设关之初，番舶入市者，仅二十余柁(艘)……得居停十三行，余悉守舶”。此材料反映了“国朝”的经济政策是(　　)

A. 严禁通“番”　　B. 限制外贸

C. 打击走私　　D. 杜绝外贸

答案：B

问题：

(1)该题考查的知识与能力目标各是什么?(6分)

(2)指出该题在命制技术上的合理性。(10分)

四、教学设计题(本大题22分)

32. 根据下列材料，按要求完成教学设计任务。

材料一　《义务教育历史课程标准》(2011年版)规定：通过北魏孝文帝改革，初步理解民族交往、交流、交融对中华民族发展的意义。

材料二　课文摘录

北魏孝文帝的改革措施：迁都以前，孝文帝就进行了政治、经济改革；迁都以后，进一步实行改革，主要的措施包括：在朝廷中必须使用汉语，禁用鲜卑语；官员及家属必须穿戴汉族服饰；将鲜卑族的姓氏改为汉族姓氏，把皇族由姓拓跋改为姓元；鼓励鲜卑贵族与汉族贵族联姻；采用汉族的官制、律令；学习汉族的礼法，尊崇孔子。以孝治国，提倡尊老、养老的风气等。这些措施促进了民族融合。

汉族服饰俑

鲜卑服饰俑

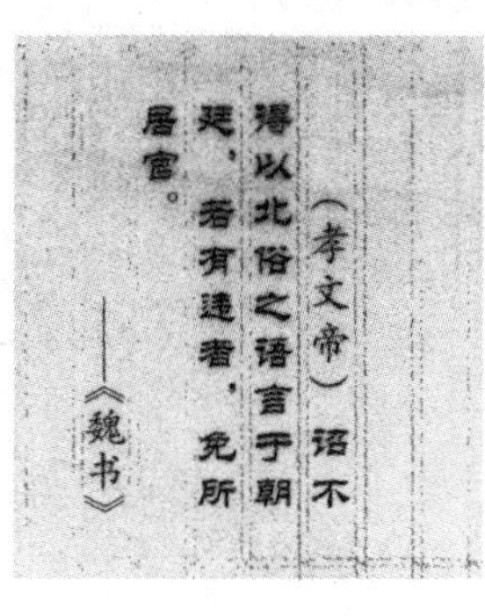

(孝文帝)诏不得以北俗之语言于朝廷，若有违者，免所居官。

——《魏书》

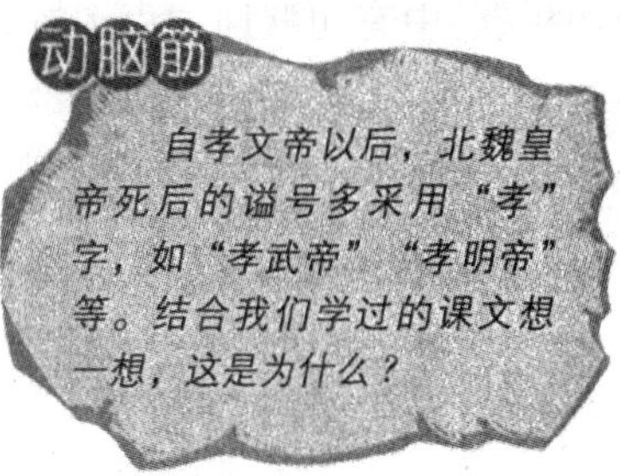

鲜卑姓氏改为汉姓

鲜卑姓	汉姓	鲜卑姓	汉姓
拓跋	元	贺赖	贺
丘穆陵	穆	独孤	刘
步六孤	陆	贺楼	楼

要求：根据《义务教育历史课程标准》(2011年版)要求和课文内容，设计出相关的教学过程，包括教学环节、教师活动和学生活动，并说明设计意图。

机密★启封前　　　　姓名＿＿＿＿＿＿　准考证号＿＿＿＿＿＿

2016年下半年中小学教师资格考试真题试卷

《历史学科知识与教学能力》(初级中学)

注意事项:

1. 考试时间为120分钟,满分为150分。
2. 请按规定在答题卡上填涂、作答,在试卷上作答无效,不予评分。

一、单项选择题(本大题共25小题,每小题2分,共50分)

在每小题列出的四个备选项中只有一个是符合题目要求的,请用2B铅笔把答题卡上对应题目的答案字母按要求涂黑。错选、多选或未选均无分。

1. 北京琉璃河燕国遗址出土的青铜器克罍,铸有铭文,大意为:周王对召公说:你用盟誓和清酒来供你的君王,我们非常满意你的供享,命你的儿子克做燕地的君侯。铭文所反映的是(　　)

A. 禅让制　　B. 分封制

C. 礼乐制　　D. 郡县制

2. 孔子提到“仁”和“礼”的意图是(　　)(常考)

A. 回到小国寡民的状态　　B. 提倡“民贵君轻”的思想

C. 恢复和稳定社会秩序　　D. 打破贵族垄断教育的局面

3. 西汉初年,针对王国势力尾大不掉的局面,汉景帝采取的措施是(　　)

A. 接受晁错建议,实行“削藩”　　B. 实行“推恩令”,缩小封地

C. 设刺史,监察全国地方政治　　D. 精简官吏,提高办事效率

4. 推行“今欲断诸北语,一从正音(指汉语)”这一措施的是(　　)(常考)

A. 秦始皇　　B. 汉武帝　　C. 北魏孝文帝　　D. 唐太宗

5. 下列选项中属于宋代削弱相权,加强皇权的措施是(　　)

A. 设立内阁　　B. 推行三公九卿制

C. 增设三司　　D. 确立三省六部制

6. 据史书记载:明代“各处商人所过关津,或勒令卸车泊舟,搜检囊匣者有之;或高估价值,多索钞贯者有之。所至关津即已税矣,而市易之处,又复税之。”此材料主要反映的是(　　)

A. 明代商品经济发达　　B. 明朝实行抑商政策

C. 明代广泛使用纸钞　　D. 明朝加强市场管理

7. 1898年,首揭“新派诗”大旗,倡导“诗界革命”的维新人士是(　　)

A. 黄遵宪　　B. 夏曾佑

C. 梁启超　　D. 谭嗣同

8. 美国历史学家史景迁曾这样描述:“蒸汽轮船在长江上穿梭,上海的外滩新式大银行一线排开,军事学家用源源不断印刷的西方战术和科学教材训练年轻的军官,奏折通过电报闪电般地从各省传到军机处。”他描述的境况出现的时期是(　　)

A. 19世纪40年代　　B. 19世纪60年代

C. 19世纪70年代　　D. 19世纪90年代

9. 创建中国第一个近代化钢铁企业的洋务派代表人物是(　　)(常考)

A. 曾国藩　　B. 张之洞　　C. 李鸿章　　D. 左宗棠

10. 图1数据在1905年以后发生较大变化的主要原因是(　　)

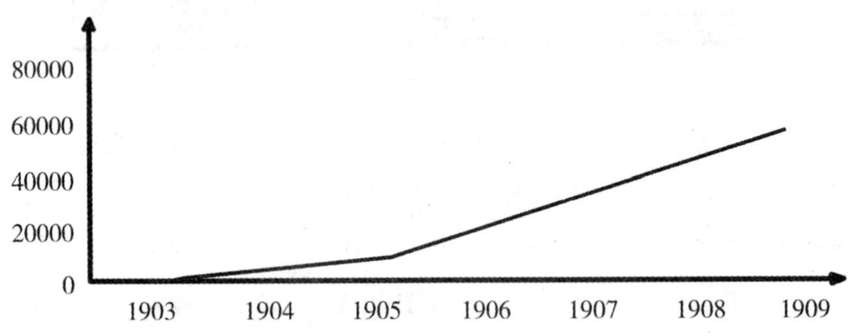

图1　清末新式学堂数量变化图

A. 洋务派的积极呼吁　　B. 清政府实行新政

C. 西方学派的影响　　D. 西方科技的引进

11. 严复翻译的《天演论》发表后,引起了社会的强烈反响,他翻译该书的主要目的是(　　)

A. “自强保种”　　B. “中体西用”

C. “师夷长技”　　D. “创立民国”

12. 有学者认为,20世纪中国经历了三次历史性巨变,后两次是中华人民共和国成立和改革开放,而第一次指的是(　　)

A. 禁烟运动　　B. 戊戌变法

C. 辛亥革命　　D. 五四运动

13. 1937年11月28日的英国《泰晤士报》写道:“此次两军作战,双方伤亡惨重,但十周之英勇抵抗,已造成中国堪称军事国家之荣誉。”这里报道的是(　　)

A. 徐州会战　　B. 淞沪会战

C. 武汉会战　　D. 长沙会战

14. 图2是“1929—1932年间的农村革命根据地示意图”,其中甲处位于福建、浙江、江西三省交界地

区，则甲处的创建人是(　　)

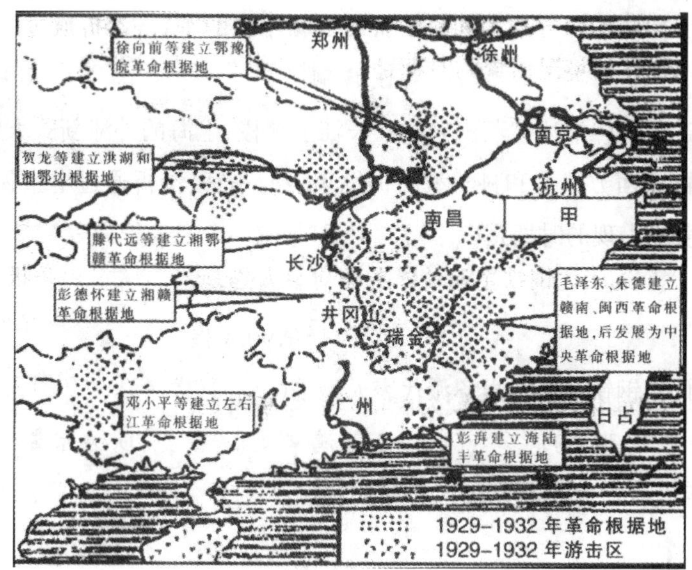

图2

A. 邓小平　　B. 彭德怀　　C. 方志敏　　D. 滕代远

15. 20世纪50年代，我国民主政治制度建设取得的重大成果是(　　)

A. 政治协商会议的召开　　B. 人民代表大会制度的建立

C. 扩大基层民主选举　　D. 民族区域自治法的颁布

16. 图3是"文化大革命"时期的一张诗歌单，其中的"鬼"和"豺狼"指的是(　　)

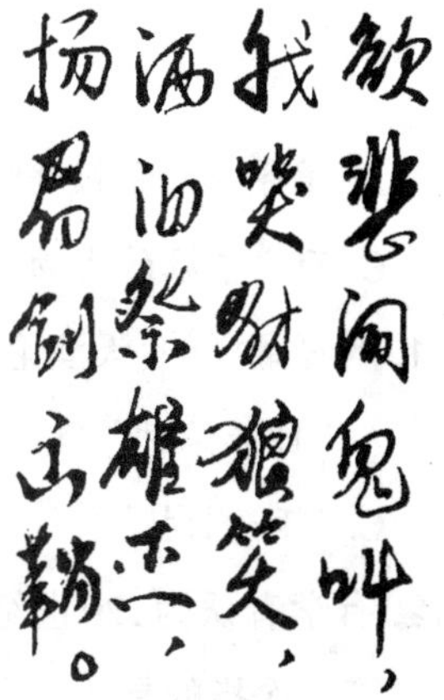

A. "美帝"　　B. "苏修"

C. "走资派"　　D. "四人帮"

欲悲闻鬼叫，我哭豺狼笑，洒泪祭雄杰，扬眉剑出鞘。

图3

17. 20世纪90年代，中国经济发展的重大战略步骤是(　　)(易错)

A. 浦东的开发和开放

B. 开辟沿海经济开放区

C. 创办苏州工业园区

D. 设置海南岛经济特区

18. 苏格拉底提出"认识你自己"这一哲学命题的背景是(　　)

A. 欧洲启蒙运动倡导理性　　B. 罗马教皇出售"赎罪券"

C. 文艺复兴运动提倡人文主义　　D. 古代雅典社会出现道德危机

19. 公元前5世纪，罗马的《十二铜表法》规定："期满，债务人不还债的，债权人得拘捕之，押其到长官前，申请执行。"这一条款体现的是(　　)

A. 维护平民利益　　B. 限制贵族权力

C. 维护私有财产　　D. 扩大统治基础

20. 关于新航路开辟后出现的"三角贸易"，下列说法中正确的是(　　)

①给非洲带来巨大的人口损失　②给美洲带去廉价自由劳动力

③推动欧洲资本原始积累　　④美国是奴隶贸易最大的赢家

A. ①②③　　B. ①②④　　C. ①③④　　D. ②③④

21. 列宁说："我们实行'战时共产主义'是一种功劳，我们当时不这样做就不能在一个经济遭到破坏的小农国家里战胜地主和资本家。"这里的"功劳"是指(　　)

A. 稳定了苏维埃政权　　B. 巩固了工农联盟

C. 完成了"一五"计划　　D. 恢复了国民经济

22. 1944年召开的国际货币金融会议通过协议，将美元与黄金直接挂钩，国际货币基金组织会员国的货币与美元保持固定的汇率。这一协议是(　　)(易混)

A.《洛桑协定》　　B.《北美自由贸易协定》

C.《布雷顿森林协定》　　D.《关税与贸易总协定》

23. 托尔斯泰被誉为"俄国革命的镜子"。下列作品由他创作的是(　　)

A.《双城记》　　B.《人间喜剧》

C.《巴黎圣母院》　　D.《战争与和平》

24. 李大钊撰写的中国第一部以唯物史观为指导的史学理论著作是(　　)

A.《史学要论》　　B.《研究历史的任务》

C.《庶民的胜利》　　D.《我的马克思主义观》

25. 某教师在讲到第26届联大通过提案恢复中华人民共和国在联合国的合法席位时，用图4反映当时的场景。对这一做法的评价正确的是(　　)

图4

A. 图片具有典型性和生动性　　B. 图片能够反映会场整体情况

C. 学生难以从图片中提取信息　　D. 图片与教师讲述内容不匹配

二、简答题(本大题共3小题,每小题10分,共30分)

26. 简述欧盟形成过程中的历史事件。(10分)

27. 历史教学中有哪些可以利用和开发的社区资源?(10分)

28. 某教师在讲授《唐朝的民族关系》一课后,组织学生排演历史短剧《文成公主入藏》。在历史学习中,除了历史短剧,学生还可以开展哪些历史习作活动?(10分)

三、材料分析题(本大题共3小题,每小题16分,共48分)

阅读材料,并回答问题。

29. **材料一**　中国资本家在宁波组织一个公司,使用外国机器轧花,以资本五万元开始营业。日本大阪制造的机器,包括蒸汽机和锅炉,已于1887年10月运到宁波。公司是私家经营,职工有外籍技师一名,中国职工约百人,它迄今还没有分付股息。因为这个缘故,同时又由于原料昂贵与日本纸的竞争,业务难以改进。此厂濒于停业。

——《海关十年报告》(1882—1891年)

材料二　据估计,到1913年,中国产业资本约为3亿多元,其中清政府和北洋军阀政府的国家资本约为1.49亿元,私人资本约为1.55亿元。中国产业资本约占当时中国中外产业资本的19.7%,外国资本则占80.3%。

——贺耀敏《中国近现代经济史》

问题:

(1)根据材料一概括这家中国公司的基本特点。(6分)

(2)根据材料二并结合所学历史知识,指出当时中国民族资本的发展状况及其主要原因。(10分)

30. 材料：

某青年教师在进行有关北伐战争的教学时，用课件展示《北伐誓师词》：国民痛苦，火热水深。土匪军阀，为虎作伥。帝国主义，以枭以张。本军兴师，救国救民。总理遗命，炳若日星……实行主义，牺牲个人。有进无退，革命精神。嗟我将士，同德同心。

然后，教师带领学生诵读《北伐誓师词》，接着讲述北伐战争的具体经过。

问题：

(1)请评述该教师的教学行为。(8分)

(2)根据上述《北伐誓师词》设计两个课堂提问，并写出预设答案。(8分)

31. 材料：

某教师在讲授活字印刷术的发明时，发给每个学生一块橡皮和一把小刀，要求他们在橡皮上刻上自己的姓，比一比谁刻得更好。学生感到很新奇，迅速动手刻字，十分钟后，学生纷纷展示自己的作品，教师进行点评。

问题：

(1)你对这位教师的做法如何评价？说出你的理由。(8分)

(2)历史教师在组织学生进行历史制作时应考虑到哪些问题?(8分)

四、教学设计题(本大题22分)

32. 根据下列材料设计教学片段。

材料一　《义务教育历史课程标准》(2011年版)规定：知道《解放黑人奴隶宣言》的主要内容，理解南北战争在美国历史发展中的作用。

材料二　课文摘录

内战初期，尽管北方在力量上占有明显的优势，军事上却接连失利，首都华盛顿险些被叛军攻破。为了争取战争的胜利，林肯政府于1862年签署了《宅地法》和《解放黑人奴隶宣言》，大大激发了广大农民和黑人的参战积极性。

《解放黑人奴隶宣言》宣布：从1863年1月1日起，废除叛乱诸州的奴隶制，允许黑人奴隶作为自由人参加联邦政府的军队。根据宣言，有400万黑奴获得自由。内战后期，约18万黑人加入北方作战部队，25万黑人在后勤部队工作，50万黑奴逃离种植园，在各地起义，牵制了种植园主的10万大军。

林肯政府的措施深得民心，成为扭转战局的关键，1863年，北南双方在首都以北的葛底斯堡激战了3昼夜。联邦军重创叛军，取得了决定性的胜利，掌握了战争的主动权。1865年4月，北方军攻占叛军老巢里士满，南方投降，内战结束。

1864年底，林肯以绝对优势再次当选总统，为了纪念这位在内战中为维护国家统一和解放黑奴做出巨大贡献的总统，20世纪初，美国政府建造了林肯纪念堂。

美国内战粉碎了南方的叛乱，维护了国家的统一，废除了黑人奴隶制，为美国资本主义的进一步发展扫清了障碍，是美国历史上第二次资产阶级革命。

要求：根据《义务教育历史课程标准》(2011年版)的要求和课文内容，设计出相关教学过程，包括教学环节、教师活动和学生活动，并说明设计意图。

机密★启封前　　　　姓名＿＿＿＿＿　准考证号＿＿＿＿＿

2016年上半年中小学教师资格考试真题试卷

《历史学科知识与教学能力》(初级中学)

注意事项:

1. 考试时间为120分钟,满分为150分。
2. 请按规定在答题卡上填涂、作答,在试卷上作答无效,不予评分。

一、单项选择题(本大题共25小题,每小题2分,共50分)

在每小题列出的四个备选项中只有一个是符合题目要求的,请用2B铅笔把答题卡上对应题目的答案字母按要求涂黑。错选、多选或未选均无分。

1. 1972年考古学者在一古墓中发掘出大批帛书,涉及古代哲学、历史和科技等许多方面,是不可多得的历史文献资料。该墓是(　　)

A. 云梦睡虎地秦墓　　B. 江陵张家山汉墓
C. 临沂银雀山汉墓　　D. 长沙马王堆汉墓

2. 晁错说:"今法律贱商人,商人已富贵矣;尊农夫,农夫已贫贱矣。"对此,汉文帝采取的措施是(　　)

①推行口赋和算赋　②推行重农抑商政策　③变十五税一为三十税一　④宽松刑法,裁减官吏

A. ①②　　B. ①③　　C. ②③　　D. ②④

3. 史料记载:"诏迁洛之民,死葬河南,不得还北。于是代人南迁者,悉为河南洛阳人。"这一诏书颁布的时期是(　　)(常考)

A. 东汉　　B. 西晋　　C. 北魏　　D. 北周

4. 下图是宋代砖雕拓片,它所描绘的是(　　)

A. 征收赋税　　B. 杂剧表演　　C. 商品交易　　D. 官民冲突

5. 元朝末年流传的一首小令中写道:"堂堂大元,奸佞专权,开河变钞祸根源,惹红巾万千。"小令中的

"开河"指的是(　　)

A. 淮河泛滥　　B. 海河决堤　　C. 开凿运河　　D. 整治黄河

6. 明代思想家李贽说:"夫天生一人,自有一人之用,不待取给于孔子而后足也。若必待取足于孔子,则千古以前无孔子,终不得为人乎?"其思想核心是(　　)

A. 反对思想盲从　　B. 主张学以致用　　C. 鞭挞封建礼教　　D. 抨击腐朽统治

7. 康熙帝有诗云:"四月天山路,今朝瀚海行……敢云黄屋重,辛苦事亲征。"描述的事件是(　　)

A. 平定三藩之乱　　B. 三征噶尔丹
C. 平定回部叛乱　　D. 进军雅克萨

8. 导致下表统计数字变化最直接的原因是(　　)

年份	英国输华货物总值(英镑)
1840年	524198
1844年	2305617

A. 五口通商　　B. 割让香港岛　　C. 派设领事　　D. 废除公行

9. 容闳在《西学东渐记》中写道:"战争之起……以此粗笨之农具,而能所向无敌,逐北追奔,如疾风之扫秋叶……恶根实种于满洲政府之政治。"他所说的"战争"指的是(　　)(常考)

A. 天理教起义　　B. 白莲教起义　　C. 太平天国运动　　D. 义和团运动

10. 郑观应认为:"彼不患我之练兵讲武,特患我之夺其利权。"为此提出的主张是(　　)

A. 发展军事工业　　B. 发展工商业　　C. 兴办新式学堂　　D. 操练新军

11. 抗战时期,美国陆军部长史汀生称:中国人已经做的和正在做的对侵略之卓越抵抗,以及他们对共同事业的贡献,值得我们给予最充分的支援。他所说的"贡献"是指(　　)

A. 粉碎了日军"西进南下"的计划　　B. 阻止了日军对东南亚地区的攻势
C. 提供了亚太战场所需的战备物资　　D. 牵制了日军在亚太战场的相当力量

12. 右图所示飞机的生产日期是(　　)

A. 新中国成立之初
B. 第一个五年计划期间
C. "大跃进"运动期间
D. 社会主义现代化建设新时期

13. 1997年,中国共产党"十五大"确立政治体制改革的重点是(　　)(易混)

A. 依法治国　　B. 民主党派参政
C. 简政放权　　D. 基层民主选举

14. 马丁·路德认为,只要有虔诚的信仰,每个俗人都有资格出现在上帝面前,为他人作祈祷,相互传播有关上帝的道理。这说法实质是(　　)

A. 宣扬人人平等观念　　B. 主张世俗权力高于教会权力

C. 主张限制教皇的权力　　　　D. 反对教会垄断教义的解释权

15. 有史书写道："人口和动物的迁移导致了传染病大流行。据统计，近代早期300年间，美洲有记载的传染病大爆发就有17次，数百万人失去了生命。"这一记载相关联的是(　　)(常考)

A. 新航路开辟　　　　B. 基督教传播

C. 工业污染扩散　　　　D. 印第安人口增长

16. 英国《权利法案》规定："未经议会同意，以国王权威停止法律或停止法律实施之僭越权力，为非法权力。"该法律条文保证了议会的什么权力？(　　)

A. 立法权　　B. 司法权　　C. 监督权　　D. 选举权

17. 有学者认为："长期以来，军政和绝大部分公民把意大利战争和埃及战争的英雄人物，即第一执政当作偶像来崇拜。"这里说的"第一执政"指的是(　　)

A. 路易·菲利普　　　　B. 拿破仑·波拿巴

C. 路易·波拿巴　　　　D. 奥古斯都·凯撒

18. 美国经济发展经历了"古典自由主义""国家干预的自由主义"和"新自由主义"三个阶段，对第二个阶段产生重大影响的理论是(　　)

A. 里根主义　　　　B. 亚当·斯密学说

C. 凯恩斯主义　　　　D. 大卫·李嘉图学说

19. 斯大林时期苏联经济体制的主要特征是(　　)

A. 扩大企业自主权　　　　B. 扩大国企经营自主权

C. 多种所有制并存　　　　D. 高度集中的计划经济

20. 二战后西欧国家百废待兴，美国决定推行马歇尔计划，目的是(　　)

①快速恢复西欧经济　②增强遏制苏联力量　③缔结政治军事同盟　④推进欧洲经济一体化

A. ①②　　B. ①③　　C. ②③　　D. ③④

21. 下图是一些国家在某个时期经济年增长率的数据图，该时期是(　　)

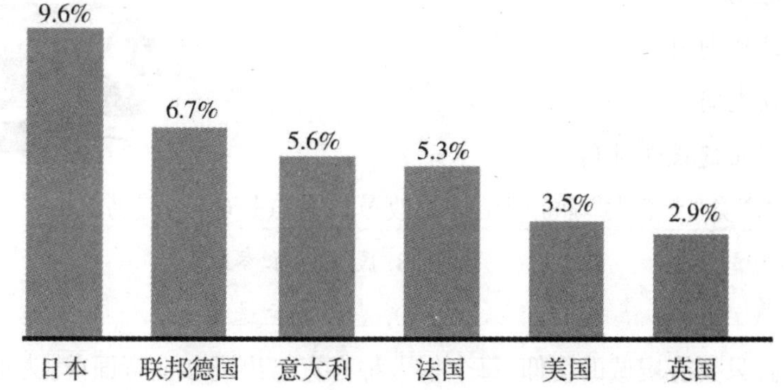

A. 19世纪末—20世纪初　　　　B. 20世纪20—30年代

C. 20世纪50—70年代　　　　D. 20世纪末—21世纪初

22. 下图所示的绘画作品属于哪一艺术流派？(　　)

A. 新古典主义　　　　B. 浪漫主义

C. 现实主义　　　　D. 现代主义

23. 与《史记》相比，班固所编《汉书》在体例上没有采用的是(　　)(易错)

A. 本纪　　　　B. 世家

C. 列传　　　　D. 表

24. 主张历史学家应具备史才、史学、史识、史德的学者是(　　)

A. 司马迁　　　　B. 司马光

C. 章学诚　　　　D. 康有为

25. 有关历史课堂讨论的表述，正确的是(　　)

A. 讨论范围不应超出历史教科书范围

B. 历史课堂讨论问题应围绕教学的重点

C. 学生提出不同的看法时，教师要及时纠正

D. 学生不必事先了解讨论问题所涉及的史事

二、简答题(本大题共3小题，每小题10分，共30分)

26. 简述京师大学堂成立的背景及其历史地位。(10分)

27.《义务教育历史课程标准》(2011年版)在“教学建议”中提出:“注意历史知识多领域、多层次的联系。”这些联系主要包括哪些方面?(10分)

28. 教师组织学生参观历史博物馆要注意哪些问题?(10分)

三、材料分析题(本大题共3小题,每小题16分,共48分)

阅读材料,并回答问题。

29. 材料:

在经济特区发展取得经验的基础上,沿海开放城市和开放地区的建设也迈出了新的步伐。1984年中共中央和国务院决定对大连、秦皇岛、天津、烟台、青岛、连云港、南通、上海、宁波、温州、福州、广州、湛江、北海等14个沿海城市和海南岛实行开放政策。

——靳德行主编《中华人民共和国史》

问题:

(1)材料中所提的“经济特区”指的是哪些城市?(4分)

(2)材料中的“沿海开放城市”与“经济特区”在开放程度上有何区别?(6分)

(3)简述改革开放后形成的对外开放格局。(6分)

30. 材料:

某教师在“马克思主义诞生”这一课的教学设计中,选择了下面的两幅画。

19世纪英国一家棉纱厂里的童工

19世纪初期英国工人捣毁机器

问题:

(1)请说明选用这两幅图的教学意图,并具体说明两图之间的关联。(8分)

(2)结合教学内容,运用这两幅图片设计两个课堂提问,并写出预设答案。(8分)

31. 材料：

下面是某教师设计的“文艺复兴”一课的教学流程：

第一步：教师回顾资本主义在欧洲的兴起等已学内容，着重从经济、阶级关系等方面介绍14世纪意大利的社会状况。(5分钟)

第二步：学生列表填出但丁、达·芬奇和莎士比亚的代表作及影响。(8分钟)

第三步：各小组推选代表上讲台展示所列表格的具体内容。(8分钟)

第四步：师生共同点评小组代表的学习成果。(6分钟)

第五步：教师引导学生浏览教材的相关内容，围绕“动脑筋”栏目的话题，分小组探究对文艺复兴的看法，并穿插教师的讲解和点评。(8分钟)

第六步：巩固与小结新课。(5分钟)

问题：

(1)你认为这位老师的教学设计有哪些优点?(8分)

(2)新课教学中应如何处理教师讲授与学生探究之间的关系?(8分)

四、教学设计题(本大题22分)

32. 根据下列材料，按要求完成教学设计任务。

材料一　《义务教育历史课程标准》(2011年版)规定：通过哥伦布发现美洲、麦哲伦全球航行，初步理解新航路开辟的世界影响。

材料二　课文摘录

在葡萄牙人沿非洲海岸向南航行的同时，西班牙人向西进行横渡大西洋的探险。意大利人哥伦布相信地圆学说，深信穿越大西洋的航行可以到达印度。1492年8月3日，率领船队从西班牙的巴洛斯港出发，驶入茫茫的大西洋。10月，到达巴哈马群岛的一个小岛。发现了美洲大陆沿岸的很多地方。对哥伦布航行美洲的看法，印第安人认为：哥伦布把欧洲强盗带到美洲，破坏他们的文化，掠夺他们的财富，是一个恶魔。欧洲人认为：哥伦布发现了新大陆，把欧洲文明传到美洲，把落后的美洲带入文明时代，是一个有功之臣。

要求：根据《义务教育历史课程标准》(2011年版)要求和课文内容，设计出相关的教学过程，包括教学环节、教师活动和学生活动，并说明设计意图。

机密★启封前　　　　姓名________　准考证号________

2015年下半年中小学教师资格考试真题试卷

《历史学科知识与教学能力》(初级中学)

注意事项:

1. 考试时间为120分钟,满分为150分。
2. 请按规定在答题卡上填涂、作答,在试卷上作答无效,不予评分。

一、单项选择题(本大题共25小题,每小题2分,共50分)

在每小题列出的四个备选项中只有一个是符合题目要求的,请用2B铅笔把答题卡上对应题目的答案字母按要求涂黑。错选、多选或未选均无分。

1. 学者在研究人类早期历史时经常使用"青铜时代"这个概念,我国"青铜时代"的繁盛时期是(　　)

A. 夏商时期　　B. 商周时期

C. 秦汉时期　　D. 魏晋时期

2. 右图是汉代耧车的模型,耧车的功能是(　　)

A. 播种　　B. 垦荒　　C. 脱粒　　D. 运输

3. 史载:"大小之官,咸由吏部""纤介之迹,皆属考功"。与文中所述相关的是(　　)(常考)

A. 世卿世禄制　　B. 察举制

C. 九品中正制　　D. 科举制

4. 为接受先进文化、加强对中原的统治而迁都的历史事件是(　　)(常考)

A. 商王盘庚迁殷　　B. 周平王东迁洛邑

C. 北魏孝文帝迁都洛阳　　D. 明成祖迁都北京

5. 导致下表中人口变化的主要原因是(　　)

年份	户数	人口数
唐玄宗天宝十三年(754年)	9619254	52880488
唐肃宗乾元三年(760年)	1933134	16990386

A. 玄武门之变　　B. 安史之乱

C. 藩镇割据　　D. 黄巢起义

6. 宋太祖说:"五代方镇残虐,民受其祸。朕今选儒臣干事者百余,分治大藩,纵皆贪浊,亦未及武臣一人也。"其中"选儒臣干事者百余,分治大藩"指的是(　　)

A. 设置市舶司　　B. 派文官任知州　　C. 设置理藩院　　D. 选文臣掌军权

7. 史载"松江能染青花布,宛如一轴院画……青久浣亦不脱。"文中所述情况出现的朝代是(　　)

A. 汉朝　　B. 唐朝　　C. 宋朝　　D. 元朝

8. "将直隶各省现今征收钱粮册内有名人丁,永为定数,嗣后滋生人丁,免其加增钱粮。"颁布这一政策的清代皇帝是(　　)

A. 顺治　　B. 康熙　　C. 雍正　　D. 乾隆

9. 宋元明清最有影响力的教育组织是(　　)

A. 私塾　　B. 太学　　C. 书院　　D. 学堂

10. "将粤东九龙司地方一区……并归英属香港界内,以期该港埠面管辖所及庶保无事。"这一条款出自(　　)

A. 1842年中英《南京条约》　　B. 1858年中英《天津条约》

C. 1860年中英《北京条约》　　D. 1898年《展拓香港界址专条》

11. 下图邮票发行的年份是(　　)(易错)

A. 1898年　　B. 1912年　　C. 1916年　　D. 1928年

12. 下列我国近代史上出现的标语和口号,按时间顺序排列正确的是(　　)

①"打倒列强,除军阀"　②"要种族不灭唯有抗战到底!"

③"外争主权,内除国贼"　④"打过长江去,解放全中国"

A. ①②③④　　B. ①③②④　　C. ③①②④　　D. ④③①②

13. 下表反映了我国"一五"计划期间国民经济的发展状况,对其内容理解正确的是(　　)

项目	农业	轻工业	重工业
1953年农、轻、重比例(%)	52.8	29.6	17.6
1957年农、轻、重比例(%)	43.5	29.2	27.3
1953—1957年平均增长速度(%)	4.5	12.8	25.4

①农业生产增长相对缓慢　②国民经济调整任务完成

③工业基本建设成就显著　④重工业得到了优先发展

A. ①②③　　B. ①②④　　C. ①③④　　D. ②③④

14. 有西方学者评论说："这是一个具有高度标志性的事件，它表明中国的航天技术在21世纪已经走到了欧洲和日本的前面。"他所评论的事件是(　　)

A. 中近程运载火箭发射成功　　B. "东方红一号"卫星发射成功

C. 返回式遥感卫星发射成功　　D. "神舟五号"宇宙飞船发射成功

15. 经过长期斗争，最终以元首制代替罗马共和制的政治家是(　　)

A. 屋大维　　B. 凯撒

C. 安东尼　　D. 庞培

16. 17世纪中叶，成为欧洲主要金银市场、国际金融中心的城市是(　　)

A. 里斯本　　B. 伦敦

C. 马德里　　D. 阿姆斯特丹

17. 第二次工业革命比第一次工业革命更快地促进了生产力的发展，其主要原因是(　　)(常考)

A. 科学与技术紧密结合　　B. 各国政府重视工业生产

C. 科学发明的大量涌现　　D. 国际经贸交流日益活跃

18. 拿破仑认为，他一生四十次战争胜利的光荣，被滑铁卢一战抹去了，但有一件功绩是永垂不朽的。这里的"功绩"指的是(　　)

A. 抵御外国的侵略　　B. 颁布《拿破仑法典》

C. 建立法兰西帝国　　D. 征服众多欧洲国家

19. 右图是苏联的国徽，图中环绕麦穗的15条彩带代表的是(　　)

A. 邦联　　B. 自治州

C. 省级行政区　　D. 加盟共和国

20. 1949年4月签订的某条约规定："各缔约国同意对于欧洲或北美之一个或数个缔约国之武装攻击，应视为对缔约国全体之攻击。"与该条约直接相关的是(　　)

A. 欧洲共同体　　B. 华沙条约组织

C. 关贸总协定　　D. 北大西洋公约组织

21. 1954年，某国际会议作出决议："每个与会国家在对柬埔寨、老挝和越南三国关系上，保证尊重上述各国主权、独立和领土完整，并对其内政不予任何干涉。"这次会议是(　　)

A. 日内瓦会议　　B. 万隆会议

C. 戴维营会议　　D. 不结盟会议

22. 20世纪80年代末，东欧发生剧变，第一个发生剧变的东欧国家是(　　)

A. 波兰　　B. 民主德国

C. 罗马尼亚　　D. 南斯拉夫

23. 王国维说："吾辈生于今日，幸于纸上材料外，更得地下之新材料。"他所说的"新材料"指的是(　　)

A. 甲骨文　　B. 石鼓文　　C. 秦简　　D. 魏碑

24. 下列属于史学理论著作的是(　　)(易错)

A.《史记》　　B.《资治通鉴》

C.《通典》　　D.《文史通义》

25. 教师设计历史课外书面作业时要考虑的因素是(　　)

①要符合教学目标　②要有明确具体的要求

③以训练学生的形象思维为主　④题量适中，难易适当

A. ①②③　　B. ①②④

C. ①③④　　D. ①②③④

二、简答题(本大题共3小题，每小题10分，共30分)

26. 简述宋代商业繁荣的表现。(10分)

27. 历史课堂教学中教师组织学生活动应注意哪些问题？(10分)

28. 简述历史图示教学法的特点。(10分)

三、材料分析题(本大题共3小题,每小题16分,共48分)

阅读材料,并回答问题。

29. 材料:

夫儒者以六艺为法,六艺经传以千万数,累世不能通其学……若夫列君臣父子之礼,序夫妇长幼之别,虽百家弗能易也。

墨者亦尚尧舜道……要曰强本节用,则人给家足之道也,此墨子之所长,虽百家弗能废也。

法家不别亲疏,不殊贵贱,一断于法,则亲亲尊尊之恩绝矣……故曰“严而少恩”。若尊主卑臣,明分职不得相逾越,虽百家弗能改也。

道家无为,又曰无不为,其实易行,其辞难知,其术以虚无为本,以因循为用。无成势,无常形,故能究万物之情,不为物先,不为物后,故能为万物主。

——摘编自司马迁《史记·太史公自序》

问题:

(1)根据材料概述各家学派主要思想主张。(8分)

(2)上述思想出现在什么时期(2分)?这些学派的主要代表人物是谁?(6分)

30. 材料:

关于第一次世界大战,《义务教育历史课程标准》(2011年版)规定:知道“三国同盟”和“三国协约”、萨拉热窝事件、凡尔登战役等;分析第一次世界大战爆发的原因;了解世界大战给人类社会带来的巨大灾难。

下面是某教师设计的《第一次世界大战》一课的教学目标:

基础知识目标:了解第一次世界大战前经历长时间矛盾与冲突的酝酿,萨拉热窝事件起了大战导火索的作用,凡尔登战役和整个大战造成了严重灾难,第一次世界大战的性质是非正义的帝国主义掠夺战争。

能力目标:通过设置一系列问题,如“战前两大军事集团是怎样形成的?大战的导火索如何点燃?战争造成了怎样的灾难?第二次工业革命与‘一战’有什么联系?‘一战’爆发前夕,国际关系的主要矛盾有哪些?‘一战’的性质是什么?它给人们留下了哪些深刻的历史教训?”等,培养学生初步综合分析问题的能力。

情感、态度与价值观目标:使学生认识到战争给人类发展和进步带来的巨大灾难,形成唯物史观,使学生树立热爱和平、远离战争的观念,从而提高人文素养。

问题:

(1)这位教师设计的教学目标主要存在哪些问题?(8分)

(2)根据课程标准,重新拟定这一课的教学目标。(8分)

31. 材料：

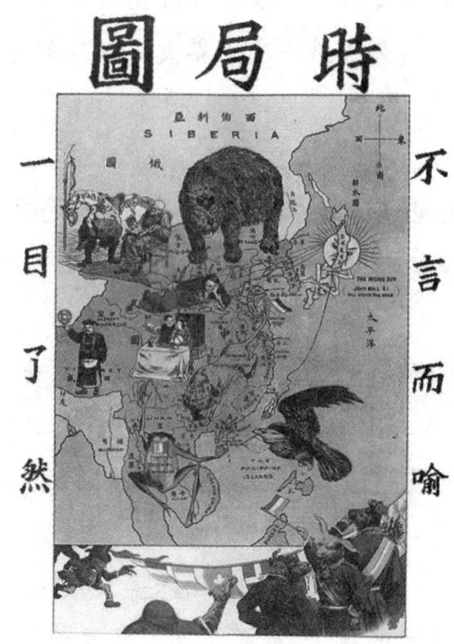

注：上图是时人根据1898年香港报纸上的漫画改绘的《时局图》

问题：

(1)这幅图反映了当时中国面临怎样的局势?(2分)

(2)图中的熊、青蛙、鹰分别代表哪个国家?(6分)

(3)根据此图写出一段教师的课堂讲述。(8分)

四、教学设计题(本大题22分)

32. 根据下列材料，按要求完成教学设计任务。

材料一 《义务教育历史课程标准》(2011年版)规定：知道基督教的传播，了解基督教在欧洲中世纪历史发展中的作用。

材料二 课文摘录

基督教在1世纪时产生于巴勒斯坦一带。这一地区的犹太人长期遭受苦难，渴望“救世主”的到来。传道者宣传说，耶稣就是“救世主”。耶稣叫人忍受苦难，死后可以升入“天堂”。“救世主”在希腊语中称作基督，这种信仰基督耶稣的宗教后来被称为基督教。传说，耶稣诞生在巴勒斯坦伯利恒的一个马棚里，母亲叫玛利亚。基督教会后来确定耶稣出生的日期是12月25日，并将这一天定为“圣诞节”。现在通行的公元纪年，就是以传说中的“耶稣诞生”之年算起的，这一年就是公元元年。

要求：根据课程标准要求和课文内容，设计出相关的教学过程，包括教学环节，教师活动和学生活动，并说明设计意图。

机密★启封前　　　　　　　　姓名____________　准考证号____________

教师资格考试预测试卷(一)

《历史学科知识与教学能力》(初级中学)

注意事项:

1. 考试时间为120分钟,满分为150分。
2. 请按规定在答题卡上填涂、作答,在试卷上作答无效,不予评分。

一、单项选择题(本大题共25小题,每小题2分,共50分)

在每小题列出的四个备选项中只有一个是符合题目要求的,请用2B铅笔把答题卡上对应题目的答案字母按要求涂黑。错选、多选或未选均无分。

1. “春种一粒粟,秋收万颗籽”。在中华文明起源时期,种植粟的原始居民是(　　)

A. 元谋人　　B. 北京人　　C. 河姆渡人　　D. 半坡人

2. 自古以来,中国人就有祭祖的习俗。这种“认祖归宗”的情结源于古代的(　　)

A. 宗法制　　B. 分封制　　C. 郡县制　　D. 井田制

3. 公元前212年,一位商人从咸阳前往桂林郡做生意,他携带的货币应该是(　　)

A

B

C

D

4.《魏书》载:“帝……雅好读书,手不释卷。《五经》之义,览之便讲,学不师受,探其精奥。史传百家,无不该涉。擅谈《庄》《老》,尤精释义。”材料说明孝文帝(　　)

A. 认同汉族文化　　B. 注重学以致用　　C. 锐意改革旧俗　　D. 潜心文学创作

5. 据考证,唐朝的《邸报》是世界上现存最古老的报纸之一。与该报的产生密切相关的科技发明是(　　)

①造纸术　②活字印刷术　③指南针　④雕版印刷术

A. ①②　　B. ①③　　C. ②④　　D. ①④

6. 宋高宗时,四川立限令典卖田宅者纳税印契,一次就征收到契税四百万贯,此时四川地价每亩为近四贯,官府卖田定价为八贯到十贯(一般情况下税率10%计,土地价格取较高者每亩十贯)。这从侧面反映了(　　)

A. 四川的小农经济开始瓦解　　B. 北宋租佃关系盛行

C. 土地税成为政府主要收入　　D. 宋代政府不抑兼并

7. 昆曲在明朝万历年间被视为“官腔”,到清代被誉为“雅乐”“盛世元音”,宫廷重要活动常有昆曲演出,江南地区“郡邑大夫宴款不敢不用”,甚至“演戏必请昆班,以示府城中庙会之高雅”。这些史实表明,昆曲在明清时期的流行是因为(　　)

A. 陆王心学广泛传播　　B. 吸收了京剧的戏曲元素

C. 社会等级观念弱化　　D. 符合士大夫的文化品味

8. 随着洋务运动的推进,需要解决资金、原料和运输问题,洋务派认识到,国家“必先求富而后能强”。下列属于洋务派将这一认识付诸实践的是(　　)

A. 开设江南制造总局　　B. 创建福州船政局

C. 成立上海轮船招商局　　D. 修筑京张铁路

9. 为进行革命传统教育,某中学暑期组织“红色记忆”考察团,分赴延安、吴起县、井冈山、遵义四地实地考察。其中,贵州遵义考察团考察的主题最恰当的是(　　)

A. 长征会师　伟大胜利　　B. 生死攸关　历史转折

C. 革命圣地　战略后方　　D. 星星之火　可以燎原

10. “九州缩地凭挥翰,四海披图当泛槎(木筏)。”这是近代诗人张维屏对一部著述的称赞。这部著述是(　　)

A.《海国图志》　　B.《资政新篇》　　C.《变法通议》　　D.《孔子改制考》

11. 1911年10月10日,武昌起义爆发;1912年元旦,中华民国临时政府成立;2月12日,清帝退位。这四个月中,没有发生特别重大的战役,清廷就退出了历史舞台。这一状况说明(　　)

A. 地方实力派全部背离清政府　　B. 列强在辛亥革命时期严守中立

C. 清政府的统治根基早已松散　　D. 资产阶级革命派力量十分强大

12. 孙中山指出:“帝政实施,祖国前途,顿增黑暗,以先烈手造之共和,转而为袁氏一家之私产。”他号召实施“三次革命”,得到全国各界响应。“三次革命”后来演变为(　　)

A. 护国战争　　B. 第一次护法战争

C. 第二次护法战争　　D. 国民革命

13. 下列影视作品反映解放战争的是(　　)

A

B

C

D

14. 新中国成立后,我国的民主政治不断发展完善。右图内容出自第一届全国人民代表大会制定的法律文件,该法律文件是(　　)

中华人民共和国是工人阶级领导的、以工农联盟为基础的人民民主国家……中华人民共和国的一切权力属于人民。

A.《中国人民政治协商会议共同纲领》

B.《中华人民共和国土地改革法》

C.《中华人民共和国宪法》

D.《中华人民共和国刑法》

15. 著名作家张贤亮说:“勇气,这是1980年代最可贵的东西。”他本人更是凭着勇气在这个被他形容为“不断突破禁区”的时代爆发。他是中国1980年代作家群中第一个写饥饿、第一个写中学生早恋、第一个写城市改革的作家。材料反映的是(　　)

A. 后现代主义文学作品的流行　　B. 改革开放让社会焕发出活力

C. 城市经济体制改革影响文学　　D.“左”倾错误的影响已经消失

16. 古希腊历史悠久,文明灿烂。下列不属于古希腊文明的是(　　)

A. 伯利克里改革　　B.《荷马史诗》

C. 阿基米德发现杠杆和浮力定律　　D.《天方夜谭》

17. 罗马法将下列情况认定为“名誉减损”:作伪证、可为证人但拒绝作证、书面侮辱他人、重婚、犯罪、从事卑贱职业(倡优、斗兽员等)、被社会轻蔑排斥。“名誉减损者”可能被剥夺选举权、继承权、监护权、出庭作证权,并被限制结婚权。这说明罗马法(　　)

A. 强调道德修养以促进经济发展

B. 混杂着多种理性与非理性因素

C. 在公民法阶段保留了氏族残余

D. 对外扩张使社会关系更加复杂

18. 文艺复兴和宗教改革都以人文主义的精神推动了社会的发展。下列说法能反映宗教改革时期人文主义精神内涵的是(　　)

A.“赎罪券可以使人的原罪得到赦免”

B.“人是一件多么了不起的杰作”

C.“每个人都是自己的牧师”

D.“上帝的救赎使人得救”

19. 有人说:“德国在19世纪六七十年代的一次胜利为它在20世纪上半期的两次失败埋下了伏笔。”能为这个论断提供依据的是(　　)

A. 德国完成对封建割据的改造　　B. 德国继承了普鲁士的旧制度

C. 德国的殖民地范围小于英法　　D. 统一后德国实行君主立宪制

20. “对某些人来说,这是一个救世福音,对另外一些人,它则是一个魔鬼学说。”这段话是《一口气读完世界历史》的作者对1848年发表的某一文献的评价,该文献是(　　)

A.《共产党宣言》　　B.《人权宣言》

C.《独立宣言》　　D.《解放黑人奴隶宣言》

21. “从世界史的观点来看,美国革命之所以重要并不是因为它创造了一个独立的国家,而是因为它创造了一个新的、不同类型的国家。”对“新的、不同类型”的正确理解是(　　)

A. 确立了现代政党制度　　B. 实现了民族独立

C. 确立了议会主权的原则　　D. 开创了现代政体新形式

22. 勃列日涅夫执政初期,苏共中央第一书记勃列日涅夫与部长会议主席柯西金和最高苏维埃主席波德戈尔内三人,形成了被称为“三驾马车”的集体领导架构。苏共中央还通过决议,规定苏共中央第一书记和苏联部长会议主席职务“永远分离,不得兼任”。这表明苏联(　　)

A. 有意摆脱高度集权的模式　　B. 改革实现法治化发展

C. 改革的重点转向政治领域　　D. 共产党威信有所下降

23. 下表为不同学者关于冷战起源的不同认识。据此能够被认定的历史事实是(　　)

学者	观点
竺培芬	认为冷战是由美国酝酿和发动的,根源在于美国推行霸权主义,苏联只是被动的应战者,美国必须对冷战承担主要责任
沈志恩	冷战是一个双向的过程,是双方行为的结果,并非美国单方面对苏联发动的。冷战并非美国独家制造,而是“美苏共振互动所致”
陈亚峰	在冷战的起源中,英国政府极端仇视共产主义意识形态,对美苏冷战的爆发起了始作俑者的作用
张华	斯大林把美国及西方资本主义国家当作假想敌而采取敌视态度,进而冷战不可避免

A. 国家利益的冲突是冷战发生的主要原因

B. 美苏冷战的发动是一个错综复杂的过程

C. 美英等国应该对冷战发动承担主要责任

D. 极端意识形态不利于构建国际和平秩序

24. 我国历史上第一部史志目录是(　　)

A.《资治通鉴》　　B.《汉书·艺文志》

C.《玉海》　　D.《隋书·经籍志》

25. 历史教学最重要、最根本的教学原则是(　　)

A. 史论结合原则　　B. 重点突出原则

C. 系统性原则　　D. 直观性原则

二、简答题(本大题共3小题,每小题10分,共30分)

26. 简述三民主义的形成和含义。(10分)

27. 简述历史课堂提问的层次。(10分)

28. "内容标准"将历史知识与能力的学习分为三个层次要求,请做出说明。(10分)

三、材料分析题(本大题共3小题,每小题16分,共48分)

29. 阅读下列材料,回答问题。

材料一 在古代中国,县以下基层社会,由具有强烈自治色彩的家族、宗族、乡族等组织系列(里社保甲与行会等亦均以家族、宗族等实体组成)在行政司法、经济活动、精神生活等方面,成为国家末端政权的补充,起到所谓"结构——功能替代物"的作用。费正清曾说:"中华帝国有一个不可思议的地方,就是它能用个很小的官员编制来统治如此众多的人口。"进而他解释:"政府统治的活动可以区别为两类,一类是往下只到地方县一级的正规官僚机构的活动,另一类是由各地缙绅之家进行领导和施加影响的非正规的网状系统的活动。""地方长官是中央政府任命的该地唯一代表。

这种表面地位造成的结果,就是地方长官只有在与当地士绅头面人物的密切合作下,才能做他的工作。"

——摘编自张研、牛贯杰《清史十五讲》

材料二 在清末民国的地方治理中,形成了几种具有公共权力性质的组织机构,他们的首领人员是各地的士绅。如县议(事)会、参事会、城镇乡议(事)会、董事会、乡董(佐);各县的教育、警务、实业和财务等四类局、所,县、区、乡保卫团等地方保卫机构;教育、警务、自治等各种形式的区乡行政机构;各地乡村长副、正佐等村治组织;农会等社会自治团体等。曾经是以"士"为基本特征的文化权威在地方自治的制度演变之下,逐渐开启了"士绅权绅化"和"绅权体制化"的合法性空间。此时的士绅已非传统社会中的威望型人士,而是更多的依赖于占有公共组织和权力机构的权绅。他们在主持基层社会的公共事务时,已经不是源于他们曾经所具有的无形的社会声望,而是"大多已具有成文的法律依据"。

——摘编自杨东《中国基层社会治理与参与主体的近代嬗变》

问题:

(1)根据材料一并结合所学知识,指出古代中国基层治理的特点及其历史意义。(8分)

(2)根据材料一、二并结合所学知识,说明清末民国基层治理相较于古代中国的主要不同之处,并分析其成因。(8分)

30. 阅读材料，回答问题。

在讲授明清政治制度时，某位教师选取了如下材料：

朱元璋，原名重八，安徽凤阳人。出身为农民。职业为牧人。他建立大明政权，是明朝开国皇帝，他的名言“要么不做，要么做绝”。我们看，他是怎样成长起来的？朱元璋出身贫寒，住在破茅草屋中，过着忍饥挨饿的日子……

——摘编自《明朝那些事儿》《帝国政界往事：大明王朝纪事》《细解明朝十七帝》

问题设计：以上史料刻画了朱元璋怎样的性格和心路历程？对朱元璋在治理明朝朝政时所采取的政策有何影响？

问题：

(1)该教师在此环节采取了什么教学方法？这种方法的优势在于什么？(8分)

(2)该教师此环节的设计出现了什么问题？(8分)

31. 阅读材料，回答问题。

小组学习有它的一些缺点，如因组内成员的意见不一致、分歧大而争论不休，造成内耗，浪费了大家的时间和精力；小组进行讨论时，有时一些不愿意承担责任的小组组员推卸责任，或是在活动中不积极配合小组活动，表现消极，降低全组的学习效率；小组内同学间的交流相对小组间的交流要多得多，不利于各组间的交流与合作。而且，各小组在学习过程中不可避免地会出现竞争，也会影响各组的工作效率，甚至伤害成员相互间的感情。

说一说小组学习的特点，并针对材料中指出的缺点分析解决策略。(16分)

四、教学设计题(本大题22分)

32. 根据下列材料，按要求完成教学设计任务。

材料一　《义务教育历史课程标准》(2011年版)规定：知道康有为、梁启超等维新派代表，了解“百日维新”的主要史实。

材料二　课文摘录

1897年冬，德国强占胶州湾。消息传出后，康有为上书光绪帝，痛陈时局的危险和变法的紧迫性，呼吁变法救国。在康有为等维新派的推动下，光绪帝表示“不甘作亡国之君”，决心变法。1898年6月11日，清政府颁布“明定国是”诏书，宣布实行变法。随后，光绪帝发布了一系列变法诏令，主要内容有：裁撤冗官冗员，允许官民上书言事；鼓励私人兴办工矿企业，发展农业、工业、商业；改革财政，编制国家预算；废除八股，改试策论，开办新式学堂；裁减绿营，训练新式军队等。1898年是农历戊戌年，历史上称这次变法为“戊戌变法”。

变法触犯了以慈禧太后为首的顽固派的利益。他们掌有实权，阻挠和破坏变法法令的贯彻。9月21日，慈禧太后等发动政变，囚禁光绪帝，搜捕维新人士，废除变法诏令。康有为、梁启超先后出逃。谭嗣同、刘光第、林旭、杨锐、杨深秀、康广仁六人被捕遇害，史称“戊戌六君子”。这次变法历时103天，因此又被称为“百日维新”。

要求：根据课程标准要求和课文内容，设计出相关的教学过程，包括教学环节、教师活动和学生活动，并说明设计意图。

机密★启封前　　　　　　　　姓名____________　准考证号____________

教师资格考试预测试卷(二)

《历史学科知识与教学能力》(初级中学)

注意事项:

1. 考试时间为120分钟,满分为150分。
2. 请按规定在答题卡上填涂、作答,在试卷上作答无效,不予评分。

一、单项选择题(本大题共25小题,每小题2分,共50分)

在每小题列出的四个备选项中只有一个是符合题目要求的,请用2B铅笔把答题卡上对应题目的答案字母按要求涂黑。错选、多选或未选均无分。

1. "昼出耘田夜绩麻,村庄儿女各当家。童孙未解供耕织,也傍桑阴学种瓜。"这首古诗反映的古代中国经济的生产方式是(　　)

A. 简单协作　　B. 小农经济　　C. 庄园经济　　D. 商品经济

2. 易中天先生在《先秦诸子百家争鸣》中对春秋战国时期的学派作了如下评价:

①关注社会,留下了平等、互利、博爱的社会理想

②关注人生,留下了真实、自由、宽容的人生追求

③关注国家,留下了公开、公平、公正的治国理念

④关注文化,留下了仁爱、正义、自强的核心价值

下列学派与题干中评价对应正确的是(　　)

A. 道家、儒家、墨家、法家　　B. 儒家、道家、法家、墨家

C. 墨家、道家、法家、儒家　　D. 法家、墨家、儒家、道家

3. 中国古代文学艺术异彩纷呈,绚丽多姿。下列表述不正确的是(　　)

A. 魏晋时期是书体演变承上启下的重要阶段

B. "诗画本一律,天工与清新"是传统中国画的特点

C. "同光十三绝"是当时京剧艺术各行当的代表人物

D.《离骚》是古典文学最伟大的现实主义作品

4. 秦始皇统一中国后采取"废分封、立郡县"的措施,其主要目的在于(　　)

A. 维护皇权的至高无上　　B. 建立专制主义中央集权制度

C. 巩固统一的封建国家　　D. 维护新兴地主阶级利益的需要

5. 唐诗中记载当时的长安城:"六街鼓歇行人绝,九衢茫茫室有月。"宋词这样描写当时的汴州:"九陌六街平,万物充盈。青楼弦管酒如渑。"这一变化反映了(　　)

A. 城市经济功能的加强　　B. 君主专制制度的强化

C. 经济中心的不断南移　　D. 重农抑商政策的弱化

6. "明清之际思想批判的实质是儒家思想在新的历史条件下的活跃,他们使儒家思想更趋实事求是,与国计民生靠得更近。"这里"新的历史条件"是指(　　)

①蓬勃发展的商品经济　　②新的生产因素和生产关系的萌芽

③思想界因循守旧、陈腐不化　　④王朝统治的专制腐败

A. ①②　　B. ③④　　C. ①②③④　　D. ①②③

7. 雍正八年,添设军机章京,协助办理军机事务;雍正十三年,命裁军机处,将军机事务移交总理事务王大臣处理。乾隆三年,裁撤总理事务王大臣,而后恢复军机处。从军机处的演变情况来看,下列表述最准确的是(　　)

A. 日益成为掣肘皇权的有力机构　　B. 在权力构建上发生了实质变化

C. 和总理事务王大臣分权制衡　　D. 逐渐成为强化皇帝权力的利器

8. 古代中国虽是建筑、水利、机械、纺织大国,然而物理成就不多;作为发明造纸术、火药的国家,化学并不突出;农业技术高度发达,而生物学理论却相当薄弱。这说明中国古代科技发展的特点是(　　)

①取得了较高的成就　②重视实用技术　③重视系统性的科学实验　④理论体系完整

A. ①④　　B. ①②　　C. ③④　　D. ①③

9. 洋务时期外交家郭嵩焘感到夏、商、周三代圣人之治也有一些欠缺:"圣人治民以德",但"一身之圣德不能常也",而"西洋治民之法","推其法以绳之诸国",法不以君异而变,法是相对永恒的,可以"推衍无穷"。这表明他(　　)

A. 向往美国式的议会制民主政治　　B. 主张彻底摒弃传统的"德治"思想

C. 主张以德治国辅之以法　　D. 对洋务派"中体西用"思想有所突破

10. 郑观应在《商务叹》中写道:"轮船招商开平矿,创自商人尽商股。办有成效倏变更,官夺商权难自主。名为保密实剥商,官督商办势如虎。"他感慨的是(　　)

A. 民族工业的成就显著　　B. 外商企业的敲诈勒索

C. 官僚资本的势力庞大　　D. 洋务企业的困难重重

11. 下图为俗称"袁大头"的一元银币,由中央银行根据北洋政府颁布的《国币条例》统一发行。新币发行后,很快风行全国,成为市场流通的主币。此举(　　)

A. 统一了全国流通的货币　　B. 结束了军阀割据的局面

C. 有利于民族工业的发展　　D. 导致官僚资本不断膨胀

12. 下图取材于1945年一幅名为《端赖合作》的漫画。该漫画反映出(　　)

A. 国共联合进行淞沪会战，抵抗日军进攻　B.《双十协定》是重庆政治协商会议的成果

C. 重庆谈判后抗日民族统一战线得以建立　D. 抗战胜利前后国人对和平前景充满期盼

13. 在第一届全国人民代表大会上，毛泽东说："这次会议是标志着我国人民从1949年建国以来的新胜利和新发展的里程碑……"这次会议被称为"里程碑"的理由是(　　)

A. 通过了《共同纲领》　　B. 确立了土地改革的路线

C. 公布了"一五计划"　　D. 通过了第一部《中华人民共和国宪法》

14. 党的十四届三中全会确立了我国国有企业改革的方向是(　　)

A. 实行公司制　　B. 实行股份制

C. 包产到户　　D. 建立现代企业制度

15. 1993年2月，国务院发布《关于加快粮食流通体制改革的通知》，推动建立国家宏观调控下的自由市场购销体制，此后，各地相继取消了城镇口粮定量供应制度。这主要得益于(　　)

A. 城市经济体制改革的全面展开

B. 社会主义市场经济体制的建立

C. 国内商品资源完全实现市场配置

D. 农村经济体制改革获得巨大成功

16. 1952年10月20日，刘少奇在给斯大林的信里说，中国的私人工业都依赖国家供给原料、收购和推销它们的成品，需要银行提供贷款。这一时期私人工业对国家的依赖(　　)

A. 不利于当时国民经济的恢复与发展　　B. 为和平改造私营工商业准备了条件

C. 说明国家完全控制了私人工业生产　　D. 体现出建立计划经济体制的必要性

17. 1989年底，一位波兰记者访华后撰文写道："十几年前，北京是一个灰色的城市，有人甚至称它为'世界的农村'，人们穿着单调一律……如今穿着入时、欧式打扮的姑娘，使北京的街道有一种令人应接不暇的特殊美感。"导致上述变化的原因有(　　)

①经济全球化影响　②中国加入世贸组织

③改革开放　④人民生活水平提高

A. ①②④　B. ②③④　C. ①③④　D. ①②③

18. 西欧封建等级制度形成的基础是(　　)

A. 罗马共和国的建立　　B. 罗马帝国的扩张

C. 亚历山大大帝东征　　D. 查理·马特的改革

19. 有关欧洲近代史的一部著作形象地描述道：挪威是他们的森林，莱茵河两岸是他们的葡萄园，爱尔兰是他们的农场，普鲁士、波兰是他们的谷仓，印度和阿拉伯是他们的果园。这段描述可以用来说明(　　)

A. 西班牙的殖民扩张　　B. 荷兰海上贸易的发达

C. 拿破仑帝国的兴盛　　D. 英国殖民地版图广阔

20. 某西方史学家提出用"地中海时代—欧洲时代—大西洋时代"的历史发展次序来代替"上古—中古—近古"的历史发展次序。这一历史分期法体现了(　　)

A. 欧洲在世界近代历史发展中的中心地位

B. 资本主义生产方式在欧洲扩展的历史进程

C. 海外贸易在西欧资本主义发展中的决定意义

D. 人类由分散发展走向整体发展的历史进程

21. 摩根说："《权利法案》显然打破了世袭的权利，这种世袭权利是旧政体复辟的基础，而被以议会为代表的民族意志所取代。……将它看作是彻底否定了关于政府的概念的历史转折点，这无疑是完全正确的。"这说明《权利法案》(　　)

A. 使议会权力居于国王之上　　B. 反映了工业资产阶级的利益

C. 废止了英国社会的世袭制　　D. 彻底否定了英国的君主政体

22. 苏俄新经济政策与战时共产主义政策相比，主要新在(　　)

A. 加强了无产阶级国家政权对经济的管理

B. 国家控制一切经济命脉

C. 利用市场和商品货币关系发展商品经济

D. 目的是建立社会主义的经济基础

23. 第二次世界大战以来，联合国及其相关组织与机构所确定的规范、原则、制度已经日益成为衡量世界各国政府以及国际行为主体的政策与行为的合法性依据。其主要原因在于(　　)

A. 联合国是世界影响力最大的国际组织　　B. 经济全球化促进国际关系制度化

C. 世界经济形成多极化的国际格局　　D. 国际政治格局的多极化趋势

24.《史记》成书后有许多学者为其做注解。我们今天所说的"史记三家注"不包括(　　)

A.《史记音义》　B.《史记集解》　C.《史记索隐》　D.《史记正义》

25. 下列评价方式中，在教学之后实施的是(　　)

A. 诊断性评价　B. 形成性评价　C. 终结性评价　D. 预测性评价

二、简答题(本大题共3小题,每小题10分,共30分)

26. 简述十一届三中全会的内容和意义。(10分)

27. 简述讲解历史事件需要注意的事项。(10分)

28. 在历史课堂中如何处理好教与学的关系?(10分)

三、材料分析题(本大题共3小题,每小题16分,共48分)

29. 阅读材料,并回答问题。

材料 抗战时期,陕甘宁边区成千上万的农民终日辛劳难得温饱,文盲高达99%,很多地方水源很差,污染严重,周围有污水,畜粪可流入井中。不少老百姓认为把牲畜圈起来养影响其生长,经常洗衣服会损坏、浪费衣服等。在抗日战争的严峻环境里,为了求得生存坚持抗战,争取抗战的最后胜利,边区政府更多地把精力放在政治、经济、军事工作方面。党中央和边区政府逐步认识到这一问题的严重性。陕甘宁边区党和政府集思广益,采纳各方面的合理建议,出台了一系利的方针政策,制定了多项卫生法规,开展全边区的医药卫生运动,同病疫流行的现象作斗争。在中共和边区政府的领导下,广大医务工作者经过不懈努力,大大地改善了边区卫生面貌。

——摘编自温金童等《抗战时期陕甘宁边区的卫生防疫》

问题:

(1)根据材料并结合所学知识,分析抗日战争期间陕甘宁边区疫病横行的原因。(8分)

(2)根据材料并结合所学知识,评价抗日战争期间陕甘宁边区的疫病预防行为。(8分)

30. 阅读材料,并回答问题。

某教师在讲授反法西斯战争胜利的相关内容时,引用了日本NHK电视台拍摄的《映像的世纪》中的一个片段。片段中有日本广岛、长崎被原子弹轰炸后的惨烈情况,编导有如下一段解说词:“第二次世界大战的牺牲者,约为六千五百万人,其中四千万是手无寸铁的市民。屠杀无抵抗的市民,是第二次世界大战留在人类历史上永远无法抹去的伤痕。”这段视频的播放起到了教师事先没有预料到的效果。一些学生询问教师这部纪录片中是否有南京大屠杀的相关内容,得到否定的回答之后纷纷表示自己的愤怒:日本人只知道说自己遭受了多少苦难,他们怎么不想想造成这种状况的原因究竟是什么?有一些学生表示,日本得到这种结果是活该。但教师在同学生进行了简要的交流后没做表态,就进入下一个教学内容。

问题:

(1)这位教师在这里使用了何种教学资源,使用这种资源的原则有哪些?(8分)

(2)这位教师在使用该资源的过程中犯了什么错误?(8分)

31. 阅读材料，并回答问题。

历史学科的试题根据课标，运用新材料，创设新情境，不再拘泥于教材知识；提问角度多方位、多层次；重视对学生阅读能力的考查。而且材料又长、信息量又大、文字也比较难理解。如果学生没有经过专门的训练就去考试，肯定得分不高。

要想提高成绩，教师必须在平时注重训练学生的答题技巧。谈谈你如何指导学生掌握历史材料分析题的答题技巧。(16分)

四、教学设计题(本大题22分)

32. 根据下列材料，按要求完成教学设计任务。

材料一 《义务教育历史课程标准》(2011年版)规定：讲述林则徐虎门销烟的故事；列举中英《南京条约》的主要内容，认识鸦片战争对中国近代社会的影响。

材料二 课文摘录

鸦片战争爆发前，清朝统治下的中国危机四伏。西方已经进入资本主义时代，英国成为头号工业强国，并不断向外进行殖民主义扩张，掠夺殖民地。英国为了开辟海外市场，向中国运来呢绒、布匹，但遭到中国男耕女织式的自然经济的排斥，严重滞销。而中国向英国输出的茶叶、生丝等，销路旺盛。在正当贸易中，中国处于明显的出超地位。为了改变这种不利局面，英国向中国大量走私鸦片。从18世纪末到鸦片战争前夕，走私到中国的鸦片达40多万箱，从中国掠走3亿至4亿银元。

中国禁烟的消息传到伦敦，英国政府公然支持罪恶的毒品走私，发动侵华战争。1840年6月，鸦片战争爆发。

1842年8月，清政府被迫与英国签订了中国近代史上第一个丧权辱国的不平等条约——中英《南京条约》。

鸦片战争改变了中国历史发展的进程。中国不再享有完整独立的主权，中国社会的自然经济遭到破坏，开始从封建社会变为半殖民地半封建社会。鸦片战争成为中国近代史的开端。

要求：根据《义务教育历史课程标准》(2011年版)的要求和课文内容，设计出相关的教学过程，包括教学环节、教师活动和学生活动，并说明设计意图。

机密★启封前　　　　　　姓名＿＿＿＿＿＿＿　准考证号＿＿＿＿＿＿＿

教师资格考试预测试卷(三)

《历史学科知识与教学能力》(初级中学)

注意事项:

1. 考试时间为120分钟,满分为150分。
2. 请按规定在答题卡上填涂、作答,在试卷上作答无效,不予评分。

一、单项选择题(本大题共25小题,每小题2分,共50分)

在每小题列出的四个备选项中只有一个是符合题目要求的,请用2B铅笔把答题卡上对应题目的答案字母按要求涂黑。错选、多选或未选均无分。

1. 在人类文明史上,许多思想家对后世产生影响常常是通过教育的途径。下列思想家中通过私学培养人才的有(　　)

①孔子　②韩非子　③朱熹　④亚里士多德

A. ①②③　B. ①②④　C. ①③④　D. ②③④

2. 曹参为汉相时,选择身边作为助手的官员,专门任用“木讷于文辞”的“忠厚长者”,而部下有言辞激切、刻意追求个人声名的,均予以斥退。这一做法(　　)

A. 致力于强化相权　B. 顺应民心以否定秦法

C. 提高了行政效率　D. 体现无为的时代特征

3. 隋文帝时进行的重要改革包括(　　)

①确立三省六部制　②废除九品中正制　③使府兵制与均田制相结合　④部分推行以庸代役

A. ①②③　B. ①③④　C. ①④　D. ①②③④

4. 元世祖末期,行省官在一地任职五年以上时有发生。《久任官员迁转》颁布后,“行省官久任”的现象虽然迟迟未能绝迹,但行省官迁调已具有一定的普遍性。这种变化(　　)

A. 折射出行省地位的下降　B. 迎合了国家大一统的需要

C. 说明行省体制已固定化　D. 表明政府加强对边疆管理

5. “舞”字的原始文字像一个人手执牛尾跳舞的样子,后来加上“舛”(双脚形),强调双脚配合双手和乐曲有节奏地跳跃。这说明汉字(　　)

A. 演变总趋势是由简到繁　B. 以图画文字为基础逐步演变发展

C. 都是由象形文字构成　D. 讲究借物抒情,追求神韵意趣

6. “君子之为学,以明道也,以救世也。徒以诗文而已,所谓雕虫篆刻,亦何益哉!”与此文观点相符的是(　　)

A. 孟子的“仁政”　B. 黄宗羲的“人民为主”

C. 王阳明的“心学”　D. 顾炎武的“经世致用”

7. 清《景德镇陶录》载:“景德……业制陶器,……四方远近,挟其技能以食力者,莫不趋之若鹜。……景德镇属浮梁之兴西乡……以致陶之业、陶之人,及陶中所有之事,几皆半于浮。”材料表明当时景德镇(　　)

A. 制瓷业开始兴起　B. 出现靠出卖劳动力谋生的群体

C. 全员参与瓷器生产　D. 民营手工业产品已占领整个市场

8. 金冲及教授在其《中国近代历史的几个根本问题》一文中提到,甲午中日战争后有一份《中外日报》指出:我们在以前(指洋务运动时期)还讲什么自强、求富,现在别再讲那些门面话了,倒不如直截了当地讲救亡。这表明甲午中日战争(　　)

A. 使中国自强求富的洋务运动宣告破产　B. 使中国半殖民地化程度大大加深

C. 促使中国认清所处的国际地位　D. 促使先进知识分子研究中国前途问题

9. 开平煤矿正式投产时,土煤在国内从一个通商口岸装船到另一个通商口岸卸货,须缴纳出口税和复进口税,每吨税金达1两以上,比洋煤进口税多20余倍。李鸿章奏准开平所产之煤出口税每吨减为1钱。这一举措(　　)

A. 增强了洋务派兴办矿业的信心　B. 加强了对开平煤矿的管理

C. 摆脱了列强对煤矿业的控制　D. 保证了煤矿业稳健发展

10. 19世纪中叶以后,中国逐渐被卷入资本主义世界体系。从人类文明发展的角度看,它对中国最主要的影响是(　　)

A. 清政府统治土崩瓦解　B. 自然经济迅速崩溃

C. 近代化进程开始启动　D. 农民起义风起云涌

11. 武昌起义后建立的湖北军政府是一个(　　)

A. 资产阶级革命派完全掌权的政权

B. 包括革命派、立宪派和旧官僚的联合政权

C. 立宪派占主体的资产阶级政权

D. 革命派所建立的第一个地方革命政权

12. 民国初年,我国民族工业进入了进一步发展阶段,我国民族工业在这期间得以迅速发展的主要内因是(　　)

A. 海外华侨竞相投资办厂　B. 欧美列强在一战期间暂时放松经济侵略

C. 各种实业团体广泛建立　D. 辛亥革命推翻了清王朝的专制统治

13. 孙中山领导的辛亥革命推翻了封建君主专制制度,建立了共和国,然而民主政治却难以实现,主要

原因是(　　)

A. 南京临时政府对帝国主义抱有幻想　　B. 旧三民主义的局限性

C.《中华民国临时约法》不够完善　　D. 缺乏彻底的革命纲领

14. 如图为解放战争时期,画家蔡若虹创作的漫画《虚伪的和平》,该漫画(　　)

A. 揭露国民党"假和平、真内战"　　B. 反映国人对抗战后和平的担忧

C. 拥护"将革命进行到底"主张　　D. 批判美英操控东亚局势的罪行

15. 如图漫画《步步高升》中,各阶层人民代表通过人民政协的大门,沿着一级级阶梯"步步高升",走向顶端即将诞生的"中华人民共和国"。漫画中的"人民政协"(　　)

A. 具有人民民主性质　　B. 完善了政治协商制度

C. 制定第一个五年计划　　D. 不再代行全国人大职权

16. 十一届三中全会以来,我国的外贸体制改革不断深化,从放权、让利、分散,到推行外贸承包制和放开经营。1991年到1993年,外贸进行了取消出口补贴、统一外汇留成的新一轮体制改革。这一改革措施(　　)

A. 加强了国家发展对外贸易的计划性

B. 形成了全方位的对外开放的新格局

C. 标志着社会主义市场经济体制建立

D. 推动了我国对外贸易市场化的进程

17. 1949年,毛泽东充满激情地预言:"随着经济建设的高潮的到来,不可避免地将要出现一个文化建设的高潮。中国人被认为不文明的时代已经过去了,我们将以一个具有高度文化的民族出现于世界。"下列促进了20世纪五六十年代新中国"文化建设高潮"出现的是(　　)

A. "百花齐放、百家争鸣"方针的贯彻

B. "大跃进"运动的发展

C. "上山下乡"运动的开展

D. "文艺要为人民服务,为社会主义服务"的提出

18. 某学者认为,在古代希腊,自由完全是一个政治概念,与此相适应,他们承认个人对社群权威的绝对服从是与这种集体性自由相容的,可以说"个人在公共事务中几乎永远是主权者,但在私人关系中却是奴隶。"这表明该学者认为古希腊(　　)

A. 公民个体的自由受到限制　　B. 公民只有形式上的自由

C. 存在着绝对权威势力　　D. 排斥私有财产制度

19. 哥伦布发现新大陆是人类历史上最大的偶然巧合之一。由于一系列计算错误,他把西班牙到印度的距离大大缩短了,以致认为到达的地方是(　　)

A. 美洲　　B. 非洲　　C. 亚洲　　D. 大洋洲

20. 17世纪的英国革命是资产阶级性质的革命。下列各项中最能表明这一性质的是(　　)

A. 采取武装斗争方式打败了王军

B. 没收、出卖王室土地,废除了地主对国王的封建义务

C. 处死查理一世

D. 1649年5月英国宣布为共和国

21. 下列对工业革命的叙述不正确的是(　　)

A. 它开始于英国,18世纪末向外扩展

B. 一些国家的工业革命主要是靠从英国引进技术进行的

C. 它使各国迅速实现工业化

D. 英国由此成为世界工厂

22. 美国电影《白夜》描写了追求艺术和自由的芭蕾舞演员德罗钦科从苏联逃到美国,而为了政治和社会信仰的美国黑人踢踏舞演员格林伍德则从美国逃到了苏联,但格林伍德被克格勃秘密地作为人质,与一名被捕的苏联间谍进行交换,回到了美国。这表明(　　)

A. 冷战并未阻断国际交流　　B. 电影成为新交流媒介

C. 美苏之间对抗局势缓和　　D. 意识形态的隐性输出

23. 有学者在谈及资本主义的社会保险和福利建设时指出,资产阶级在某些方面的"宽容",那也不过是"为了赢得火腿,不得不给工人香肠"。这说明西方国家的"福利建设"(　　)

A. 体现了资本家剥削方式的调整　　B. 不利于企业主的资本积累

C. 表现了西方人人平等的价值观　　D. 目的在于改善工人的处境

24. 最早提出"全球历史观"的是(　　)

A. 巴勒克拉夫　　B. 马克思　　C. 斯塔夫里阿诺斯　　D. 斯宾塞

25. 有人说:"对历史事件的发生、进程、结果及性质、影响等,对历史人物的言行、贡献、历史地位等,对历史现象的出现、状态、波及、后果等的认识,都需要将其放在历史的条件中进行具体的考量。""对历史事件的发生、进程、结果及性质、影响等,对历史人物的言行、贡献、历史地位等"强调了历史学科核心素养中的(　　)

A. 唯物史观　　B. 历史解释　　C. 史料实证　　D. 时空观念

二、简答题(本大题共3小题,每小题10分,共30分)

26. 简述人民代表大会制度建立的意义。(10分)

27. 如何因地制宜地开发和 利用历史课程资源?(10分)

28. 简述教学设计与教案的区别。(10分)

三、材料分析题(本大题共3小题,每小题16分,共48分)

29. 阅读材料,并回答问题。

材料一 明代后期,西班牙殖民者以马尼拉为基地,把墨西哥银元经大帆船贸易航线载运来换取中国的生丝和丝织品……此时在中国国内,正值明朝政府在福建漳州海澄月港部分开放海禁,准许私人申请文引,缴纳饷税出海贸易。于是,大量的贸易船涌向海外,使当时的海外贸易得以迅速发展,随之亦形成了一股海外移民浪潮。

——摘编自李金明《明代后期的海外贸易与海外移民》

材料二 伊丽莎白时代,英国对外贸易的发展取得了前所未有的显著成就。这是中世纪晚期英国社会诸方面因素交互影响的合力产物,其中起决定作用的因素则是资本主义生产方式的胚胎在英国封建社会的母体中孕育、躁动所导致的那种经济必然性;同时,16世纪下半叶伊丽莎白女王政府

解决对外贸易危机、开展对西战争的现实需要,以及该政府一系列重商主义外贸政策的贯彻实施也是促使此时英国对外贸易蓬勃发展的重要因素。

——余建华、季惠群《伊丽莎白时代英国对外贸易发展之动因》

材料三 在某种程度上,16世纪到18世纪中国社会和经济领域的重要变化与17世纪到18世纪早期英国相同领域发生的变化并无本质区别。从工厂经营规模、最高效纺纱机的产量及商人持有资金总量等指标来看,中国在工业化进程中似乎还领先于英国一步。遗憾的是,中国最终却失掉了这种发展势头。

——[美]易劳逸《家族、土地与祖先:近世中国四百年社会经济的常与变》

问题:

(1)根据材料一并结合所学知识简析这一时期外贸兴盛对中国社会的影响?(7分)

(2)根据材料一、二并结合所学知识概述这一时期中英两国外贸发展的共同之处?(4分)

(3)综合上述材料并结合所学知识分析“中国最终却失掉了这种发展势头”的原因?(5分)

30. 阅读材料,并回答问题。

下面是某教师在讲授新航路开辟影响时的教学过程。

师:请同学们再来想一想,新航路开辟的完成会产生什么影响呢?(学生阅读资料并思考问题)

(1)1520年,一位萨克森商人在里斯本买到了许多玉米,回去后赚了大钱。他说:“要感谢上帝……”另一位商人说他还要感谢(　　)

A. 西欧一些特色农业区的资本家种出了玉米

B. 葡萄牙商人从摩洛哥运回了玉米

C. 阿拉伯人从非洲运来了玉米

D. 葡萄牙人从美洲运来了玉米

(2)在当时,非洲的咖啡为什么会出现在美洲人的餐桌上?

(3)美洲的土著居民属于什么人种?黑人是不是自古就生活在美洲大陆上?

请同学们想一想,以上三则资料反映了一个什么问题?

(学生分组讨论,各抒己见)

师:玉米的原产地在哪里,是通过什么渠道来到欧洲的,非洲的咖啡是通过什么渠道到达美洲的,生长在非洲的黑人为什么去了美洲?

请大家阅读课本中的相关内容,总结归纳新航路开辟产生的影响。

(1)对西欧:引发了商业革命,促成了西欧在商业经营方式上的重大转变。

(2)对美洲:美洲传统社会遭到灭顶之灾,但为欧洲的资本原始积累做出了重要贡献。

(3)对非洲:非洲成为欧洲人猎获黑人奴隶的场所,罪恶的黑奴贸易开始出现。

(4)对亚洲(最初):欧洲殖民者最初在亚洲侵占一些大陆沿岸据点和岛屿,白银的大量流入也刺激了亚洲经济的发展。

(5)对全球:全球逐渐形成了以欧洲为中心的世界经济体系。人类也由此从各民族分散孤立的状态开始走向整体世界。

(结束语)勇敢探索的航海家们开辟了新航路,为世界大部分地区之间的联系做出重要贡献。我们要学习他们不畏艰险、积极进取的精神,与时俱进,开拓创新,为中华民族的伟大复兴而努力奋斗!

问题:

(1)你觉得该教师的做法有什么优点和问题。(8分)

(2)请你给出改进建议。(8分)

31. 某老师对“文艺复兴”一节的教材内容作了以下分析:

文艺复兴运动是以复兴古希腊、罗马古典文化为旗帜的思想解放运动,而本质上它是一场资产阶级的思想解放运动。文艺复兴运动始于14世纪的意大利半岛,而后迅速波及西欧等地,它大力提倡人文主义、主张以人为中心,反对以神为中心,这就冲破了中世纪以来神学思想垄断欧洲思想文化,包括日常生活方式等诸多方面的桎梏。文艺复兴运动不仅推动了欧洲文化思想领域的解放,更为欧洲资本主义社会的发展奠定了思想文化基础,它与新航路的开辟,并称为人类社会跨入近代社会门槛的两大突出性事件。

问题:

(1)请你结合教师对教材内容的分析,评价该老师的教材分析有哪些优缺点。(8分)

(2)在讲解文艺复兴运动的成就时,你会选择什么样的板书形式?请举例说明。(8分)

四、教学设计题(本大题22分)

32. 根据下列材料,按要求完成教学设计任务。

材料一 《义务教育历史课程标准》(2011年版)规定:知道佛教的传入和道教的产生。

材料二 课文摘录

佛教是世界三大宗教之一,产生于公元前6世纪的印度。创始人是乔达摩·悉达多,又称释迦牟尼。佛教认为人生如苦海,人只有熄灭各种欲望和烦恼,才能得到解脱。佛教主张众生平等,迎合了贫苦民众渴求生活平安的愿望,因此得以传播。

张骞通西域后,佛教通过丝绸之路传入中国。东汉明帝时,西域的僧人运载佛经到洛阳,得到上层统治阶级的扶持,佛教逐步在社会上传播开来。佛教的传入,丰富了中国文化,在社会、思想、文学以及建筑、雕刻、绘画等方面产生深远影响。

要求:根据课程标准要求和课文内容,设计出相关的教学过程,包括教学环节、教师活动和学生活动,并说明设计意图。

机密★启封前　　　　　　　　　　　　姓名＿＿＿＿＿＿　准考证号＿＿＿＿＿＿

教师资格考试预测试卷(四)

《历史学科知识与教学能力》(初级中学)

注意事项:

1. 考试时间为120分钟,满分为150分。
2. 请按规定在答题卡上填涂、作答,在试卷上作答无效,不予评分。

一、单项选择题(本大题共25小题,每小题2分,共50分)

在每小题列出的四个备选项中只有一个是符合题目要求的,请用2B铅笔把答题卡上对应题目的答案字母按要求涂黑。错选、多选或未选均无分。

1 商周时期,手工业技术已达到相当高的水平,其中最具代表性的是(　　)

A. 纺织业　B. 制瓷业　C. 青铜制造业　D. 造纸业

2. "我无为而民自化,我好静而民自正,我无事而民自富,我无欲而民自朴。""大小多少,报怨以德。图难于其易,为大于其细。天下难事必作于易,天下大事必作于细。"以上观点反映了诸子百家中哪一学派的思想主张(　　)

A. 墨家　B. 道家　C. 法家　D. 儒家

3. 曹操父子建立的曹魏政权,在改革选官制度时,采取了不少抑制、打击世族势力的措施,随着世家大族势力的不断发展,曹魏政权又设置了由世家大族出身的中正官去掌握地方选举。这表明曹魏实施的九品中正制(　　)

A. 在执行过程中标准发生了变化　B. 相对于察举制具有历史进步性

C. 在事实上不能选拔出有用之才　D. 有缓和中央与地方矛盾的意图

4. 唐朝前期实行税盐制,官不采者,听民私采煮,官收其税。安史之乱后,开始推行榷盐制,先是实行民产、官收、官运、官销的专营办法,后刘晏主持盐政改革,全面推行民产、官收、商运、商销的"就场专卖制"。唐代盐制的变化(　　)

A. 说明政府退出对商业的直接经营　B. 一定程度上有利于维护唐王朝统治

C. 有效削弱了割据藩镇的物质基础　D. 是盐业生产专业化发展的必然结果

5. 宋瓷艺术以其端庄典雅、清新质朴、含蓄隽永的美学特征著称于世,与唐瓷的恢宏富丽、恣纵豪放形成鲜明的对照。宋瓷的这种艺术风格得益于(　　)

A. 商品经济发展使社会生活丰富多彩　B. 开明的对外政策促使文化兼容并蓄

C. 理学形成促进人们对人生韵味的追求　D. 文学艺术世俗化促使审美优雅化

6.《清太祖实录》记载,努尔哈赤曾对自己身后国家政治制度提前作出安排:"继朕而嗣大位者,毋令强梁有力者为也……且一人纵有知识,终不及众人之谋,今命尔八子为八和硕贝勒,同心谋国,庶几无失。尔八和硕贝勒内择其能受谏而有德者,嗣朕登大位。若不能受谏,所行非善,更择善者立焉。……"这一安排(　　)

A. 形成了君主与大臣相互制约的局面　B. 奠定了议政王大臣会议的基础

C. 顺应了民主取代专制的历史趋势　D. 遵从了"禅让制"的古代传统

7. 明中叶以后,浙江常山地区丁壮"屏(摒)耒耜而事负载,以取日入佣值",安徽徽州许多农民"执技艺或负贩就食他郡",福建古田县壮年农民也"多佣之四方"。这表明上述地区(　　)

A. 民营手工业占主导地位　B. 农民与市场联系密切

C. 社会贫富分化日益加剧　D. 长途贩运贸易的发展

8. 明末清初思想家黄宗羲的《明夷待访录》在清代被列为禁书,其主要原因是该书(　　)

A. 将人性与天理对立起来　B. 质疑孔子的权威性

C. 主张儒、佛、道三教合一　D. 抨击君主专制制度

9.《长沙市各行业概况调查》一文载:"长沙苏广业,初营业范围甚广,所经营者多是江苏、广东、上海之各种土产。嗣以五口通商,洋货输入,西洋货竟占于该业市场矣。故该业店铺之称呼,初为苏广杂货铺,嗣称为广货铺,复曰洋货铺。"由材料可以得出(　　)

A. 我国传统商业受到西方的强烈冲击　B. 中国自然经济逐渐走向解体

C. 中国的商业发展呈现出明显的阶段性　D. 西方商业经营观念影响广泛

10. 某部历史题材的电影剧本叙述了1843年上海的场景,请找出有悖历史事实的一组镜头(　　)

A. 一队队英国士兵在街上巡逻,有很多英国国旗在飘扬

B. 悬挂日本国旗的工厂一家接一家

C. 民众对政府割香港岛给英国感到气愤

D. 在海边码头,一艘英国货船正在卸货,一旁的大清官员与英国领事商谈关税额

11. 梁启超评价辛亥革命具有"空前绝后的意义"。他曾说,凡不是中国人,都没有权来管中国的事;凡是中国人,都有权来管中国的事。由此可见,梁启超认为辛亥革命的作用是(　　)

A. 增强了国民的民族民主意识　B. 促使民主共和观念深入人心

C推翻了封建君主专制统治　D. 打击了帝国主义在华势力

12. 1919年五四运动取得了初步胜利,其表现不包括(　　)

A. 北洋军阀政府被迫释放被捕学生

B. 北洋军阀政府被迫罢免三个卖国贼的职务

C. 参加巴黎和会的中国代表拒绝在和约上签字

D. 完成了反帝反封建的民主革命任务

13. 五四运动开始后不久，胡适在学术上拉起了"整理国故"的大旗，开了《一个最低限度的国学书目》，1923年梁启超写了《国学入门要目及其读法》，继胡、梁后还有他人列出国学目录，因此形成了一股开列国学目录的风潮。这反映了(　　)

A. 知识阶层对新文化的反思　　B. 知识阶层对传统文化的继续批判

C. 传统文化具有强大的生命力　　D. 知识阶层对西方文化的否定

14. 蒋介石致张学良密电"沈阳日军行动，可作为地方事件，望力避冲突，以免事态扩大。一切对日交涉，听候中央处理"中的"沈阳日军行动"是指(　　)

A. 九一八事变　　B. 西安事变　　C. 卢沟桥事变　　D. 南京大屠杀

15.《全民抗战》是在武汉创办的政治刊物，共出版157号，下图是其创刊号刊头。《全民抗战》的创刊(　　)

全民抗戰

A. 推动了国共第二次党内合作的实现　　B. 标志着报业开始参与民族救亡运动

C. 促进了国民政府抗战路线的转变　　D. 有利于抗日民族统一战线的巩固

16. 下表为"文革"期间部分年份工农业总产值变化的情况。这些数字表明(　　)

年份	1966—1967	1967—1968	1972—1973	1974—1975
比上年增长	-9.6%	-4.2%	9.2%	11.9%

①"文化大革命"初期，国民经济受到严重影响

②"九一三"事件后，经济开始迅速回升

③"文化大革命"虽然是政治动乱，但仍促进了经济发展

④在周恩来、邓小平主持中央日常工作时，经济迅速回升

A. ①②③④　　B. ①③④　　C. ③④　　D. ①④

17.《民主与城邦的衰落》中指出："在(雅典)城邦的范围内，……尽管社会生活具体而言对公民都很不利，但从政治层面上说，公民还是被视为体制内部可进行互换的单一体，法律在这个体制内起到了平衡的作用，它是平等的准则。"这表明古代希腊(　　)

A. 城邦体制造就了民主政治生活　　B. 民主政治的运行得到法律保障

C. 真正实现了法律面前人人平等　　D. 公民的政治权利没有受到重视

18. 马克思说："在科学上没有平坦的大道，只有不畏劳苦沿着陡峭山路攀登的人，才有希望到达光辉的顶点。"牛顿在科学上取得的巨大成就是(　　)

①创建微积分　②提出进化论思想　③建立完整的力学理论体系　④发现万有引力定律　⑤创

立相对论

A. ①③④　　B. ①②④　　C. ②③⑤　　D. ③④⑤

19. 巴黎和会后，一位代表说："我们初来巴黎时，对即将建立新秩序满怀信心，离开时，则感到新秩序比旧秩序更加纠缠不清。"他之所以这样说，是因为巴黎和会后建立的"新秩序"(　　)

A. 没有改变第一次世界大战前的世界秩序

B. 彻底消除了战胜国和战败国之间的矛盾

C. 重新确立了帝国主义在东亚、太平洋地区的统治

D. 没有从根本上消除帝国主义列强之间的矛盾

20. 有学者对19世纪某重大成就发表评论："它的要义不能被当时的人们理解，但它在科学领域以外却产生了革命性的影响，其程度甚至远远超过了原有领域的影响。"他评价的是(　　)

A. 经典物理学　　B. 进化论

C. 相对论　　D. 现代信息技术

21. 与沙俄相比，19世纪中期英国对中国的侵略以开拓市场而不是以扩张领土为主，这主要取决于它(　　)

A. 处于"世界工厂"的地位　　B. 传统的对外殖民扩张政策的特点

C. 与中国缺乏共同的边界　　D. 认为中国市场广阔

22. "应当以实物税代替余粮收集制，在纳税后剩余的一切粮食、原料和饲料，农民可以自己全权处理。"这一规定属于下列哪一经济政策的内容？(　　)

A. 战时共产主义政策　　B. 新经济政策

C. 国家工业化政策　　D. 农业集体化政策

23. 二战后，新加坡、韩国经济显著发展的共同经验是(　　)

A. 引进外国先进技术是经济发展的根本原因

B. 实行多种经济成分并存的协调发展

C. 实行计划和市场相结合的经济政策

D. 根据本国国情制定并不断调整发展战略

24. 中国史学中有"三通"之说。下列有关"三通"的内容完全正确的是(　　)

A.《史通》《通志》《文献通考》　　B.《通典》《通志》《文献通考》

C.《通典》《唐六典》《东观汉记》　　D.《史通》《文苑英华》《玉海》

25. 义务教育历史课程在基础教育中具有重要的地位，它的主要特征包括(　　)

①思想性　②基础性　③人文性　④综合性

A. ①②③　　B. ①③④

C. ①②③④　　D. ②③④

二、简答题(本大题共3小题,每小题10分,共30分)

26. 谈谈你对国共两党关系发展过程的规律性认识。(10分)

27. 新课程强调历史教学要贴近学生、贴近生活。谈谈你对此的理解。(10分)

28. 教师在课程资源的开发和利用的过程中应该注意哪些问题?(10分)

三、材料分析题(本大题共3小题,每小题16分,共48分)

29. 阅读材料,回答问题。

材料一 20世纪以来,甘肃成批出土简牍10余次,总数达到7万多枚。简牍的内容以秦汉行政文书为主,各种簿籍和通行公文系统性很强。簿籍内容包括边塞军事机构对兵器、廪食、俸钱等物资的流水账目及会计报告和关于各种人员的名单。通过簿籍,可以管窥各类机构对文书的书写、审核、校对、存档等细节。通行公文是各级机构间上传下达的文书,有涉及人事升迁、任免、调动的,也有关于日常管理值班的。甘肃简牍中还包含大量的律令,涉及军事、治安、边疆、土地、吏治、养老、赋役等多方面。司法实践中的各类文书透露出执法重要环节的各种信息,生动反映了西汉中后期至东汉的诉讼程序和司法情况。

——摘编自黄兆宏《"经国之枢机"——甘肃简牍与秦汉时期行政体系研究》

材料二 晚清时期,清朝长期实行的谕旨奏折制度悄然发生变化,新型谕旨奏折逐渐形成颇具特色的寄发程式与管理制度。通过电寄寄发的谕旨称"电旨",上行文书出现电奏,电奏由臣工拟定,交电报局寄至总理各国事务衙门,再由总理各国事务衙门送军机处进呈。历次钦奉电旨、电奏、电信,按月分缮清折咨呈军机处、总理衙门查核。1906年10月,皖北遭遇严重水灾,安徽巡抚恩铭向清廷电奏此情,并请求"拨发藩库银十万两,以资赈抚",清廷与闻后立即寄出电旨允准。

——摘编自夏维奇《晚清电旨电奏发展述论》

问题:

(1)根据材料一及所学知识,分析甘肃简牍所反映秦汉政治的基本特点,说明甘肃简牍的史料价值。(8分)

(2)根据材料二及所学知识,概括晚清时期行政公文出现的变化,分析变化原因及影响。(8分)

30. 阅读材料,并回答问题。

下面是某教师讲授"大化改新"的教学过程。

(一)导入

教师展示"亚洲封建时代"的地图,请学生关注与我国一衣带水的邻邦——日本。教师说明日本的自然特点:它是个岛国,国土有限,资源匮乏。日本人常有对国家和民族的忧患意识和危机感。

(二)介绍背景

教师结合小字内容,向学生简单介绍"大化改新"的背景。

(三)指导阅读

教师指导学生阅读教材,勾画"大化改新"的主要内容。

(四)启发思考

教师启发学生回忆并思考,日本的"大化改新"与中国的隋唐政治经济制度有哪些相似之处,它们之间有何联系?教师组织学生进行小组活动,完成表格填写。

(五)教师小结

大和民族非常善于把其他民族的文化拿来,变成具有自己特色的文化。在古代,日本向中国学习;在近代,日本向西方学习,这些都使日本不断进步、强盛。

课后思考:从日本的这段历史中,你能得到什么启示?

问题：

(1)你觉得该教师的做法有什么优点和问题?(8分)

(2)请你给出改进建议。(8分)

31. 阅读材料,并回答问题。

丰富多彩的活动是学生展示自我的舞台,而评价更是促进学生学习的催化剂,能使学生始终保持积极向上的学习劲头,进而更加积极、主动地参与到活动中来。一位教师组织学生进行春秋战国故事会,让学生对成语进行接龙,四组进行比赛。将全班分成四组,拿着一个钟表,转动指针,哪组学生能回答就给哪组加星星。这样的评价形式比较单一,只停留在教师对学生评价的层面上,没有体现评价的多样性。

问题：

(1)说一说学生评价的主要形式有哪些?(6分)

(2)材料反映了评价中存在的什么问题?(5分)谈谈你解决这一问题的对策。(5分)

四、教学设计题(本大题22分)

32. 根据下列材料设计教学片段。

材料一 《义务教育历史课程标准》(2011年版)规定:知道苏联模式社会主义的推广,了解苏联的改革与变化以及苏联解体和东欧剧变。

材料二 课文摘录

1985年,戈尔巴乔夫担任苏联领导人。不久,他开始实施加速经济改革的方案,但直到1988年,总体效果仍然不佳。戈尔巴乔夫又轻率地转向政治体制改革,取消苏共的领导地位,实行多党制,倡导“公开性”和“政治多元化”,这些措施使人们的思想发生混乱,无政府状态蔓延,局势迅速失控。各加盟共和国的分离趋势也随之加剧。

1991年8月19日,8名苏共高级官员发动政变,试图挽救苏联,但不到3天,即宣告失败。这次事件后,戈尔巴乔夫辞去苏共中央总书记职务。俄罗斯领导人叶利钦控制了全局,苏联的分裂进一步加快。1991年底,苏联解体。社会主义遭受严重挫折。

要求:根据课程标准要求和课文内容,设计出相关的教学过程,包括教学环节、教师活动和学生活动,并说明设计意图。

机密★启封前　　　　　　　　姓名____________　准考证号____________

教师资格考试预测试卷(五)

《历史学科知识与教学能力》(初级中学)

注意事项:

1. 考试时间为120分钟,满分为150分。
2. 请按规定在答题卡上填涂、作答,在试卷上作答无效,不予评分。

一、单项选择题(本大题共25小题,每小题2分,共50分)

在每小题列出的四个备选项中只有一个是符合题目要求的,请用2B铅笔把答题卡上对应题目的答案字母按要求涂黑。错选、多选或未选均无分。

1. 石器时代是考古学对早期人类历史分期的第一个时代,即从人类出现到铜器出现,大约始于距今二三百万年,止于距今6000年至4000年左右。由此可知,考古学划定石器时代的主要依据是(　　)

A. 民族公社取代原始人群　　B. 贫富分化是否已经出现

C. 生产工具及其制作水平　　D. 古人类所处的地域环境

2. 韩非子在《显学》中说:"孔、墨之后,儒分八家,墨离为三。"又在《五蠹》中说:"上古竞于道德,中世逐于智谋,当今争于气力。"其意在(　　)

A. 指出儒墨没有统一的思想　　B. 否定儒墨的思想主张

C. 强调法家更适合统治需要　　D. 阐释社会发展的规律

3. 唐朝的三省六部制进一步完善了专制主义中央集权制度,其完善的含义是(　　)

A. 中央机构设置的增加　　B. 使地方权力进一步分散

C. 使皇权进一步加强　　D. 使中央各部门权力得以相互制约

4. 中国历代王朝以农为本,先进的农业生产技术推动了社会经济的发展。下列关于农业方面的叙述不正确的是(　　)

A.《齐民要术》是我国现存的第一部完整的农学著作

B. 隋唐时期流行着"苏湖熟,天下足"的谚语

C. 水稻在宋朝时跃居粮食产量首位

D. 宋朝时我国经济重心已转移到南方

5. 假如你生活在宋代,不可能看到的情景是(　　)

A. 驾驶配备指南针的船去海上捕鱼　　B. 在南方能吃到当地产的占城稻米饭

C. 供住宿的邸店很多　　D. 一边喝茶一边看吴承恩的《西游记》

6. 元代是中国戏曲的黄金时代,杂剧、散曲、南戏等都取得巨大成就,后世将其与唐诗、宋词并称。后人则充分肯定元曲的艺术风格,称其"文而不晦,俗而不俚""明白如话",这种风格反映了元代(　　)

A. 城镇经济繁荣　　B. 统治者政治清明

C. 戏曲创作者文化水平不高　　D. 中外文化交流频繁

7. 明朝专制主义中央集权制度较以前最大的区别是(　　)

A. 有无丞相(宰相)　　B. 地方是否实行分权

C. 是否存在文字狱　　D. 是否实行八股取士

8. 清朝政府为维护国家统一,加强了对西藏的管辖,其主要措施有(　　)

①设立驻藏大臣　②改土归流　③册封制度　④平定叛乱

A. ①②　　B. ③④　　C. ①③　　D. ②④

9. 史学界把维新变法、辛亥革命和新文化运动都称为近代化运动,因为它们都要求(　　)

A. 民主和科学　　B. 彻底废除旧制度

C. 新思想新文化　　D. 实行资产阶级民主政治

10. 鸦片战争后,魏源积极要求清政府进行改革,强调:"天下无数百年不弊之法,无穷极不变之法,无不除弊而能兴利之法,无不易简而能变通之法。"魏源的这一言论表明(　　)

A. 清政府已开始进行政治改革　　B. 魏源已意识到专制制度的落后

C. 民族危机激发国人进行探索　　D. 魏源萌生了向西方学习的愿望

11.《申报》"时评"栏目曾评述说:"今之时局,略似春秋战国时之分裂。中央政府之对于各省,犹东周之对于诸侯也。南北相攻,皖直交哄,滇蜀不靖,犹诸侯相侵伐也。"这一时局出现在(　　)

A. 太平天国运动时期　　B. 义和团运动时期

C. 辛亥革命时期　　D. 北洋军阀统治时期

12. 有人认为:"五四精神是一种不屈抗争的爱国主义精神,一种改造和变革社会的执著探索精神,一种团结战斗的精神。"下列能够说明这些结论的有(　　)

①反对巴黎和会将中国山东主权转让给日本

②提出"外争国权,内惩国贼"的口号

③以三民主义为指导思想探索救国出路

④运动从学生扩大到工商界人士

A. ①②④　　B. ①③④　　C. ②③④　　D. ①②③④

13. 国民党"一大"宣言中规定"国民党之主张,则以为农民之缺乏田地沦为佃户者,国家当给以土地,资其耕作,并为之整顿水利,移殖荒徼,以均地力。"由此推断国民党(　　)

A. 国民政府实行资本主义土地国有　　B. 认识到农民对革命的重要性

C. 开始关心民生尤其重视土地问题　　D. 发展了"平均地权"的思想

14. 政府指示银行对经济公社、合作社及手工业作坊，发放生产和经营贷款。同时利用贷款鼓励小商贩通过各种渠道购进食盐、布匹、药品等急需物资和工业品。所得利润20%归商贩，80%归经济公社。这一做法(　　)

A. 有利于打破国民党反动派的经济封锁　　B. 体现了政府在三大改造中的重要作用

C. 说明社会主义建设应调动各方积极性　　D. 为国民经济的调整和恢复指明了方向

15. 1977—1979年间，中国领导人以及各类代表团的出访活动呈现出迅速增长势头，该出访潮在特殊历史时期发挥的特殊历史作用主要是(　　)

A. 服务于资金技术引进的需要　　B. 推动了改革开放事业的起步

C. 促成中美正式建立外交关系　　D. 开阔了社会主义建设的视野

16. 通常情况下，修订宪法都以前一部宪法为基础。1982年，我国修订宪法时，邓小平等一些领导人主张不能以1975年或者1978年宪法为基础，而应该以1954年宪法为基础进行修订。这一主张从侧面说明(　　)

A. 宪法的修订要敢于突破传统思想的束缚

B. 1954年宪法确定的若干原则一度被破坏

C. "文革"时期宪法修订违背了社会主义原则

D. 1982年宪法是我国治国安邦的总章程

17. 罗马法律制度集中代表了古代西方政治文明的杰出成就，其影响源远流长。下列关于罗马法的说法错误的是(　　)

A.《十二铜表法》既是罗马成文法的开端，又可以看成是公民法的代表

B. 从习惯法发展到成文法，公民法发展到万民法，根本原因都是平民与贵族的长期斗争

C. 当公民法演变为万民法时，罗马法的成文法得到进一步发展，所以万民法基本上都是成文法

D. 19世纪末20世纪初，日本的民法、中国清末和民国时期的民法，都不同程度地受到罗马法的影响

18. 1989年7月14日，法国在200周年国庆纪念活动中，用飞机洒下他们引以为豪的"献给人类文明的礼物"。这一"礼物"应该是(　　)

A.《权利法案》　　B.《独立宣言》

C.《人权宣言》　　D.《拿破仑法典》

19. 17、18世纪，德意志启蒙运动中出现了一些"反法"倾向：文学家高特谢德对德意志文坛滥用法语的状况极为不满，积极提倡使用纯洁的德语写作；音乐家巴赫支持德意志社会的"反法"浪潮，要求自己的宗教和世俗声乐作品都要用德语演唱。这表明(　　)

A. 启蒙运动对德意志的影响较小　　B. 德意志启蒙运动带有民族主义倾向

C. 法、德启蒙运动所提倡内容相左　　D. 德意志的军国主义和封建色彩浓重

20. 2010年世博会在中国举办，其会徽以中国汉字"世"字书法创意为形(如下图)，寓意三人合臂相拥，状似美满幸福、相携同乐的家庭，彰显出世博会"以人为本"的理念。这一理念源于文艺复兴的指导思想(　　)

A. 浪漫主义　　B. 人文主义

C. 现实主义　　D. 自由主义

21. 从1933年起，苏联政府对农业和农庄规定生产总量、各种作物播种面积、播种及收获期、各种畜禽头数和产品率等指标，逐级下达给集体农庄，并由机器拖拉机站负责监督集体农庄。这项措施(　　)

A. 加速了苏联国民经济的恢复　　B. 为保障工业化战略的实施而推行

C. 表明斯大林模式已正式确立　　D. 推动了苏联农业的飞速发展

22. 1948年，英、法、美占领区的"经济议会"在德国法兰克福通过一项"原则"，基本取消对经济的强制控制，允许居民不受限制购买个人需要的物品，并准许以公开的市场价格出售他们各自的商品和劳务。这项原则(　　)

A. 旨在与苏联控制区进行全面对抗　　B. 体现出美欧在经济政策上的分歧严重

C. 说明盟国对德改造任务基本完成　　D. 有利于促进战后西德经济繁荣与发展

23. 世界经济论坛主席施瓦布认为："当今世界已发生根本性变化，最重要的一点是全球政治和经济重心已由西向东，由北向南转移，探讨应对共同挑战的新准则是论坛的工作重心。"下列表述符合材料观点的是(　　)

A. 国际经济政治秩序需要重构　　B. 发展中国家正在追赶发达国家

C. 当今世界格局发生根本变化　　D. 大国应结盟应对新势力的挑战

24. 下列选项中与《史记》《汉书》合称"前四史"的是(　　)

A.《隋书》《周书》　　B.《三国志》《后汉书》

C.《后汉书》《隋书》　　D.《国语》《春秋》

25. 八年级(1)班在学习"中华民族的抗日战争"时，请来了一位亲历抗战的老人讲述中国抗战的艰苦岁月和广大军民浴血奋战的历史。这种做法主要体现了历史课程资源选择的(　　)

A. 目标性原则　　B. 思想性原则

C. 精选性原则　　D. 可行性原则

二、简答题(本大题共3小题,每小题10分,共30分)

26. 评价在中国近代民主革命中的资产阶级。(10分)

27. 请就如何选择教学适用的史料谈一谈你的认识。(10分)

28. 怎样通过科学、合理的评价促使教与学的协同发展?(10分)

三、材料分析题(本大题共3小题,每小题16分,共48分)

29. 阅读材料,并回答问题。

材料 改革开放后,政府对医疗机构引入经济核算,更多强调市场机制在资源配置中的作用。医院成为独立经济核算的主体,医院和公共卫生机构可以进行创收。公共卫生、疾病预防、健康促进在卫生政策中地位下降,出现"看病难、看病贵"的现象。2003年,"非典"爆发后,政府和社会开始反思以往的卫生政策。政府启动新一轮医疗卫生体制改革,开始加大对公共卫生领域的财政投入,将公共卫生服务均等化作为卫生工作的主要目标之一,并且通过立法等手段重建了公共卫生体系,出台了《关于突发公共卫生事件医疗救治体系建设规划的通知》等政策。2003年,政府重新扶持建立农村合作医疗制度。2007年,开始建立城镇居民医疗保险制度。针对农村医疗资源不足

的问题,政府出台了加强农村医疗机构建设、培养农村卫生工作人才以及规范药品流通体系等相关政策。

——摘编自傅虹桥《新中国的卫生政策变迁与国民健康改善》

问题:

(1)根据材料,概括2003年以来医疗卫生体制改革的特点。(8分)

(2)根据材料并结合所学知识,简析2003年以来医疗卫生体制改革的原因。(8分)

30. 阅读材料,并回答问题。

《中国邮政史》:中国古代没有邮局,寄一封信很困难,只能托人捎信。后来私人开设了"信局",但规模很小。1878年,清政府开始试办国家邮政,设立邮局。但因为对现代邮政缺乏经验,也缺乏人才和其他设施,只好委托英国人赫德控制的海关来办。该年,海关印刷了中国第一套邮票,共三枚,面额为一分、三分和五分。邮票设计者是外国人,使用了龙的图案,所以被称为"大龙邮票"。

问题:

(1)材料从哪些方面说明洋务运动时期中国的邮政状况?(8分)

(2)如果将这一材料用于洋务运动一课的教学,请举一例说明你将用在哪个教学环节,并解释原因和用法。(8分)

31. 阅读材料，回答问题。

以下是某教师在教学日记中写到的疑问：

今天让我意外的是这次单元测评的成绩。平时成绩在95分以上的张晓璇、王丽娜、赵小杰竟然才考了60分，其他学生大多也都不及格。在课下我找到这几位学生向他们了解情况，他们普遍反映测试题目出得过难、过偏。我下班回家重新分析了测试题，认真思量权衡了许久，发现的确有不少题存在这种问题，在以后教学中需要注意。

问题：

(1)这位教师在命制试题时候没有把握好哪种指标，应该如何把握？(8分)

(2)除此之外，试题命制中还应注意哪几个指标？(8分)

四、教学设计题(本大题22分)

32. 根据下列材料，按要求完成教学设计任务。

材料一　《义务教育历史课程标准》(2011年版)规定：知道杜鲁门主义、德国分裂、“北约”与“华约”，了解美苏“冷战”对峙局面的形成。

材料二　课文摘录

冷战是指第二次世界大战后的40多年间，以美、苏为首的两大集团之间既非战争又非和平的对峙与竞争状态。

美苏国家战略的对立和社会制度的巨大差异，使双方的对抗、冲突不断加剧。

美苏双方互相敌对，进而发展为两大集团的全面冷战对峙，两极格局最终固定下来。但是，两极格局并未囊括世界上所有的国家和地区，一些国家和地区始终处于两个竞争集团之外。

要求：根据课程标准要求和课文内容，设计出相关的教学过程，包括教学环节、教师活动和学生活动，并说明设计意图。

机密★启封前　　　　　　　　　姓名＿＿＿＿＿＿　准考证号＿＿＿＿＿＿

教师资格考试预测试卷（六）

《历史学科知识与教学能力》（初级中学）

注意事项：

1. 考试时间为120分钟，满分为150分。
2. 请按规定在答题卡上填涂、作答，在试卷上作答无效，不予评分。

一、单项选择题（本大题共25小题，每小题2分，共50分）

在每小题列出的四个备选项中只有一个是符合题目要求的，请用2B铅笔把答题卡上对应题目的答案字母按要求涂黑。错选、多选或未选均无分。

1. 在仰韶文化遗址出土的陶器上发现了多种有一定规律的刻画符号。类似的符号还普遍出现在河北、甘肃等地。这些符号（　　）

A. 具有记事、传递信息的作用　　B. 表明汉字已形成完整体系

C. 是商周甲骨文的范式　　D. 是原始人类无意义的涂鸦

2. 先秦时期的《管子》一书主张国君用“轻重之术”治国，如“谷贱则以币(货币)予食，布帛贱则以币予衣。视物之轻重而御之以准，故贵贱可调而君得其利”。由此可知“轻重之术”（　　）

A. 体现“君权神授”的思想　　B. 有利于强化“重农抑商”政策

C. 以儒家学说作为理论基础　　D. 重在研究国家调控经济的手段

3. 秦代焚书禁学和汉代独尊儒术采用的手段大相径庭，秦代重在“禁”，汉代重在“尊”，但两者反映的本质问题是相同的，即（　　）

A. 文化成为政治权力的附庸　　B. 文化内容由综合宽容转向专制

C. 文化氛围由生动活泼转为死气沉沉　　D. 为不同思想留下适度发展的空间

4. 汉武帝设置十三州刺史以监察地方，并将豪强大族“田宅逾制”作为重要的监察内容，各地财产达300万钱的豪族被迁到长安附近集中居住。这表明（　　）

A. 政权的政治与经济支柱是豪强大族　　B. 政治权力与经济势力出现严重分离

C. 抑制豪强是缓解土地兼并的重要措施　　D. 经济手段是巩固专制集权的主要方式

5. 唐太宗说：“以天下之广，四海之众，千端万绪，须合变通，皆委百司商量，宰相筹画，于事稳便，方可奏行。岂得以一日万机，独断一人之虑也。”材料表明他主张（　　）

A. 君主应独揽大权，实现专制统治　　B. 君权与相权应相互制衡

C. 中央应当将权力适当下放地方　　D. 君主应发挥宰相等大臣的集体智慧

6. 世界上最早的纸币出现于中国的（　　）

A. 北宋时期　　B. 南宋时期　　C. 元朝时期　　D. 明朝时期

7.《全球通史》记载：“在15世纪早期这段异乎寻常的历史中……航海业以其杰出的技术和惊人的范围，明确证明了中国在世界航海业中的领先地位。”能证明以上观点的是（　　）

A. 郑和下西洋　　B. 吴国船队到夷洲

C. 郑成功收复台湾　　D. 清军进入台湾

8. 2010年京剧被列入“人类非物质文化遗产代表作名录”。京剧是中国文化的“国粹”之一，被誉为“国剧”。下列关于京剧的表述，不正确的是（　　）

A. 带有北京的地方特色　　B. 形成于乾隆年间

C. 形成中得到皇室的扶持　　D. 经过不断创新，成为最主要的剧种

9. 史论结合是历史学习的一种基本方法。下列推论与史实不相符的一项是（　　）

A. 洋务运动——中国近代化由此起步

B. 戊戌变法——是近代中国一次思想解放运动，带有救亡图存的性质

C. 辛亥革命——是一次彻底的反帝反封建的资产阶级革命

D. 新文化运动——启发人民追求民主和科学，探索救国救民的真理

10. 李鸿章能够接受的维新主张有（　　）

①创办新式学堂　②改革中央机构　③创办新式军队　④实行民主政治

A. ①③　　B. ①④　　C. ③④　　D. ①②③

11. 清末新政中曾出台《大清民国刑事诉讼法》，该法在“判案后查封产物”一节中规定：“凡封票纸查封被告本人之产物，如产物系一家之公物，则封本人名下应得之一分，他人之分不得株连。”该规定最重要的时代意义是（　　）

A. 折射出清末政治的民主化方向　　B. 以法律形式巩固了财产私有权

C. 表明近代人权意识的影响扩大　　D. 体现民主自由原则的法律认同

12.《笑林广记》记载古代一则笑话：有个官员到乡下去，问一个老农说：“近年来黎庶如何？”老农回答道：”今年梨树挺好，只是虫吃了些。”旨在解决这一问题的主张是（　　）

A. 康有为的政治改良　　B. 孙中山的社会革命

C. 陈独秀的文学革命　　D. 毛泽东的土地革命

13. 1943年蒋介石在《中国之命运》中写道：“这些国耻（二十一条）违背我国民的希望，有损我国民的自信，激起我国民强烈的革命要求。五四运动就是这种要求的最鲜明的表现，在国民强烈的革命要求之下，军阀官僚的政治，只有没落的一边。”上述材料（　　）

A. 肯定了五四运动所体现的爱国主义

B. 全面揭示了五四运动发生的历史原因

C. 准确分析了抗日战争后中国的政局形势

D. 体现了国民党维护国共合作的政治愿望

14. 1956年4月，毛泽东在中共中央政治局扩大会议上作了《论十大关系》的报告。这个报告实际上提出了开辟具有中国特色的社会主义建设道路的重大问题。这是因为该报告(　　)

A. 是在三大改造胜利完成的情况下提出的

B. 主要借鉴了苏联社会主义建设的经验

C. 总结了新中国经济建设的经验教训

D. 调动了广大人民群众的积极性

15. 1978年《中华人民共和国宪法》曾规定，通过开展阶级斗争、生产斗争和科学实验三大革命运动，把我国建设成为伟大的社会主义强国。这一规定(　　)

A. 表明宪政建设步入成熟阶段　　B. 尚不能完全适应新形势的需要

C. 实现了各项路线的拨乱反正　　D. 成为开辟中国特色道路的起点

16. "市民法亦称公民法，是罗马国家早期的法律……罗马法采用属人主义而非属地主义，就是说凡是罗马公民均受法律的保护，而不论其居住地区如何。"据此判断，建国之初(公元前5世纪早期以前)的罗马(　　)

A. 公民在外邦活动时受公民法保护　　B. 公民在外邦活动时受万民法保护

C. 公民在本邦活动时受成文法保护　　D. 居民在本邦活动都受公民法保护

17. 公元6—7世纪是古代西方文明的成熟时期，而同时期的中华文明也获得了重大发展，这里的"成熟"和"重大发展"分别指的是(　　)

A. 罗马法律建设形成完备体系、中央集权制度完善

B. 罗马法律建设形成完备体系、世袭制度被彻底废除

C. 罗马开始颁行成文法、中央集权制度的确立

D. 罗马开始颁行成文法、世袭制度被彻底废除

18. 美国在1787年宪法制定时，詹姆斯·麦迪逊将参议院的用途描述为"一个抗御……反覆与激情的必要防护。"华盛顿说："我们将法条(来自众议院)倒入参议院碟子里冷一冷。"这说明参议院的创立者们希望(　　)

A. 立法决策更加审慎严谨　　B. 使参、众两院分权与制衡

C. 参议院注重维护州权利　　D. 众议院完全控制立法权

19. 恩格斯说："和启蒙学者的华美语言比起来，由理性的胜利建立起来的社会制度和政治制度竟是一幅令人极度失望的讽刺画。"这段材料反映了(　　)

A. 古典主义文学产生的时代背景　　B. 启蒙运动文学盛行的时代背景

C. 浪漫主义文学盛行的时代背景　　D. 魔幻现实主义文学产生的时代背景

20. 19世纪下半期以来，英国工业避开世界市场的竞争，转到安全的、受到保护的帝国市场，帝国因此作为缓冲避免了锐意创新的需要……长此以往导致了其经济的衰落。据此可知，英国经济衰落的主要原因是(　　)

A. 推行自由贸易政策　　B. 科学技术的滞后

C. 过分重视国内市场　　D. 对殖民地的依赖

21. 有人说："从1492年哥伦布远航美洲使东西两半球会合之日起，全球化进程已经开始了。"他所说的"全球化进程开始"在当时主要指(　　)

A. 资本主义世界市场初步形成

B. 世界金融中心开始转移到美洲

C. 世界开始成为一个互相影响、联系紧密的整体

D. 美洲与欧洲之间开始出现区域性经济集团

22. 1920年，苏俄农民中流传这样的说法"土地属于我们，面包却属于你们；水属于我们，鱼却属于你们；森林属于我们，木材却属于你们"，它反映的是"战时共产主义政策"(　　)

A. 保障了农民的利益　　B. 挫伤了农民的积极性

C. 实行了军事化措施　　D. 取消了自由贸易制度

23. 历史漫画蕴含着丰富的历史信息。如图是发表于1939年4月的一幅由英国人创作的漫画《德国永远不会被包围》。作者想要表达的观点是(　　)

A. 德国全面发动了第二次世界大战　　B. 德国避免了经济危机的打击

C. 开辟欧洲第二战场以打击德国　　D. 德国称霸世界的野心昭然若揭

24. 我国古代保留至今的第一部典章制度通史是(　　)

A.《汉书·刑法志》　　B.《史通》

C.《通典》　　D.《通志》

25. 刘老师在讲述宋代历史时说道："我是北宋开封的一个富商，凭着自己的聪明才智，生意越做越大。我在开封开了一家很大的瓷器铺子，后来又开了绸缎铺子、炼铁铺……"刘老师采取了(　　)

A. 倒叙式教学方法　　B. 对话式教学方法

C. 情景式教学方法　　D. 问题探究式教学方法

二、简答题(本大题共3小题,每小题10分,共30分)

26. 为什么说第二次鸦片战争是鸦片战争的继续和扩大?(10分)

27. 谈一谈非智力因素对历史学习的影响。(10分)

28. 简述乡土历史教学的功能。(10分)

三、材料分析题(本大题共3小题,每小题16分,共48分)

29. 阅读材料,并回答问题。

材料一 中国历代王朝都重视对黄河的治理,每个时期都设有各级水官,地方官员也皆领河事。宋代治河机构扩大,在黄河下游形成了专职河官与地方河官相结合的河防体系,同时形成了固定的治河专业技术队伍。明代,朝廷设立治理黄河的常设机构,并形成从中央到地方的垂直管理系统。清代河道总督本隶属工部,但可直接受命于朝廷;另外朝廷还增募河兵,常年驻守在险工段负责修防。清末,由于财政困难等原因,河道总督被裁撤,由各省巡抚兼理河务,仅下游冀、鲁、豫三省设河防局。直到1933年,国民政府才成立黄河水利委员会,统筹黄河治理工作。因种种原因,民国时期治理黄河的工作没有什么大的进展。

——摘编自陈维达等主编《黄河——过去、现在和未来》

材料二 1946年,中国共产党开始领导人民治理黄河。1951年新中国黄河水利委员会正式成立。1955年第一届全国人大二次会议通过了《关于根治黄河水害和开发黄河水利的综合规划的决议》。新中国对黄河的治理,从干流到支流,直到流域内的广大地区,进行了统筹规划、全面治理、综合开发利用。建立了"上拦下排,两岸分滞"的防洪工程体系;加强了防汛队伍组织、水文情报预报、防汛通信保障等非工程措施。依靠沿河党政军民的共同努力,战胜了黄河发生的历次洪水。从2002年起,黄河水利委员会探索建立了原型黄河、数字黄河、模型黄河"三条黄河"体系,逐渐形成"维护黄河健康生命,促进流域人水和谐"的理念,大力推进治黄体系和治理能力的现代化建设。新中国七十年来黄河治理取得巨大成就。

——摘编自王渭泾《历览长河——黄河治理及其方略演变》等

问题:

(1)根据材料一并结合所学知识,概括新中国成立前黄河治理的特点。(6分)

(2)根据材料二并结合所学知识,简析新中国成立以来黄河治理取得巨大成就的原因。(6分)

(3)根据材料并结合所学知识,说明黄河治理的现实意义。(4分)

30. 阅读材料,完成下列各题。

《义务教育历史课程标准》(2011年版)中明确提出了"技能目标",即"要学会从多种渠道获取历史信息,理解以历史教材为依据来解释历史的重要性,初步形成重视证据的历史意识。"

材料一 华盛顿,异人也。起事勇于胜广,割据雄于曹刘,既已提三尺剑,开疆万里,乃不僭位号,不传子孙,而创为推举之法,几于天下为公。其治国崇让善俗,不尚武功,亦迥与诸国异。

——徐继畬《瀛寰志略》

材料二 彼其真以……美之独立乃华盛顿一人之功乎?彼国民自为其身家,其始也,不知几千百华盛顿……忘生死、掷头颅,以争一日之命……无十三州之自治,则华盛顿又何如矣!

——《国民报》1901年第4期

根据以上材料，王老师设计了如下三个问题：

问题一：请说出华盛顿赢得徐继畬赞扬的史实依据。

问题二：材料一、二对华盛顿形象的解读取向有何明显差异？

问题三：怎样评价华盛顿比较符合历史事实？

问题：

(1)请你分别说出王老师设计这几个问题的目的。(8分)

(2)课堂中通过史料进行教学有哪些作用？(8分)

31. 阅读材料，并回答问题。

以下是某位教师讲授“社会主义的发展与挫折”时的课堂导入：

同学们，今天我们来学习第二次世界大战后苏联和东欧国家是如何发展的，把课本翻到83页，课题是“社会主义的发展与挫折”。

问题：

(1)该教师的导入属于哪种类型？(4分)

(2)该类型导入的优缺点是什么？(12分)

四、教学设计题(本大题22分)

32. 根据下列材料，按要求完成教学设计任务。

材料一　《义务教育历史课程标准》(2011年版)规定：知道夏朝的建立标志着国家的产生，知道夏、商、周三代的更替，了解西周的分封制及其作用。

材料二　课文摘录

约公元前2070年，禹建立夏王朝。这是中国历史上的第一个王朝。禹在位时，征服南方三苗，在阳城修建城池，制定各种制度，社会生产有了很大发展，阶级分化愈加严重。禹最初想传位于伯益，但是禹的儿子启凭借强大的势力，在禹死后继承了他的位置。从此，世袭制代替禅让制。夏朝建立了军队，制定刑法，设置监狱，此外还制定了历法，称为“夏历”。

夏朝历经400多年，到夏王桀在位时期，国力衰弱。桀不修德行，统治残暴，用武力伤害百姓，引起民众的反抗。

夏朝后期，分布于今河北、河南一带的商部族逐渐强大，商的首领汤联络周围部族，起兵攻伐夏王桀，桀大败，夏王朝灭亡。约公元前1600年，汤建立商朝，都城建在亳。商王汤任用贤才，发展农业、手工业和商业，使经济得到发展，人民生活相对安定，商朝很快强大起来。

商朝晚期，分布于陕西渭水流域周原一带的周部族，以农业立国，不断拓展疆土，发展迅速。

周武王时，得到吕尚、周公等人的辅佐，周部族日益强盛。公元前1046年，周武王联合各地势力，组成庞大的政治联盟，与商军在牧野决战，商军倒戈，周军占领商都，商朝灭亡。周武王建立周朝，定都镐京，史称西周。

为稳定周初的政治形势，巩固疆土，周王根据血缘关系远近和功劳大小，将宗亲和功臣等分封到各地，授予他们管理土地和人民的权力，建立诸侯国，以保证周王朝对地方的控制，同时稳定政局，扩大统治范围。诸侯具有较大的独立性，但需要向周王进献贡物，并服从周王调兵。受封者可以在自己的封地内进行再分封，从而确立了周王朝的社会等级制度“分封制”。

要求：根据课程标准要求和课文内容，设计出相关的教学过程，包括教学环节、教师活动和学生活动，并说明设计意图。

机密★启封前　　　　姓名____________　准考证号____________

教师资格考试预测试卷(七)

《历史学科知识与教学能力》(初级中学)

注意事项：

1. 考试时间为120分钟，满分为150分。
2. 请按规定在答题卡上填涂、作答，在试卷上作答无效，不予评分。

一、单项选择题(本大题共25小题，每小题2分，共50分)

在每小题列出的四个备选项中只有一个是符合题目要求的，请用2B铅笔把答题卡上对应题目的答案字母按要求涂黑。错选、多选或未选均无分。

1. 有学者认为，周代宗法制的逻辑，不是以血缘亲疏定君臣关系之远近，而是以君臣关系抹平血缘之亲疏。在公共事务中，君不是某个人的兄弟或者叔侄，君只存在于公共性君臣关系中，从而确立了其同等地面向所有人的普遍的公共性。材料说明周代宗法制(　　)

A. 与分封制互为表里　　B. 具有“公天下”的某些特征

C. 以嫡长子继承制为核心　　D. 有利于形成稳定的统治秩序

2. 钱穆在评论中国古代某制度时说，它“可以培植全国人民对政治之兴味……可以团结全国各地域于一个中央之统治”。这一制度是(　　)

A. 郡县制　　B. 察举制　　C. 科举制　　D. 行省制

3. 在君民关系上，孟子把孔子的“仁”发展为“仁政”的学说。董仲舒主张“宜少近古，限民名田，以赡不足，塞兼并之路。盐铁皆归于民。去奴婢，除专杀之威，薄赋敛，省徭役，以宽民力，然后可善治也”。据此推断董仲舒(　　)

A. 继承了原始儒学的全部宗旨　　B. 继承了原始儒学的民本思想

C. 背离了原始儒学的仁爱思想　　D. 摒弃了原始儒学的德治主张

4. 京杭大运河是古代世界最伟大的工程之一，其开凿源于(　　)

A. 隋朝　　B. 唐朝　　C. 元朝　　D. 明朝

5. 北宋中期，“蜀民以铁钱重，私为券，谓之交子，以便贸易，富民十六户主之。其后，富者资稍衰，不能偿所负，争讼数起”。这表明交子(　　)

A. 具有民间交易凭证功能　　B. 产生于民间的商业纠纷

C. 提高了富商的社会地位　　D. 促进了经济重心的南移

6. 有学者认为，科学的进步应具备的条件之一就是“闲暇”，不为生活而奔波。而中国古代生活上有保障的富人不屑于从事科学技术工作，真正从事这一工作的人是工匠、失意的文人。按该学者的理解，古代科技存在的不足是(　　)

A. 社会环境相对紧张　　B. 知识阶层的贫困化

C. 主流意识认识不足　　D. 生产力发展较落后

7. 清朝嘉庆年间，番椒(辣椒)传入四川，在烹调中与当地特产的花椒有机结合，形成麻辣兼备的格局，从而促进了川菜的最终成熟定型。这表明清代中期的四川(　　)

A. 农副产品大量进入市场　　B. 闭关锁国政策被彻底废弃

C. 长途贩运贸易蓬勃发展　　D. 经济文化呈现兼容性特征

8. 总理衙门成立之初，署内官员分大臣、章京两级。其中大臣主要从军机大臣、内阁大学士及各部尚书、侍郎中选派，没有定额；由一名亲王担任首席大臣，共同办理衙门事务。这反映出当时的总理衙门(　　)

A. 具有临时性机构的性质　　B. 全权处理涉外事务

C. 与军机处处于同等级别　　D. 受内阁大学士牵制

9. 光绪二十二年，谭嗣同创作了诗歌《金陵听说法》，诗中的典故不再只是中国古代典故，且引入了圣经典故，以及印度、英国的政治词汇和佛教用语。谭嗣同此举意在(　　)

A. 开辟诗歌语言的新源泉　　B. 营造改制的社会氛围

C. 重新融合传统三教思想　　D. 举起文学革命的大旗

10. 1940年，国民政府将中央农业试验研究所改为粮食增产委员会，由政府拨给经费。先后改良水稻、小麦品种共计90余种。同时，改变西南地区冬季农闲不种的做法，首先在四川推广冬季稻耕作。这些措施(　　)

A. 适应了民族战争的实际需要　　B. 有利于敌后战场坚持长期抗战

C. 有助于减轻英美盟国援华负担　　D. 触及了农村落后的生产关系

11. 淞沪会战在战略上最重大的意义在于(　　)

A. 为保卫南京赢得了宝贵时间

B. 表现了中国军队抗击侵略的勇气和决心

C. 使抗日战争转入相持阶段

D. 粉碎了日军三个月内灭亡中国的狂妄计划

12. 鲁迅描述近代中国“简直是将几个世纪缩在一时：自松油片以至电灯，自独轮车以至飞机，自镖枪以至机关枪……都摩肩挨背的存在”。材料描述的历史现象揭示的本质是(　　)

A. 西方文化冲击中国社会生活　　B. 传统文化习俗根深蒂固

C. 新旧文化交相辉映　　D. 传统社会向近代社会转变

13. 1960年起,《人民日报》《红旗》杂志等对欧洲共同体的正面报道逐渐增多,这表明中国开始调整对西欧的外交政策,其主要背景是(　　)

A.“三个世界”理论的提出　　B. 社会主义国家间关系的变化

C. 美、苏两国间关系的变化　　D. 资本主义国家间关系的变化

14. 观察下表,导致表中会议议题出现的主要原因是(　　)

召开时间	会议类型	主要议题和会议成果
1961年3月	中央政治局常委扩大会议	人民公社体制问题;公社规模必须划小
1961年8月	中共中央工作会议	重点是工业问题,其次是粮食问题;会议通过《工业七十条》,加强企业的经济核算和财务管理
1961年10月	中央局第一书记会议	专门讨论以生产队为基本核算单位的问题

A. 对人民公社体制弊端的全面反思　　B. 应对国内严重困难的需要

C. 国家工业化建设取得了显著成就　　D. 家庭联产承包责任制初现端倪

15. 以下经济建设成就是在改革开放以后取得的有(　　)

①大亚湾核电站　　②鹰厦铁路　　③沈阳第一机床厂

④上海宝山钢铁公司　　⑤京九铁路

A. ①②③⑤　　B. ③④⑤　　C. ①④⑤　　D. ②③⑤

16. 雅典在全国范围内建立民主制政体的根本原因是得益于雅典国力的强盛,但这一因果关系不能颠倒。材料旨在说明古代雅典民主政治(　　)

A. 以强盛的国力为基础　　B. 具有不容忽视的弊端

C. 遵从了辩证唯物主义　　D. 推动了雅典走向强盛

17. 宗教改革家路德强调“因信称义”,认为在上帝和个人之间不存在人为隔离,提出了人只要信仰上帝,“所有的信徒都是牧师”的新理论,旨在(　　)

A. 肯定教皇的中介作用　　B. 巩固民众的宗教信仰

C. 丰富基督教教义教规　　D. 否定教会的神学权威

18. 下图是有关法国大革命期间的一幅漫画。铁砧旁的三个人分别代表贵族、教士和平民,他们共同打造一部宪法。你推断这部宪法是(　　)

A.《权利法案》　　B.《独立宣言》　　C.《拿破仑法典》　　D.《人权宣言》

19. 钱乘旦指出:经过18世纪的变化,英国国王是不会犯错误的……实际的政治问题交给政客们去处理——让政客们去犯错误,并且承担错误的后果。这种现象的出现实际上说明了(　　)

A. 国王凭手中的权力转嫁责任　　B. 议会开始限制王权

C. 工业资产阶级主导政府　　D. 责任内阁制的形成

20. 1844年6月4日,德国爆发了西里西亚纺织工人起义,马克思指出,工人们“毫不含糊地、尖锐地、直截了当地、威风凛凛地厉声宣布,他们反对私有制社会。”材料反映出(　　)

A. 起义受到了马克思主义的指导

B. 欧洲无产阶级已登上政治舞台

C. 起义的斗争目标设定显然过高

D. 起义具有无产阶级革命的性质

21. 标志着第三世界国家作为独立的政治力量登上国家舞台的事件是(　　)

A. 亚非独立国家的万隆会议　　B. 不结盟运动兴起

C. 美苏对峙的两极格局结束　　D. 亚太经合组织建立

22. 20世纪90年代,美国经济呈现繁荣景象,在此期间,成为经济的主导产业的是(　　)

A. 第二产业和第三产业　　B. 金融业和保险业

C. 以信息产业为代表的高科技产业　　D. 加工工业和知识密集型产业

23.《关贸总协定》第十八条又称为幼稚产业保护条款,即发展中国家在进口激增有损于发展计划时,可以临时采取数量限制的办法。1979年,“东京回合”确认发达国家给予发展中国家差别优惠待遇的合法性。“乌拉圭回合”对发展中国家的特殊优惠待遇原则,也在世界贸易组织中得到了进一步加强。这表明(　　)

A.世贸组织内部实现了公正、平等、合作

B.公正合理的国际经济新秩序已经建立

C.全球经济治理体系的不断发展与完善

D.国际贸易规则对发展中国家更为有利

24. 有史学观点认为:人类社会赖以生存的前提是物质生活资料的生产活动;生产力决定生产关系,经济基础决定上层建筑;社会基本矛盾是社会发展的内在动力;人民群众是历史的创造者。这种史学观点是(　　)

A. 全球史观　　B. 唯物史观

C. 文明史观　　D. 现代化史观

25. 对于历史上的政治制度、经济结构、法令条约和科技文化等内容,一般采用(　　)

A. 概述法　　B. 讲解法

C. 谈话法　　D. 图示法

二、简答题(本大题共3小题,每小题10分,共30分)

26. 简述《辛丑条约》的主要内容和影响。(10分)

27. 历史课堂的读书指导可以分为哪些基本类型?(10分)

28. 简述中学历史教师如何正确使用中学历史教科书?(10分)

三、材料分析题(本大题共3小题,每小题16分,共48分)

29. 阅读材料,并回答问题。

材料一 1601年,英国颁布《伊丽莎白济贫法》简称(《济贫法》),让那些没有工作能力的人,如孤儿、无人赡养的老人和身体残疾的人得到救济或赡养;给那些有劳动能力的人一份工作,让他们能够以此谋生。随着工业革命的发展,工业无产阶级的普遍贫困成为社会的主要问题。1834年,英国又颁行《济贫法修正案》,严格禁止对有工作能力的人提供济贫院之外的救济,对于申请救济的贫困劳工要求他们必须入住济贫院,并从事教区安排的工作以获得救济。这就进一步完善了英国社会的济贫制度,不但明确以社会政策的方式规定有工作能力的人不能享受济贫院之外的救助,接受救济的穷人的生活标准必须低于自立劳动者的生活标准,而且建立了全国一致性的贫民处置方法,并向每一位居民土地所有者征收济贫税。在此基础上,1847年,英国中央成立济贫法部,统一监督各联合济贫区的工作。1871年,成立地方政府事务部,监督地方事务,包括济贫工作。

——摘编自汪洪涛《英国济贫法的历史演变对中国反贫困制度内核修复的启示》

材料二 1978—1985年中国农村贫困人口变化情况

(单位:%)

分组	年份				
	1978	1980	1983	1984	1985
500元以上	0.0	1.6	11.9	18.2	22.3
300—500元	2.4	11.5	34.5	38.6	39.8
200—300元	15.0	25.3	32.9	29.2	25.6
150—200元	17.6	27.1	13.1	9.4	7.9
150元以下	65.0	34.5	7.6	4.6	4.4
合计	100	100	100	100	100

——摘编自程承坪等《新中国70年扶贫历程、特色、意义与挑战》

问题:

(1)根据材料一并结合所学知识,分析1834年英国修正《济贫法》的原因,并概括近代英国进一步完善《济贫法》的表现。

(2)根据材料二,指出我国1978—1985年扶贫工作取得的主要成就,并结合所学知识说明近代英国和现代中国处理贫困问题的异同。

30. 阅读材料,并回答问题。

乡土课程资源是历史课程资源结构中的重要组成部分。泉州宋老师讲到部编七年级下册第13课"宋元时期的科技与中外交通"时设计了两个问题。

问题1:根据三张示意图(马可·波罗泉州游示意图、泉州港出土的宋元时期海船示意图和马可·波罗纪念钟楼图)和课本,每小组结合课前搜集、准备的资料,用不同形式描述元代泉州开放与交流的繁盛景象。

问题2:说说马可·波罗回国路线以及回国时所带的中国物品。

问题：

(1)请说出乡土课程资源的种类并结合上述内容说明乡土课程资源开发的重要性。(8分)

(2)请你对乡土教学资源的开发和利用提出合理化的建议。(8分)

31. 阅读下面关于《戊戌变法》的两种课堂总结方式，回答问题。

方式一 为摆脱民族危机和发展资本主义，民族资产阶级掀起了一场维新变法运动，这是先进的中国人探索救国道路的又一次尝试，虽然失败了，但是它就像一粒火种在中华大地上燃起，前仆后继的中国人又开始新的探索，一场更大的风暴即将掀起。

方式二 纵观中国历史上的改革，有成功的，例如商鞅变法使秦国慢慢强大起来，北魏孝文帝改革促进民族融合；也有失败的，例如我们今天学习的戊戌变法，虽然失败了，但是客观上推动了中国社会的发展和进步，符合历史发展潮流。

问题：

(1)这是哪两种课堂总结方式?(6分)

(2)请分别说明这两种课堂总结方式的优点。(10分)

四、教学设计题(本大题22分)

32. 根据下列材料，按要求完成教学设计任务。

材料一 《义务教育历史课程标准》(2011年版)规定：知道第二次世界大战的主要进程、《联合国家宣言》和雅尔塔会议等国际会议，理解世界人民反法西斯战争的艰巨性和胜利原因。

材料二 课文摘录

法西斯国家的大肆侵略，激起世界各国人民的愤怒，全世界反法西斯国家开始逐渐走向联合。1942年1月，美、英、苏、中等26个国家的代表在美国首都华盛顿签署《联合国家宣言》。签字国保证使用自己的全部军事和经济资源，对德、日、意及其仆从国作战，相互合作，决不单独同敌人停战议和。以后又有21个国家加入宣言。

1945年春，苏军与英、美军队分别从东西两面进入德国本土作战。1945年5月8日，德国正式签署无条件投降书，欧洲战事结束。在亚洲和太平洋地区，中国和亚洲其他国家的人民对日本侵略者展开了猛烈反攻。8月上旬，美国在日本投下两枚原子弹，苏联也出兵中国东北和朝鲜，参加对日作战。8月15日，日本法西斯宣布无条件投降。9月2日，日本正式签署投降书。第二次世界大战结束。

第二次世界大战给人类社会和世界文明带来了巨大灾难。战争历时6年多，损耗了大量财富，夷平了许多城市和村庄，生灵涂炭，全世界军民死亡6000多万。但是，以反法西斯力量胜利而宣告结束的第二次世界大战，拯救了世界文明，恢复了世界和平，推动了人类社会的进步。

要求：根据课程标准要求和课文内容，设计出相关的教学过程，包括教学环节、教师活动和学生活动，并说明设计意图。

机密★启封前　　　　姓名____________　准考证号____________

教师资格考试预测试卷（八）

《历史学科知识与教学能力》（初级中学）

注意事项：

1. 考试时间为120分钟，满分为150分。
2. 请按规定在答题卡上填涂、作答，在试卷上作答无效，不予评分。

一、单项选择题（本大题共25小题，每小题2分，共50分）

在每小题列出的四个备选项中只有一个是符合题目要求的，请用2B铅笔把答题卡上对应题目的答案字母按要求涂黑。错选、多选或未选均无分。

1. 有人将"分封制"称为"封建制"，是指古代帝王列土封疆、封邦建国的制度，被封诸侯拥有自己的领地。按照上述定义，下列现象不属于分封制的是（　　）

A. 周天子封功臣姜尚于齐地　　B. 汉高祖封侄子刘濞为吴王
C. 明太祖封四子朱棣于燕地　　D. 康熙封四子胤禛为雍亲王

2. 孟子曾批判某家学说："是无父也。无父无君，是禽兽也。"司马迁也说它："使天下法若此，则尊卑无别也。"他们批判的是（　　）

A. 儒家的"仁政"思想　　B. 墨家的"兼爱"思想
C. 法家的"刑不避大夫"思想　　D. 荀子的"性恶论"思想

3. 西汉时期，贾谊曾主张"欲天下之治安，莫若众建诸侯而少其力。力少则易使以义，国小则亡邪心"。这一主张后来发展为（　　）

A. 刺史制度　　B. 推恩令　　C. 分封制度　　D. 削藩令

4. 唐朝科举考试中，尚书省的考试通称"省试"或"礼部试"，其考生有两个来源，即生徒和乡贡。"生徒"是由京师及州县学馆（官办学校）送往尚书省的应试者，"乡贡"是不由学馆而先经州县考试，及第后再送尚书省的应试者。由此可知，唐朝的科举考试（　　）

A. 注重考试资格的公开性　　B. 承认民间生源的合法性
C. 排除恩荫入仕的可能性　　D. 堵塞了门阀入仕的途径

5. 纸币的起源，最早可以追溯到汉武帝时的皮币，后来是唐代类似汇票的飞钱，……宋初纸币"交子"便渐渐地应运而生了……"交子"的"交"，是交合的意思，指两张券合得起来就交钱。"交子"是世界上最早的纸币。由此可知，纸币（　　）

A. 产生时就注重其"防伪"功能　　B. 容易导致封建王朝通货膨胀
C. 取代金属货币成为主要的货币　　D. 源于封建政权的强大推动力

6. 杜甫诗"大邑烧瓷轻且坚，叩如哀玉锦城传。君家白碗胜霜雪，急送茅斋也可怜"，赞叹的瓷器种类是（　　）

A. 青瓷　　B. 白瓷　　C. 青花瓷　　D. 彩瓷

7. 黄崇德是16世纪一位典型的徽商。最初他只是经营棉布、粮食等，后获得政府许可，转而从事利润更大的食盐贸易，积累了巨额财富，用于购田置地。这说明当时（　　）

①农产品大量进入商品流通领域　　②农本思想依然占主导地位
③政府放弃对食盐贸易的控制　　④商人社会地位显著提高

A. ①②　　B. ②③　　C. ②④　　D. ①④

8. 人类历史中其实只发生了一件事，即1800年前后开始的工业革命。只有工业革命之前的世界和工业革命之后的世界之分，人类其他的历史细节有意思，但不关键。按照这一西方学者的理论和逻辑，中国历史如果也分成两个部分，具有转折意义的事件是（　　）

A. 鸦片战争　　B. 洋务运动　　C. 甲午战争　　D. 辛亥革命

9. 甲午中日战争期间，尽管欧美列强之间矛盾重重，欧洲已经开始形成两大对立的军事侵略集团，但它们都不同程度地支持或纵容日本侵略中国，其主要目的是（　　）

A. 压制中国人民革命　　B. 扩大各自的在华利益
C. 争取日本参加一战　　D. 共同来支配瓜分中国

10. 鲁迅曾说：不是很大的鞭子打在背上，中国人自己是不肯动弹的。以下"鞭子"与"动弹"的对应关系中错误的是（　　）

A. 鸦片战争　开眼看世界
B. 第二次鸦片战争　中学为体，西学为用
C. 八国联军侵华战争　传播民主与科学的思想
D. 甲午中日战争　维新变法，救亡图存

11. 学习历史可以用想象的方法来重建历史场景。假如你生活在1913年的中国，可能会看到以下哪一种情形（　　）

A. 唐胥铁路开通　　B. 街上路人互相行脱帽鞠躬礼
C.《申报》上刊登北伐的消息　　D. 李大钊发表《我的马克思主义观》

12. 右图是2016年出版的《两岸新编中国近代史》，这是由中国大陆、台湾等的57位学者在充分尊重史料的基础上，本着求同存异的原则，共同撰写的史书。这反映出学者们（　　）

A. 尝试构建共同的"中国史观"
B. 实现了文化价值观的一致性
C. 对近代的历史事件看法趋同
D. 认可"一国两制"的政治构想

13. 周恩来在一次国际会议上发表讲话说："从解除殖民主义痛苦和灾难中

找共同基础，我们就很容易互相了解和尊重、互相同情和支持，而不是互相疑虑和恐惧、互相排斥和对立。”据此判断此次会议是(　　)

A. 日内瓦会议　　B. 万隆会议

C. 不结盟国家首脑会议　　D. 第二十六届联合国大会

14. 1957年与1952年相比，我国生产资料的生产增长了210%，消费资料的生产增长了83%，重工业生产在工业总产值中的比重由35.3%提高到45%。由此说明第一个五年计划期间(　　)

A. 国家基本上实现了工业化　　B. 工农业生产协调发展

C. 国家的工业结构得到了改善　　D. 工业总产值超过了农业

15. 美国学者在《冷战到全球化：意识形态的终结》中描述：“指令性的公共食堂、托儿所和学校将妇女从家务劳动中解放出来，在男女平等的基础上在农田和工厂里工作。”与材料所述生产单位比较吻合的是(　　)

A. 生产合作社　　B. 人民公社

C. 实行家庭联产承包的生产队　　D. 乡镇企业

16. 推动罗马法由公民法发展到万民法的主要动力是(　　)

A. 平民的斗争　　B. 帝国皇帝的重视

C. 罗马的不断扩张　　D. 法学家的努力

17. 新航路开辟前，人类文明尚未超出地域的发展，不同区域文明之间的交流少、相互影响小。造成这一状况的主要原因是(　　)

A. 人类对世界尚缺乏整体的了解

B. 不同文明的交往存在观念差异

C. 人类技术水平难以克服地理障碍

D. 缺少富有冒险精神的伟大航海家

18. 19世纪中叶，达尔文建立了以自然选择为基础的严密的生物进化理论，第一次对整个生物界的发生、发展做出了唯物的、规律性的解释；近代中国知识分子严复接受并传播进化论。两者给东西方带来的影响是(　　)

A. 直接导致中英两国政治改革　　B. 改变了部分知识分子的世界观

C. 否定了上帝的权威　　D. 开始了民主、科学对民众的启蒙

19. 在欧洲近代早期，一些国家的君主专制统治被称为“国王的神圣权利”。17、18世纪，启蒙思想的倡导者开始质疑这些观念，认为国王应该对其统治的人民负责。启蒙思想家提出这一主张的理论依据是(　　)

A. 依法治国原则　　B. 社会契约学说

C. 三权分立理论　　D. 反抗暴政观念

20. 1871年俾斯麦对当时欧洲关系作过比喻，说欧洲大陆像挤乘在同一辆马车里的旅客，面面相觑又满怀狐疑地相互戒备着，如有人将手摸向口袋里的手枪，其邻座则已做好先扣动扳机的准备。下列关于“欧洲旅客”在20世纪初关系的说法，不正确的是(　　)

A. 英德是当时矛盾最深的旅客

B. 英国放弃大陆均势政策插手欧洲事务

C. 德奥意三国结成同盟

D. 欧洲国家担心德国俾斯麦挑起世界大战

21. 列宁在十月革命后提出一个著名的公式：苏维埃政权+普鲁士的铁路管理+美国的技术和托拉斯组织+美国的国民教育……=社会主义。这表明(　　)

A. 列宁突破了马克思主义关于社会主义建设的传统理论

B. 列宁主张利用资本主义国家的进步因素建设社会主义

C. 列宁已经认识到了计划经济和市场经济的本质区别

D. 列宁已经意识到了革命后战时共产主义政策的错误

22. “二战”后，美苏冷战导致两大阵营的对峙，引起国际关系领域的一系列矛盾和冲突。冷战正式开始的标志是(　　)

A. 马歇尔计划的实施　　B. 杜鲁门主义的出台

C. 北约的建立　　D. 华约的建立

23. 某一国际组织的资格要求是：必须是一个能够管理其本身的对外事务，并且愿意而且能够履行该组织协定条款——它的宪章——所规定的成员义务的国家。按照这些义务，成员国在实施其汇率政策和有关经济与金融政策时必须以协定条款为依据，并提供所要求的经济和金融信息。成员国还必须支付认缴款。该国际组织(　　)

A. 需对发生困难的成员国提供紧急资金融通

B. 有权对成员国的贸易政策和法规进行监督

C. 可向发展中国家提供长期贷款和技术协助

D. 对生产领域投资使成员国经济复兴与发展

24. 法国的年鉴学派的创立者是吕西安·费弗尔和(　　)

A. 马克斯·韦伯　　B. 马克·布洛赫

C. 爱德华·吉本　　D. 汤因比

25. 在教学过程中，通过对学生的口头提问、课程作业评议及书面测验等方式，对学生的知识掌握及能力进行及时测评和反馈，不强调成绩的评定，这种教学评价方式是(　　)

A. 诊断性评价　　B. 形成性评价

C. 终结性评价　　D. 绝对性评价

二、简答题(本大题共3小题,每小题10分,共30分)

26. 简述明初加强君主集权统治的措施及其影响。(10分)

27. 简述中学历史教师如何做好充分的课前准备。(10分)

28. 简述有效的历史教学设计包含怎样的特征。(10分)

三、材料分析题(本大题共3小题,每小题16分,共48分)

29. 阅读材料,并回答问题。

材料 美国总统布什于1989年5月12日在得克萨斯农业和机械大学提出了"超越遏制"战略,声称"美国现在的目标远不仅是遏制苏联的扩张主义,我们所谋求的是苏联重新成为国际社会的一员"。超越遏制战略是美国在新形势下提出的对苏战略,强调"谨慎、考验和渐变",提醒人们注意由战后的"相互遏制逐渐变为同莫斯科合作的可能性",提出要建立"一个开放、统一和自由的欧洲"。为此,布什政府采取一系列具体政策与举措来实施其超越遏制战略:推进美苏最高级会晤,在政治上支持戈尔巴乔夫;提供经济援助,支持与影响戈尔巴乔夫的改革。超越遏制战略是遏制战略的继续和发展,是一项充分承认世界各地以及苏联本身所发生的变化的政策,成为了西方对苏联的共同战略。

——摘编自方连庆等主编《战后国际关系史》

问题:

(1)根据材料并结合所学知识,说明布什提出"超越遏制战略"的背景。(8分)

(2)根据材料并结合所学知识,概括"超越遏制战略"的影响。(8分)

30. 阅读材料,并回答问题。

下面是初中某位历史教师所做的课堂小结:

师:通过本节课的学习,有谁可以帮助老师总结一下希波战争、亚历山大东征和罗马帝国扩张的历史背景吗?

生:发动对外战争的国家综合实力强大。

师:嗯,这是一方面的原因,还有哪位同学可以说一下其他方面的原因吗?

生:领导对外战争的君主的雄才大略和扩张野心。

师:两位同学回答得很好,还有哪位同学要补充一下?

生:交战双方存在地缘、商业、宗教等方面的冲突。

生:……

师:大家总结得都很好,本节课我们讲了三个战争,谁能分别介绍一下大致经过?

生:公元前5世纪,希腊各城邦团结起来同波斯三次交战,最终取得胜利。

生:亚历山大大帝经过十年征战,先后打败希腊、波斯、埃及等国,建立起地跨欧亚非三洲的帝国。

生:……

师:大家总结得很好,以上内容就是古代世界的征服与战争的大致内容。正是在这些战争的促进下,各地区相对独立的封闭环境被打破,通过帝国的政治和交通网络联结起来,促进东西方文明的交流和物质上的交换。这些为之后人类文明的发展奠定了坚实的基础。除了战争外,以商业、文化传播为主的和平方式也是促进文明发展的重要手段。具体的内容我们下节课再继续讲解。本节课到此结束,下课。

问题:

(1)对上述课堂小结进行分析。(8分)

(2)教师在课堂小结时要注意哪些问题。(8分)

31. 阅读材料,并回答问题。

某初中历史教师王某为新课准备教学设计。她的教学设计流程大体如下:

首先,教师通过一个有关商鞅以辕门移木行赏,借此树立在民众中的威信的历史小故事来引出本课所要讲述的内容,即春秋战国时期的社会变革。接着,教师向学生交代几个与本节课内容有关的问题,要求学生结合问题阅读教材中的相关内容。

其次,教师结合有关本课内容的视频和图片,详细地讲解春秋战国时期社会生产的发展和商鞅在秦国的变法经过。每当讲到教材中的相关内容时,教师可以请学生试着就这一时期出现的铁器牛耕得到推广、水利的兴修和商鞅变法的历史背景加以分析,在学生互评后教师进行总结。

最后,通过课后练习题巩固学生对本堂课中重点内容的记忆。

问题:

(1)你认为这位教师的教学设计是否恰当?请说出你的理由。(8分)

(2)结合本课内容,教师对学生进行"情感、态度与价值观"的教育时应该包括哪些内容?(8分)

四、教学设计题(本大题22分)

32. 根据下列材料,按要求完成教学设计任务。

材料一 《义务教育历史课程标准》(2011年版)规定:知道"三国同盟"和"三国协约"、萨拉热窝事件、凡尔登战役等;分析第一次世界大战爆发的原因,了解世界大战给人类社会带来的巨大灾难。

材料二 课文摘录

第一次世界大战是人类历史上一次规模空前的战争,是西方列强为重新瓜分世界、争夺世界霸权而发动的一场帝国主义战争。

这场战争历时4年多,先后参战的国家共计30多个,牵涉人口约15亿,超过当时世界总人口数的一半。战争中使用了很多新式武器,如坦克、潜艇等,造成了大量人员伤亡。据统计,参战各国死伤人数高达3000多万。

第一次世界大战大大削弱了欧洲的力量,从根本上动摇了欧洲的世界优势地位。美国参战和俄国十月革命的胜利,是这两个大国开始崛起的重要标志。大战还削弱了帝国主义的殖民力量,进一步促进了殖民地半殖民地国家的民族觉醒。

要求:根据《义务教育历史课程标准》(2011年版)的要求和课文内容,设计出相关的教学过程,包括教学环节、教师活动和学生活动,并说明设计意图。

2020年下半年中小学教师资格考试真题试卷(精编)

答案速查:

1	2	3	4	5	6	7	8	9	10	11	12	13	14	15
B	D	B	D	B	B	C	A	A	B	C	C	C	D	C
16	17	18	19	20	21	22	23	24	25					
A	A	D	D	B	B	A	B	C	B					

一、单项选择题

1. B 【解析】本题考查我国新石器时期。根据史实可知,我国新石器时期的人们制作并使用磨制石器,B项符合题目要求。我国旧石器时期的人们制作并使用打制石器,A项不符合题目要求。我国原始社会后期出现铜器,商周时期人们开始将青铜器作为工具,C项不符合题目要求。春秋战国时期,铁器作为生产、生活工具开始得以推广,D项不符合题目要求。

2. D 【解析】本题考查郡县制。题干材料中秦始皇所说的意思是:“天下战斗不止,大家受苦,是因为有诸侯存在。依赖祖宗积德,现在天下刚刚稳定了,如果又去分封诸侯国,这不是要引起战乱吗?要想达到安宁,那就难了。”由此可知,秦始皇认为春秋战国时期战争不断的根源是分封制。结合史实可知,秦始皇为了“求其宁息”而采取的措施是废除西周以来实行的分封制,建立由中央直接管辖的郡县制。A、B、C三项都是秦始皇为巩固统一而采取的措施,不符合题目要求,排除。

3. B 【解析】本题考查北魏孝文帝改革。根据史实可知,北魏孝文帝在改革中推行均田制的同时实行租调制,规定:一对夫妇每年纳帛一匹为调,粟二石为租;单身男女、奴婢、耕牛也都按照各自不同的标准缴纳租调。租调制的实行,有利于推动北魏社会经济的发展,B项符合题目要求。两税法是唐德宗接受宰相杨炎的建议实行的新税法,A项不符合题意。户调制度是204年曹操颁布的赋税制度的一部分,C项不符合题意。摊丁入亩是清朝雍正皇帝推行的赋税政策,D项不符合题意。

4. D 【解析】本题考查我国古代的水利工程。根据史实可知,隋朝大运河以洛阳为中心,北通涿郡(今北京),南达余杭(今杭州),由永济渠、通济渠、邗沟和江南河连接而成,其中邗沟指的是山阳(今淮安)到江都(今扬州)的河道,D项符合题意。灵渠是秦始皇派兵征伐岭南时命人开凿的人工运河,引湘水进漓江,解决军队粮饷运输困难,A项不符合题意。郑国渠是战国时期秦在关中开凿的水利工程,秦国采纳韩国人郑国的建议,并由郑国主持在关中渭水以北兴建大型灌溉渠,它西引泾水东注洛水,使关中成为沃野,B项不符合题意。都江堰是战国时期秦国蜀郡太守李冰父子主持修建的大型水利工程,使成都平原成为“天府之国”,C项不符合题目要求。

5. B 【解析】本题考查唐代的长安城。根据史实可知,我国唐代长安城的中轴线为朱雀门街,进行商业活动的市场为东市和西市。唐代,来自日本的遣唐使在中国学习各种知识,将政治制度、城市规划设计理念等传回日本。8世纪初,元明天皇选址于奈良,建造都城平城京。结合上述内容可知,日本奈良城仿照的是中国唐代的长安城,B项符合题意。

6. B 【解析】本题考查努尔哈赤。根据史实可知,16、17世纪之交,女真建州部首领努尔哈赤逐渐统一女真各部并在牛录制的基础上创建八旗制度。努尔哈赤将三百人组成一牛录,将五牛录组成一个甲喇,再由五个甲喇组成一个固山,即旗,并以八种不同形式的旗帜作为标志,成为战斗、生产、行政的一个固定单位;1615年,努尔哈赤正式整编八旗,建立八旗制度,B项符合题意。成吉思汗统一了蒙古各部,建立蒙古汗国,A项不符合题意。忽必烈建立元朝,实现国家统一,C项不符合题意。皇太极建立清朝,促进满族的封建化进程,D项不符合题意。

7. C 【解析】本题考查昆曲。根据史实可知,昆曲原是流行于苏州昆山一带的昆山腔,明朝万历末期,经过改良,昆曲有了很大的发展,表演艺术日趋成熟,成为一个全国性的剧种,故北京的戏曲形成了“四方歌者皆宗吴门”的现象,C项符合题意。乐府本指掌管音乐的官署,汉代开始建立,掌管制定乐谱、训练乐工和采集歌词等;后来也把它所采集来配乐的歌词以及后人袭用乐府旧题或模仿乐府体裁写的作品称作乐府,A项不符合题意。京剧是清朝时期形成的戏曲剧种,清朝道光年间,以徽班为基础,融合徽、汉二调,吸取昆曲和其他地方戏的艺术成分,形成了京剧,并且逐渐成为全国最流行的剧种,B项不符合题意。评弹一般指苏州评弹。苏州评弹是苏州评话和苏州弹词的总称,是采用吴语徒口讲说表演的传统曲艺形式,D项不符合题目要求。

8. A 【解析】本题考查洋务运动中创办的纺织企业。结合题意,根据史实,分析选项可知,湖北织布局为张之洞创办的近代纺织企业,A项符合题意。上海机器织布局是李鸿章在1878年主持筹建的近代纺织企业,华盛纺织总厂是李鸿章在1893年委派盛宣怀在上海机器织布局原址设立的官督商办企业,B、D两项不符合题意。机器织呢局由左宗棠于1880年在兰州创办,是我国近代创办时间最早的机器毛纺织厂,C项不符合题目要求。

9. A 【解析】本题考查中国近代和香港有关的不平等条约。结合史实可知,《南京条约》中规定清政府将香港岛割让给英国,《北京条约》中规定清政府将九龙司地方一区割让给英国,香港岛和九龙司地方一区都属于香港,①②正确。《天津条约》和《马关条约》的内容均与香港无关,③④不符合题意。故答案选A。

10. B 【解析】本题考查我国近代资产阶级民主革命家。根据史实和题干内容可知,"长梦千年何日醒,睡乡谁遣警钟鸣"出自《警世钟》,作者是我国近代资产阶级民主革命家陈天华,B项符合题意。章太炎是清末民初的民主革命家,其《驳康有为论革命书》是一篇批驳康有为的保皇理论,宣传革命主张的作品,A项不符合题意。邹容是我国近代著名资产阶级革命宣传家,著有代表作《革命军》,宣传资产阶级民族民主革命,C项不符合题意。黄兴是我国近代资产阶级民主革命家,是中华民国的创建者之一,著有《黄兴集》等作品,D项不符合题意。

11. C 【解析】本题考查护国战争。根据史实可知,题干引文出自孙中山的《讨袁檄文》,孙中山反对袁世凯称帝,号召爱国豪杰共同奋起,维护共和制度。1915年底,蔡锷、李烈钧、唐继尧在云南宣告独立,组织护国军北上讨袁,护国战争爆发,此举迫使袁世凯放弃帝制,C项符合题意。武昌起义是1911年发生在武昌的武装起义,标志着辛亥革命的爆发,A项不符合题意。1913年4月,袁世凯同五国银行团签订"善后大借款"合同,招致国民党成员反对,北洋军开赴江西发起内战,国民党决定武力反袁,"二次革命"由此爆发,B项不符合题意。1917年8月,孙中山针对北洋军阀政府拒绝恢复《中华民国临时约法》和国会,联合桂系、滇系军阀召开非常国会,发起第一次护法战争。1920年11月,孙中山发动第二次护法战争。两次护法战争因为没有掌握革命武装、遭到军阀出卖而失败,D项不符合题意。

12. C 【解析】本题考查袁世凯政府的统治。结合题干及图片可知,该历史事件发生于1915年5月7日。结合史实可知,1915年1月,日本以支持袁世凯称帝为诱饵,提出旨在灭亡中国的"二十一条";5月7日,日本发出最后通牒,强迫袁世凯政府接受"二十一条";5月9日,袁世凯答应"二十一条"的最后修订本,C项符合题意。沙俄侵占我国北方大量领土主要是在第二次鸦片战争时期,A项不符合题意。北洋舰队全军覆没发生在甲午中日战争时期,B项不符合题意。D项发生在1919年,不符合题意。

13. C 【解析】本题考查我国电影。结合图片和史实可知,A项是我国第一部有声影片《歌女红牡丹》的片段,B项是样板戏《红灯记》的片段,C项是我国第一部无声影片《定军山》的片段,D项是我国第一部故事影片《难夫难妻》的片段。

14. D 【解析】本题考查第一个五年计划。根据史实可知,1957年底,第一个五年计划提前完成,工业(尤其是重工业)获得发展,钢铁、煤炭等主要工业产品的产量有大幅度提升,题干中的数据就是这种发展的体现,D项符合题意。全国土地改革基本完成是在1952年底,A项不符合题意。"大跃进"运动的开展是在1958年至1960年,B项不符合题意。1953年7月,中国人民取得抗美援朝战争的胜利,C项不符合题意。

15. C 【解析】本题考查"文化大革命"。题干图片所示结婚证引用了《毛主席语录》的内容,强调"阶级斗争"。结合史实,分析选项可知,"文化大革命"时期强调阶级斗争,C项符合题意。解放战争时期的主要任务是取得新民主主义革命的胜利,A项排除。新中国建立初期的主要任务是巩固政权,B项排除。实行改革开放以后,我国政府以经济建设为中心开展社会主义现代化建设,D项排除。

16. A 【解析】本题考查古印度文明。根据史实可知,古印度文明的种姓制度将社会成员分为4个等级,即婆罗门、刹帝利、吠舍和首陀罗,这与题干中《梨俱吠陀》的记载相符,A项符合题目要求。古埃及文明的标志性建筑物是金字塔,古巴比伦文明的突出成就是《汉谟拉比法典》,古希腊文明的杰出成就是城邦奴隶制的民主政治,B、C、D三项不符合题目要求。

17. A 【解析】本题考查阿拉伯帝国。根据史实可知,唐朝存在的时间是618—907年。至8世纪中期,阿拉伯帝国的版图横跨亚、欧、非三大洲,A项符合题意。在2世纪,罗马帝国的版图横跨欧、亚、非三洲,B项不符合题意。亚历山大帝国(公元前336—前323年),是对亚历山大大帝时期的马其顿王国的称呼,历经十年征战,亚历山大建立起一个地跨欧、亚、非三洲的帝国,C项不符合题意。奥斯曼土耳其在苏丹谢里姆一世(1512—1520年在位)时期成为地跨亚、欧、非三洲的大帝国,D项不符合题意。

18. D 【解析】本题考查中世纪晚期的欧洲城市。根据史实可知,中世纪晚期的欧洲城市以工商业活动为主。当时的巴黎是法国的政治、经济和文化中心。当时的热那亚控制意大利半岛西部的第勒尼安海,是著名的商业城市。当时的威尼斯控制意大利半岛东部的亚得里亚海,商业和海上运输业发达。当时的佛罗伦萨以手工业和银行业为主要产业,其毛纺织业十分发达。D项符合题意。

19. D 【解析】本题考查新航路的开辟。结合图片和史实可知,①对应的是哥伦布发现美洲大陆(1492年),②对应的是达·伽马开辟西欧前往印度的航线(1497—1498年),③对应的是迪亚士抵达非洲好望角(1487—1488年),④对应的是麦哲伦船队完成人类历史上首次全球航行(1519—1522年)。故答案选D。

20. B 【解析】本题考查英国的启蒙思想家。法国思想家卢梭重视公共意志,提出社会契约论和人民主权说。英国思想家洛克主张按社会契约成立国家,保护私有财产,赞成君主立宪制,提出三权分立学说。英国思想家霍布斯提出通过社会契约创立国家,否定君权神授,提倡君主政体。荷兰思想家斯宾诺莎提出"政治的目的是自由""民主政体最优论"。故答案选B。

21. B 【解析】本题考查杰斐逊。根据史实可知,1776年7月4日,大陆会议通过了由杰斐逊起草的《独立宣言》,宣告了美利坚合众国的成立,B项符合题意。华盛顿领导了美国独立战争,任大陆军总司令并成为美国第一任总统。林肯领导北方取得美国南北战争的胜利,颁布了《宅地法》和《解放黑人奴隶宣言》,废除奴隶制,维护了国家统一。富兰克林是北美启蒙思想的代表人物之一,是资产阶级民主派的代表人物。A、C、D三项不符合题意。

22. A 【解析】本题考查《开罗宣言》。1943年11月,中、美、英三国首脑在开罗举行会议,并于会议结束后发表《开罗宣言》,声明盟军将坚持对日作战,直至日本无条件投降;日本侵占的中国领土必须归还。故答案选A。

23. B 【解析】本题考查《布雷顿森林协定》。根据史实可知,1944年7月,美、英、中等44国在美国的布雷顿森林召开联合国货币金融会议,会议通过了以美国怀特计划为基础的《联合国货币金融会议最后决议书》及附件,决定成立国际货币基金组织和国际复兴开发银行,总称《布雷顿森林协定》。世界贸易组织成立于1995年1月1日,它是一个独立于联合国的永久性国际组织,是规范国际贸易、维护公平贸易的经济组织。1989年,在澳大利亚堪培拉,12国外长会议宣告亚太经济合作组织建立。故答案选B。

24. C 【解析】本题考查《史记》的体例。根据史实可知,《史记》分本纪、世家、列传、表、书五部分。本纪是以王朝的更替为体,按时间顺序记述上古时期的五帝至汉武帝的相关史事。世家主要记述诸侯国和汉代诸侯、勋贵的兴亡情况,重在写中央与地方的关系及其变化。列传主要是帝王、诸侯外其他社会各方面代表人物的生平事迹和少数民族的传记。表用表格梳理世系、人物和史事。书主要记述礼乐制度、历法、天文、地理、重大祭祀、经济财政等内容。故本题选C。

25. B 【解析】本题考查确保史料的准确性的方法。考查史料的准确性主要是为了确保史料是真实可信的。考查史料的来源、依据官方的文件、考究史料的真伪都能够尽可能地保证史料的可信度,提高史料的准确性,①②④正确。比较史料的异同并不能判断史料是否准确,③不符合题意。

二、简答题

26. 简述遵义会议的内容和历史意义。

【参考答案】

(1)遵义会议的内容:集中全力解决了李德、博古等人在军事上和组织上的指挥失误,取消了博古在军事上的指挥权,肯定了毛泽东的正确主张,会议改组了中央领导机构,事实上确立了以毛泽东为核心的党中央的正确领导。会后,政治局常委决定由张闻天代替博古负总的责任,由毛泽东、周恩来、王稼祥组成三人军事指挥小组。

(2)遵义会议的历史意义:遵义会议是中国共产党第一次独立自主地运用马克思主义解决自己的路线、方针、政策的会议,在极端危险的时候,挽救了党、挽救了红军,是党的历史上一个生死攸关的转折点,标志着中国共产党从幼年走向成熟。

27. 简述历史教学中复习的意义。

【参考答案】

(1)复习有助于学生把学过的历史知识加以概括、归纳,进而形成相关历史内容的知识网络。

(2)复习有助于学生进一步加深对历史知识的理解,加强记忆,进一步形成历史认识,将历史记忆变为历史解释。

(3)复习有助于学生掌握历史学习的正确方法,进一步提高历史思维能力,培养历史学科素养。

(4)复习有助于学生培养自学能力和良好的学习习惯,发展独立思考、刻苦钻研的精神,锻炼独立分析问题和解决问题的能力。

(5)复习有助于发现学生在学习中和教师在教学中的薄弱环节,可以帮助学生查漏补缺,帮助教师及时改进教学。

28. 历史教师在教学中应该如何突出教学重点?

【参考答案】

(1)钻研历史课程标准和历史教材,确定教学重点。历史课程标准是开展教学工作的依据,历史教材是开展教学工作的基础。历史教师要钻研历史课程标准和历史教材,明确历史课程标准对教学内容的规定,把握历史教材的结构体系和基本内容,确定教学重点。

(2)课堂教学的准备应围绕教学重点。历史教师在进行教学准备时,需要根据教学重点和学生实际情况,选择合适的教学方法,准备对应的教学用具,安排相应的教学活动。对重点内容的设计要做到由浅入深,层层递进。

(3)课堂教学的实施应围绕教学重点。历史教师在进行授课时,要明确教学重点。历史教师在具体讲授教学重点时,要通过合理运用教学方法、相关教具,在教学活动中引导学生明确并掌握重点内容。课堂提问、随堂练习和课堂总结应围绕教学重点,加深学生对教学重点的理解和记忆。

(4)课后作业布置和课后学习也应围绕教学重点。历史教师在课后可以围绕教学重点向学生布置课后作业,组织历史课后学习活动,帮助学生巩固和深化对教学重点的认识。

三、材料分析题

29. **【参考答案】**

(1)唐太宗非常重视灾情,关心灾民,对灾情的处理及时、科学。

(2)①减少行政开支支援救灾;②根据灾情的需要减免徭役;③发放救灾物资;④亲临灾区,视察灾情。

(3)①唐太宗采取的救灾措施有利于缓解灾情给百姓带来的不利影响,安抚民心;②有利于灾后重建;③体现统治者施行仁政、以民为本的治国思想,有利于巩固统治;④科学有效的救灾措施对以后的救灾活动具有借鉴意义。

四、教学设计题

30. **【参考设计】**

环节一:导入新课

教师播放2019年国庆阅兵视频片段,然后引导:新中国成立以来共举行了15次国庆大阅兵,它们见证了民族解放伟业的实现,见证了人民军队的日益壮大,见证了新中国各项事业的突飞猛进。那标志着新中国成立的开国大典是哪一年举行的呢?新中国的诞生有着怎样的意义?由此导入新课。

【设计意图】教师通过学生熟悉的视频进行新课导入,能够吸引学生的注意力,拉近学生与历史的距离,激发学生的学习兴趣,为新课的讲授做好铺垫。

环节二:新课讲授

(一)背景

教材上在“中国人民政治协商会议”一目对新中国的筹建有详细的介绍。教师请学生阅读教材,自主学习这部分内容,并提问:参会代表在政治协商会议上作出了哪些决议?

学生阅读教材并回答:(1)中国人民政治协商会议第一届全体会议决定成立中华人民共和国,通过了《中国人民政治协商会议共同纲领》,决定中国人民政治协商会议暂时代行将来召开的全国人民代表大会的职能,《中国人民政治协商会议共同纲领》起临时宪法的作用。(2)会议选举了中央人民政府委员会,毛泽东当选为中央人民政府主席,朱德、刘少奇、宋庆龄、李济深、张澜、高岗为副主席。(3)会议决定改北平为北京,作为新中国的首都,以五星红旗为国旗,以《义勇军进行曲》为代国歌,采用公元纪年。(4)会议还决定在北京天安门广场建立人民英雄纪念碑,以表示对革命先烈的崇敬和缅怀。

教师过渡:在政治协商会议结束后,1949年10月1日下午3点举行了盛大的开国典礼。

【设计意图】通过自主学习锻炼学生独立思考和解决问题的能力。

(二)过程

教师播放开国大典的视频片段,请学生观看,观看结束后请学生以小记者的身份拟一个新闻报道的大字标题。

学生所拟标题如下:

中华人民共和国中央人民政府成立 毛泽东主席宣读中央人民政府公告 朱德总司令检阅海陆空军宣读人民解放军总部命令

教师引导:开国大典的庆祝仪式一直持续到晚上九点半,这场典礼给你留下怎样的感受?

学生回答:我感到振奋、激动、高兴,内心十分感动和温暖。

【设计意图】利用视频教学,可以使学生重温历史,再现新中国成立的盛况和人民的喜悦,进行直观视觉感受,激发学生的爱国之情。

(三)影响

教师出示新中国成立的相关史料,提问:新中国的成立有什么样的意义呢?教师将学生分为讨论小组,向小组成员发放相关材料,要求学生结合教材与材料内容对新中国成立的意义进行讨论,6分钟后小组代表发言。

小组代表发言后,教师进行点评,并总结:(1)中华人民共和国的成立,开辟了中国历史的新纪元。(2)中国人民经过一百多年的英勇斗争,终于推翻了帝国主义、封建主义和官僚资本主义的统治;中国真正成为独立自主的国家,占人类总数四分之一的中国人从此站起来了。(3)新中国的成立,壮大了世界和平民主和社会主义的力量。

【设计意图】通过小组讨论,能够锻炼学生合作探究的能力,培养论从史出、史论结合的意识。

环节三:小结和作业

1. 小结:师生共同总结本课所学知识。

2. 作业:查阅新中国成立的相关史料,并根据你在课堂上为开国大典所拟的新闻标题,完成一则400字的新闻报道。

【设计意图】师生共同总结的形式能够帮助学生巩固本课所学知识。课后作业的设置,能够帮助学生锻炼资料搜集及历史写作的能力。

2019年下半年中小学教师资格考试真题试卷

答案速查:

1	2	3	4	5	6	7	8	9	10	11	12	13	14	15
D	B	C	A	A	A	C	A	A	D	C	D	B	D	C
16	17	18	19	20	21	22	23	24	25					
A	B	B	D	C	D	C	D	B	A					

一、单项选择题

1. D 【**解析**】本题考查夏商西周政治制度的继承与发展。题干材料出自《论语》,意思是,孔子说:“商朝继承了夏朝的礼仪制度,所减少和所增加的内容是可以知道的;周朝又继承商朝的礼仪制度,所减少和所增加的内容也是可以知道的。”这段话实际上是说夏商西周的主要政治制度相沿袭又有所变革。文中的“礼”是礼仪制度,实际上代指政治制度。A、C两项都是社会层面的,B项与材料不符。故答案选D。

2. B 【**解析**】本题考查汉初的政治体制。汉初的政治体制基本沿袭秦朝,为了维护统治,又采取分封制与郡县制并行的制度。材料的大意是,汉高祖刘邦末年主张只有刘姓皇族才能封侯,主要反映了西汉统治者维护“家天下”统治的意图,B项正确。A项在材料中没有具体体现,排除。C、D两项与材料所述相去甚远,排除。

3. C 【**解析**】本题考查中国古代的选官制度。世官制也就是世卿世禄制,是我国先秦时期统治者实行的一种选官制度,是爵位和官职的世袭制度,A项不符合题意。科举制是自下而上选拔人才的制度,但是是通过考试而非推荐,B项不符合题意。察举制是两汉时期自下而上推荐人才的制度,C项符合题意。商鞅变法后,秦国推行军功爵制,平民可以通过耕作和参与作战取得爵位,是自上而下授予爵位,D项不符合题意。故答案选C。

4. A 【**解析**】本题考查南北朝时期的政权。从图中可以看到后梁和陈,它们为中国古代南北朝时期的两个南朝政权。故此图反映的时期是南北朝时期,答案选A。

5. A 【**解析**】本题考查两税法实行的原因。唐朝前期在前代租调制的基础上,推行租庸调制。随着土地兼并的加剧,特别是安史之乱爆发,唐朝的社会经济遭到严重破坏,大批农民破产,失去土地沦为佃户,唐朝政府控制的农户越来越少,赋税来源逐渐枯竭,均田制废弛,租庸调制也无法维持。唐德宗接受宰相杨炎的建议,实行两税法。朋党之争与赋税制度无关,④排除。故答案选A。

6. A 【**解析**】本题考查铁木真统一蒙古。12世纪时,蒙古贵族为了争夺权力和财富而互相攻伐,直到1206年铁木真统一蒙古各部才结束这一局面。故答案选A。

7. C 【**解析**】本题考查明末清初的经世致用思想。《梦溪笔谈》是北宋科学家沈括撰写的一部涉及古代中国自然科学、工艺技术及社会历史现象的综合性笔记体著作,与题干信息不符。《明夷待访录》和《日知录》分别是黄宗羲和顾炎武的著作,都具有经世致用、注重现实的特征,黄宗羲、顾炎武和王夫之为明末清初三大家,C项正确。《朱子全书》是南宋理学家朱熹的著作全集,不符合题意。故答案选C。

8. A 【**解析**】本题考查中国近代民族资本主义的发

展。洋务派的自强运动是从19世纪60年代到90年代中期，不符合题干时间，A项符合题意。甲午中日战争后，清政府放宽对民间设厂的限制，B项属于题干中办厂热潮出现的原因之一。辛亥革命后，国民政府鼓励发展实业，C项属于题干中办厂热潮出现的原因之一。一战期间，西方列强忙于欧洲战事，暂时放松了对中国的经济侵略，D项属于题干中办厂热潮出现的原因之一。故答案选A。

9. A 【解析】本题考查中国近代报刊。《点石斋画报》为中国最早的旬刊画报，由上海《申报》附送，每期画页八幅，光绪十年(公元1884年)创刊，光绪二十四年(公元1898年)停刊，所记风物为晚清时期。分析选项，A项符合题意。

10. D 【解析】本题考查近代中国民主政治的艰辛历程。由题干材料中的关键信息“他们的力量远远不足以支撑一个现代宪政社会”可知，民国初期，公民的民主政治意识淡薄，民主的基础在于高素质的现代公民，当时的民主化进程基础薄弱，D项符合题意。A项说法过于绝对。材料中没有提到乡村，B项不符合题意。西方商品进入中国不是民国时期才开始的，C项说法错误。

11. C 【解析】本题考查长征历程中的重大事件。1935年1月召开遵义会议。1935年5月29日飞夺泸定桥。1935年10月19日吴起镇会师。1935年5月3—9日巧渡金沙江。按时间先后排列正确的是C。

12. D 【解析】本题考查中共七届二中全会。1949年3月，中国共产党召开七届二中全会，提出党的工作重心必须由乡村转移到城市，这与材料表达的意思一致，D项正确。中共六大于1928年在莫斯科召开，此时革命处于低潮，A项不符合题意。瓦窑堡会议召开于1935年底，确定了建立抗日民族统一战线的方针，B项不符合题意。洛川会议召开于1937年8月，会议决定把党的工作重心放在战区和敌后，在敌后放手发动群众，开展独立自主的游击战争，开辟敌后战场，建立敌后抗日根据地，C项不符合题意。

13. B 【解析】本题考查“863计划”。1986年3月，四位老科学家联合向中共中央写信，提出要追踪世界高技术发展的建议，经反复论证，形成《863计划纲要》，B项符合题意。1995年5月6日颁布的《中共中央国务院关于加速科学技术进步的决定》，首次提出在全国实施科教兴国战略，A项不符合题意。1978年底召开的十一届三中全会作出改革开放的决策，但这属于经济领域，时间上也不符合，C项不符合题意。“七五”计划，即中华人民共和国1986—1990年的国民经济和社会发展计划，不是专门的科技发展计划，D项不符合题意。

14. D 【解析】本题考查中国的法律变革。由题干材料可知，制定和修改的这些法律都是经济领域的，属于社会主义市场经济条件下的经济法律，有些还涉及对外贸易。结合材料，分析选项，制定和修改这些法律的主要目的是与世界贸易组织的基本规则相衔接，适应加入世界贸易组织的需要。A、B、C三项均不符合题意。故答案选D。

15. C 【解析】本题考查古代雅典民主政治。“民众支配雅典，演说支配民众”的含义是，有公民权的民众参与雅典国家事务的决策，但是雅典公民又容易受到有影响力的人的演讲的煽动和误导，从而影响决策的正确性。这句话表明费奈隆认为古代雅典民主制度有局限性，C项正确。A、B、D三项在材料中没有体现。

16. A 【解析】本题考查英国资产阶级革命。由题干材料可得到关键信息，这位英国国王在17世纪早期执政，坚持君主专制，认为王权是上帝所赐。结合所学知识可知，17世纪初，苏格兰国王詹姆士一世继承英国王位，推崇“君权神授”理论，渴望王权专断，A项正确。继詹姆士一世之后，查理一世继续推行君主专断政策，一度解散议会，挑起内战，于1649年被推上断头台。1660年，查理一世的儿子查理二世接受议会有条件的邀请，做了英国国王，英国恢复了君主制，但国王的权力受到很大限制。查理二世的继任者是他的弟弟詹姆士二世，詹姆士二世是个天主教徒，他在位期间发生“光荣革命”，他本人遭到废黜。

17. B 【解析】本题考查巴黎公社运动。结合所学知识可知，巴黎公社是世界上第一个无产阶级政权的雏形，规定一切公职人员按照工人工资标准领取薪金，并且可以随时撤换，B项正确。国民公会是法国大革命时期建立的一个最高立法机构，代表资产阶级的利益，A项不符合题意。共产国际又称第三国际，是在列宁领导下成立的世界各国共产党和共产主义团体的国际联合组织，C项不符合题意。工兵代表苏维埃是俄国二月革命后建立的革命政权，它既是领导起义的机关，又是工农新政权的萌芽，为十月革命后建立苏维埃政权奠定了基础，D项不符合题意。

18. B 【解析】本题考查《十四点原则》。结合所学知识可知，1918年1月，美国总统威尔逊在国会讲演中提出《十四点原则》，作为战后建立世界和平的纲领，B项正确。《和平法令》是俄国十月革命胜利后苏维埃政权公布的第一个重要的对外政策法令，A项不符合题意。《大西洋宪章》是1941年美国总统罗斯福与英国首相丘吉尔签署的联合宣言,C项不符合题意。《联合国宪章》是1945年6月来自50个国家的代表在美国旧金山签署的联合国基本大法,D项不符合题意。

19. D 【解析】本题考查彼得格勒起义。"阿芙乐尔号"巡洋舰先后经历过日俄战争的对马海战、第一次世界大战的数次海战、二月革命、彼得格勒起义和苏联卫国战争,其中最重要的是彼得格勒起义。1917年11月7日晚,彼得格勒的起义者以"阿芙乐尔号"巡洋舰的炮声为信号,突破防线,冲进冬宫,推翻临时政府,取得胜利。彼得格勒起义又被称为十月革命,"阿芙乐尔号"被看作俄国十月革命的象征,成为著名的历史遗迹。故答案选D。

20. C 【解析】本题考查罗斯福新政。1932年7月2日,即罗斯福在芝加哥发表接受总统候选人提名演说的翌日,著名漫画家柯尔比发表了一幅漫画:一个疲惫的农民倚锄仰望天空掠过的一架机翼标有"新政"字样的罗斯福座机,迷惘的表情中满怀希望。自此,"新政"一词就成为罗斯福施政纲领的鲜明标志,给期盼度过危机的美国人民带来了希望。该漫画反映了美国人民期盼度过危机,C项正确,A、B、D三项在材料中无法体现。

21. D 【解析】本题考查后现代主义文学。加缪(1913—1960年)是法国小说家、哲学家、戏剧家和评论家,是存在主义文学的领军人物,其荒诞三部曲为《卡里古拉》《西西弗的神话》《局外人》,题干中的表述出自加缪的《局外人》。存在主义文学是后现代主义文学的一个分支流派,加缪的荒诞三部曲可以归为后现代主义文学,D项正确。浪漫主义作为一种文学思潮,产生于18世纪末的欧洲,19世纪上半叶为繁荣时期,它强调个人感情的自由抒发,有强烈的主观性。现实主义是19世纪30年代首先在西欧的法国、英国等地出现的文学思潮,具有强烈的社会批判性。现代主义是20世纪上半期欧美诸多具有反传统特征的文学流派的总称,主要流派有:后期象征主义、表现主义、未来主义、超现实主义和意识流小说等。后现代主义是第二次世界大战后西方社会中出现的范围广泛的文化倾向,在20世纪七八十年代达到高潮,重要流派有:存在主义文学、荒诞派戏剧、新小说、"垮掉的一代"、黑色幽默和魔幻现实主义。

22. C 【解析】本题考查20世纪八九十年代日本经济发展特点。由材料可知,二十世纪八九十年代,企业投入占日本科研经费构成的大部分,企业拥有的科研人员占全国科研人员的一半以上,企业拥有全国绝大多数的科研机构,这一现象反映了在当时企业主导日本的科研发展,C项正确。A、B、D三项不符合材料主旨。

23. D 【解析】本题考查经济区域集团化。经济区域集团化是指同一区域的一些国家(地区),为了达到对内加强合作,维护共同的经济利益,对外增强竞争力等目的,通过协定、条约、协商等形式组成经济共同体或贸易集团。北美自由贸易区、东南亚国家联盟和亚太经合组织都是区域经济集团,它们在职能上的共同之处是推动了经济区域集团化,D项正确。A、B、C三项均不符合题意。

24. B 【解析】本题考查中国古代的丛书。结合所学知识可知,《四库全书》是我国清代官修的中国古代最大的一部丛书,B项符合题意。《永乐大典》是明代永乐年间编成的中国古代最大的一部类书。《康熙字典》是张玉书、陈廷敬等30多位著名学者奉康熙旨意编撰的一部具有深远影响的汉字辞书。《古今图书集成》是清代官修类书。A、C、D均不符合题意。

25. A 【解析】本题考查多样化历史材料的主要作用。课堂教学中引用多样化的历史材料,可以提高学生阅读和理解材料的能力,引导学生多角度分析历史问题,帮助学生形成求真求实的历史意识。促进学生理解专家的权威结论与多样化历史材料的作用相悖,④排除。故答案选A。

二、简答题

26. 简述冷战结束后世界格局多极化趋势加强的表现。

【参考答案】

随着东欧剧变、苏联解体,冷战结束,美苏对立的两极格局终结,暂时形成了"一超多强"的局面,世界格局朝着多极化方向发展。冷战结束后世界格局多极化趋势加强的表现:①欧盟成立后,欧洲的实力进一步增强,地位进一步提高,欧盟希望摆脱对美国的依赖,发出自己的声音,在国际事务中发挥着日益重要的作用,促进世界格局向多极化发展。②日本、中国和俄罗斯等一些具备较强综合实力的国家在国际事务中发挥着重要作用,推动世界朝着多极化方向发展。③广大发展中国家的总体实力在不断增强,国际影响不断扩大,成为推动世界多极化趋势发展的一支不可忽视的力量。

27. 概述运用网络平台开展历史教学的优势。

【参考答案】

(1)具有先进性。运用网络平台开展历史教学,以先进的教育理念和教育理论为指导,把信息技术真正整合到课堂教学中去，体现了它的先进性。

(2)具有整合性。运用网络平台开展历史教学，将信息技术整合于传统课堂，网络环境可以向学生呈现出真实的问题情境，弥补传统教学的缺陷，同时提供大量学习资源。自主学习、协作学习的环境，有利于培养学生的创造性思维。易于开展各种教学活动，在课堂和网络双重环境下设计教学活动，可以培养学生的多种能力。

(3)具有“双主”性。运用网络平台开展历史教学，可以做到既重视教师的“教”，也重视学生的“学”，以优化教学效果为最终目的。通过多种教学活动的设计，既发挥教师的主导作用，又体现学生的主体地位。

28. *在历史教学中，教师应树立怎样的教材观？*

【参考答案】

历史教材包括历史教科书、教师教学用书、历史地图册等，其中历史教科书是学校历史教学中最主要最基本的教材。

(1)教师应摒弃旧的“本本式”教学观，树立新的“材料式”教学观，即“用教材教”，改变“教教材”的传统模式。

(2)教师要认真研读教材，对整个知识架构有清晰的认知，形成自己对教材的独特见解，创造性地使用教材。

(3)教师在使用教材的过程中，要灵活变通，可以根据课堂需要有选择地调整教学内容，同时还要根据学生全面发展的客观需要，适当扩展教材内容，以求达到更好的教学效果。

(4)教师要注重知识的内在联系和教材的思路，指导学生学会理解教材。

三、材料分析题

29.【参考答案】

(1)“始乃一通”指罗马帝国皇帝安敦派使者第一次到达中国。“疑传者过焉”表明范晔对这一事件持怀疑态度。

(2)①中外学者没有从罗马帝国的拉丁文文献中发现存在过这样一个使团。②使团向汉朝皇帝进献的物品中并无意大利本土的特产和工艺品，却都是一些热带地区的特产。

(3)按照《后汉书》的记载，公元166年，大秦安敦王派出的使者到达东汉。早在西汉汉武帝时期，张骞开辟通往西域的道路，后来形成沟通欧亚的陆上交通道路，即丝绸之路。东汉明帝时，派班超出使西域，使西域各国重新与汉朝建立联系。公元97年，班超派甘英出使大秦，最终到达安息，开辟了通往西亚的路线，为打通欧亚交通作出了贡献。因此中国与罗马之间的往来和交流是极有可能的。

30.【参考答案】

(1)①该导学案的结构不完整。历史导学案的基本组成包括学习目标、学习重难点、知识梳理、合作探究和巩固运用五部分。其中知识梳理是基础，合作探究是重点。该导学案缺少学习目标和学习重难点部分。

②该导学案的问题求解环节只是简单的问答，没有突出合作探究，不利于学生主体地位的实现。

③该导学案的节选部分属于知识梳理(填空)环节，缺少了对武昌起义爆发的历史背景的设计。知识梳理的呈现方式不够合理，知识梳理部分采用框架式结构来展现基本知识点会更好，那样既能够查看全课需要掌握的知识点，也可以宏观把握全课知识的线索。

(2)①在历史教学中运用导学案，可以帮助教师转变教学观念，真正实现以学生为本，更多地关注学生怎么学，做到以学定教，先学后教，改变传统教学模式，符合现代教学理念。

②有利于突出学生的主体地位，激发学生的学习积极性、主动性，能在一定程度上实现有效教学。

③有利于学生实现由被动学习到主动学习的转变，可以提高学生自主学习的品质和效率，培养学生的团结协作精神，加强沟通能力。

④导学案在设计时将需要解决的问题按照从易到难的结构排列，遵循循序渐进的学习规律，在实际使用的过程中，可以通过明确不同的水平要求，满足不同层次学生的学习需要，因材施教。

31.【参考答案】

(1)①此活动只是简单地让学生分组比赛背唐诗，没有就历史课程的特点设计对应的教学活动，把历史活动课变成了语文活动课，失去了历史课的特色。

②分组比赛背唐诗势必占去整节课过多时间，不利于整节课的教学实施，喧宾夺主。

③该教师发完奖品直接下课，没有对学生们的表现和活动中存在的问题及时给予反馈和评价，也没有就唐诗进行深层次讲解。

(2)①结合历史课的特色，可以就历史背景、成就、唐诗赏析以及历史意义来展开教学。

②进一步引导学生理解一定社会的文化和经济、政治的内在联系，逐步培养他们用历史唯物主义的观点分析问题的能力。

③开展“以诗证史”活动，引导学生以唐诗为史料进行探究，并对学生的活动成果给予评价。

四、教学设计题

32.【参考设计】

环节一:导入新课

教师:根据你的所见所闻,你认为中国今天的南方和北方哪个地区经济更发达?南方是不是自古以来就是比北方发达呢?我们一起看一下古代南方经济的发展情况。

教师在多媒体课件上出示《史记》和《宋书》中两则描述江南地区的材料,请学生说一说它们的描述有什么不同。

材料一 楚越之地,地广人希,饭稻羹鱼,或火耕而水耨……无积聚而多贫。

——《史记·货殖列传》

材料二 江南之为国盛矣……地广野丰,民勤本业,一岁或稔,则数郡忘饥。……渔盐杞梓之利,充仞八方;丝绵布帛之饶,覆衣天下。

——《宋书》

学生回答:在《史记》中,汉朝的江南地广人稀,生产生活水平落后,商业很不发达,贫富分化程度很低。在《宋书》中,南朝的江南物产丰富,在丰收的年份,一年的粮食收成可以满足几个郡人口的需要,出产的丝绵布帛可以供给天下人穿用。

教师提问:汉朝与南朝的江南经济为什么会发生这样的变化?教师顺势进入新课的教学。

【设计意图】教师通过材料导入,可以激发学生的学习兴趣,调动学生学习的积极性和主动性。问题引导围绕本课课程目标和学习重难点,提高了教学的效率。

环节二:新课讲授

(一)江南地区开发的原因

教材上对江南地区开发的原因有详细的讲述。教师将学生分成三组,请他们阅读教材,自主学习、讨论并总结江南地区开发的原因,6分钟后小组代表发言。

小组代表发言后,教师进行总结:

1. 江南地区发展经济的自然条件比较优越;
2. 大量的北方劳动人民迁往江南,带来了劳动力和先进技术;
3. 江南地区的战乱比较少,社会秩序比较稳定;
4. 南下移民和当地民众的共同努力。

【设计意图】通过自主学习和小组讨论,锻炼学生的自主学习能力和合作探究能力。

(二)江南地区开发的表现

教师出示一张江南地区开发的表现的表格,请学生填写完整。

学生自主学习教材内容,填写表格后,教师出示完整表格:

部门	表现
农业	①荒地开垦,耕地面积增加;②兴修水利工程;③农业生产技术有了很大改进;④实行农业多种经营
手工业	①冶铁技术采用了灌钢法;②瓷器成为比较普遍的生活用具,制瓷业有显著的发展
商业	商业交流活跃,城市繁荣,南朝时建康成为大都市

【设计意图】阅读教材填写表格的形式可以锻炼学生的自主学习和归纳概括能力。

(三)江南地区开发的影响

教师:同学们都知道,如今的江南繁荣富庶,这是历史长期发展的结果。大家还记得,秦汉时期,北方和南方的经济发展很不平衡,黄河流域经济发达,是全国经济重心。魏晋南北朝时期江南地区的开发对我国经济产生了什么影响?

学生:江南地区的开发为我国经济重心逐渐南移奠定了基础。

教师总结归纳:同学们回答得很好。三国两晋南北朝时期是我国政权分立时期,从这一时期开始,我国南方的经济就逐渐发展并赶上北方,南北经济发展趋于平衡。但是总体而言,我国南方的经济依然落后于北方。直到两宋时期,我国的经济重心最终南移。

教师:这一时期江南地区的开发给我们今天的经济发展有什么启示?

学生进行小组讨论4分钟,并派小组代表发言。

教师总结:社会的安定,是人心所向,是社会经济发展的必要条件。

【设计意图】将江南地区的开发与当今的经济发展进行比较,帮助学生认识到社会安定的重要性,从而更加珍惜今天的和平环境。

环节三:小结作业

1. 小结:师生共同总结回顾本课所学知识。
2. 作业:如果你是北方南迁到南朝宋的农民,你的生活会有什么变化?请查阅资料并展开你的想象,写一篇400字的小论文。

【设计意图】师生共同总结的形式能够帮助学生巩固本课所学知识。课后作业的设置,能够帮助学生锻炼资料搜集及历史写作的能力。

2019年上半年中小学教师资格考试真题试卷

答案速查：

1	2	3	4	5	6	7	8	9	10	11	12	13	14	15
C	C	C	B	A	D	D	C	C	D	A	D	A	A	C
16	17	18	19	20	21	22	23	24	25					
C	A	B	D	C	B	D	B	B	D					

一、单项选择题

1. C 【解析】本题考查孟子。"仁者无敌"和"仁人无敌于天下"都出自《孟子》，孟子主张"仁政"。老子的主要观点是道法自然。墨子的主要观点是尚贤、兼爱、非攻等。荀子主张性恶论。

2. C 【解析】本题考查东汉时期。耦耕是西周时期农业的主要耕作方式，①不符合题目要求。《九章算术》成书于东汉时期，②符合题目要求。党锢之祸发生在东汉末期，③符合题目要求。公元前60年，西汉在西域设立西域都护，④不符合题目要求。

3. C 【解析】本题考查唐朝教育。根据题干内容可知，唐太宗重视发展教育，国学、太学、四门招收学生的数量增加，接纳外国留学生进入国学接受教育。这说明当时的官办教育具有开放性。

4. B 【解析】本题考查中国古代名窑。宋代哥窑以冰裂纹瓷器著称。

5. A 【解析】本题考查明朝内阁。题目中的材料介绍了明成祖时期内阁的设立。根据"然其时，入内阁者皆编、检、讲读之官，不置官属，不得专制诸司。诸司奏事，亦不得相关白"可知，此时的内阁不是国家法定行政机构，只是皇帝的秘书机构，可以参与国家大事的商讨但并无实际决策权力，B、C两项说法错误。明代内阁在宰相废除之后设置，内阁大臣起初地位不高，D项说法也不符合史实，故答案选A项。

6. D 【解析】本题考查王阳明。"吾心之良知，即所谓天理也"，即天理就是一个人内心的良知，强调了伦理道德的主宰性。"是非之心，不待虑而知，不待学而能，是故谓之良知"继承自孟子。"良知"说是王阳明学说的显著标志。

7. D 【解析】本题考查清朝商业发展。根据题干内容可知，清朝时期江南地区地少人多，迫使部分人从事商业和手工业，促进了江南地区的商业繁荣。清朝政府推行重农抑商政策，A、C两项不符合题目要求。B项属于结果，不是直接原因。

8. C 【解析】本题考查魏源思想的历史背景。鸦片战争中清朝战败，促使魏源等人向西方学习，提出"师夷长技以制夷"的观点。故答案选C。

9. C 【解析】本题考查中国近代经济的变化。根据题干内容可知，1872—1890年间进口棉纱的价格大幅下降，进口数量增加，给中国传统的手工纺织业带来挑战，加速了自然经济的解体。C项符合题目要求。A、D两项在题干中没有体现，予以排除。进口棉纱价格的降低有利于棉纺织企业的发展，但不能说明民族工业迅速发展，B项予以排除。

10. D 【解析】本题考查清末新政中的教育措施。"光绪三十四年"是1908年。清政府在20世纪初实行新政，在教育领域采取的措施是废除科举，建立新学制，兴办新式教育。清政府发行"兴文教育彩票"的目的是兴办新学。D项符合题目要求。A、B、C三项不能从题目中推导得出。

11. A 【解析】本题考查新文化运动。根据所学内容可知，1917年，胡适在《新青年》发表《文学改良刍议》一文，主张以白话文作为新文学的语言，强调写文章"须言之有物""不摹仿古人""不作无病之呻吟"，A项符合题目要求。《敬告青年》是1915年陈独秀为《青年杂志》(后改名《新青年》)所写的发刊词，B项不符合题目要求。《庶民的胜利》是李大钊撰写的介绍共产主义思想的文章，C项不符合题目要求。《文学革命论》是陈独秀撰写的倡导文学革命的文章，主张推倒陈腐、雕琢、艰涩的旧文学，建设新鲜、平易、通俗的新文学，D项不符合题目要求。

12. D 【解析】本题考查国民大革命。从题目中图片可以提取关键信息"孙文牌香烟""革命尚未成功，同志仍须努力""提倡国货，挽回利权"。"革命尚未成功，同志仍须努力"是1923年孙中山在中国国民党恳亲大会上的题词。"提倡国货，挽回利权"反映了实业救国思潮。结合史实可知，这张广告适于探究学习的历史主题是国民大革命，D项符合题目要求。二次革命是国民党人发动的反对袁世凯的武装革命。护国运动是孙中山领导的反对袁世凯复辟帝制的运动。五四运动是一场反帝爱国的群众运动。

13. A 【解析】本题考查中国近代共产党的发展。根据题目图片中折线快速上升部分对应的时间

(1928—1934年)可知,中国共产党转变革命路线,大力发展农村革命根据地,为了壮大革命力量,大力发展共产党员,导致当时党员人数急速攀升。B、C、D三项在时间上与图中时间不符。

14. A 【解析】本题考查日本侵华对中国的影响。根据题目内容可知,截至1938年底,日军占领的大量城市主要集中在中东部地区,集中于中东部地区的主要工业企业沦入敌手,中国的现代化进程因为战争受到阻碍,A项符合题目要求。汪伪政府成立于1940年,B项与题目内容不符。C项无法从题目中的数据判断得出。中东部地区有少量工厂迁出,D项说法错误。

15. C 【解析】本题考查国立西南联合大学。由史实可知,1938年,国立西南联合大学在昆明正式成立,1946年7月底停止办学。根据题目中图片的相关信息可知,国立西南联合大学所在城市是昆明。

16. C 【解析】本题考查家庭联产承包责任制。家庭联产承包责任制克服了过去分配中的平均主义弊端,使农民有了生产和分配的自主权,极大地调动了农民的生产积极性。C项符合题目要求。

17. A 【解析】本题考查罗马法。随着罗马对外征服地区的扩大,罗马的社会政治和经济都发生了巨大变化,公民法不足以解决帝国疆域内出现的各种复杂的问题。在罗马逐渐出现了普遍适用于罗马统治范围内一切自由民的万民法。A项是万民法形成的主要原因。B、D两项与万民法的形成没有直接联系。按照史实是先有领土扩张,然后导致罗马公民与非罗马公民矛盾激化,进而推动万民法形成,C项不符合题目要求。

18. B 【解析】本题考查文艺复兴。题目中房龙的观点是人们的人生观发生了改变,不再追求来世的幸福,而是谋求现世的幸福,体现了人文主义的观点。人文主义是文艺复兴运动的主要思想,所以,与“改变”相关的史事是文艺复兴运动的开展。故答案选B。

19. D 【解析】本题考查美国《联邦宪法》。结合题干“创造了一个新的、不同类型的国家”可知美国创立了新的政体,结合所学知识可知这指的是美国通过《联邦宪法》创立了总统共和政体,这是人类文明史上全新的政体模式,故答案选D。

20. C 【解析】本题考查第一次工业革命。由史实可知史蒂芬孙是铁路机车的发明者。

21. B 【解析】本题考查第一次世界大战。一战中,规模最大、消耗最大的战役是索姆河战役。凡尔登战役是一战中破坏性最大、持续时间最长的战役。马恩河战役是一战初期英法联军击败德军的一次战役。坦能堡战役是一战期间东线战场上德军与俄军进行的一次战役。

22. D 【解析】本题考查《舒曼计划》。1950年,法国外长舒曼提出声明,建议将法国和德国的煤炭和钢铁生产置于联营机构的管理之下,协调两国相关产业的生产。该声明被称作《舒曼计划》。《舒曼计划》通过对法德两国的煤炭和钢铁生产进行联合监管,消除了两国爆发战争的潜在可能性,这与题目中文件的观点一致。《马歇尔计划》是二战后美国援助西欧的计划。《巴黎条约》指1951年《欧洲煤钢共同体条约》。《欧洲经济共同体条约》是西欧六国在1957年签订的条约,成立欧洲经济共同体。

23. B 【解析】本题考查不结盟运动。1961年,第一次不结盟国家和政府首脑会议在南斯拉夫首都贝尔格莱德举行,这次会议的东道主是南斯拉夫。

24. B 【解析】本题考查历史研究方法。梁启超提到的“当时”“此地”是指历史遗迹所处的时间和具体地点,涉及的历史研究方法是时空定位法。

25. D 【解析】本题考查纲要图示法的主要功能。纲要图示法的主要功能包括直观明了地呈现历史信息、展示教学内容的逻辑关系、对知识要素进行整合与概括。纲要图示法不能对历史资料进行具体解释,①不符合题目要求。故答案选D。

二、简答题

26. 简述《人权宣言》的主要内容。

【参考答案】

1789年,法国制宪议会通过《人权宣言》。其主要内容如下:

(1)宣布自由、财产、安全和反抗压迫是天赋不可剥夺的人权。

(2)肯定了言论、信仰、著作和出版自由。

(3)阐明了权力分立、法律面前人人平等、私有财产神圣而不可侵犯等原则。

27. 什么是历史讲述法?简述其主要特点。

【参考答案】

(1)历史讲述法是教师运用口头语言生动地、形象地、富有感染力地讲述历史知识的一种方法。

(2)历史讲述法的主要特点:

①教师运用通俗的语言讲述相关内容,方便学生掌握相关知识。

②历史讲述法包括叙述、描述、概述三种方法,适用于多种类型的教学内容,如历史人物、历史事件、历史现象等。

③历史讲述法应用广泛,有利于学生了解历史的过程和内容,适用于向学生传授新知识,也适用于复习巩固旧知识。

④历史讲述法主要依靠教师的语言表述，对直观教具等教学辅助材料和手段要求较低。

28. 简述历史课外读物的主要类型及其相应的教学功能。

【参考答案】

历史课外读物的主要类型及其相应的教学功能如下：

(1)专业性历史读物，如历史学专业期刊、史学研究论文等。专业性历史读物可以帮助学生了解历史学界的研究方向和相关动态，增强自身的史学理论素养，掌握一定的历史科研能力。教师阅读专业性历史读物，可以帮助教师提升自身的专业素养，不断进步、与时俱进，使教师对于历史教材中的一些知识有更深刻的理解，提高教学水平。

(2)通俗性历史读物，如历史常识读本、历史故事丛书等。通俗性历史读物可以增强学生对历史知识的理解，培养自身的分析能力和理解能力，增加学生对历史学习的兴趣，拓宽其知识面。教师在阅读通俗性历史读物的过程中，可以积累丰富的教学素材，更好地完成教学工作。

(3)历史辅导资料，如历史教材解读类图书、历史试题集等。历史辅导资料是学生历史课外读物的阅读重点，可以帮助学生对教学内容进行巩固理解，加深对相关历史知识的理解，通过相关练习提高历史学习成绩。教师阅读历史辅导资料可以做好课前准备，方便对历史教学工作的开展，提升教学效率。

(4)其他历史读物，如人物传记、回忆录等。学生通过对历史人物的了解，能够加深对知识的理解，帮助他们形成正确的人生观、价值观和世界观，对其以后的发展可以起到推动作用，促进学生健康成长。教师阅读其他历史读物，可以提升自身涵养，实现自我成长。

三、材料分析题

29.【参考答案】

(1)材料一主要从李自成的农民军的视角对史事进行叙述，将李自成称为“明末农民军最杰出的领袖”，把农民军攻占北京叙述为“农民军胜利地开进北京”，对明朝末年的农民战争持肯定的态度。材料二是从封建正统的视角对史事进行叙述，将李自成的自称称为“僭号”，认为明朝的灭亡是由于农民军攻陷北京和清军入关造成的，将农民军称为“流寇”，对明朝末年的农民战争持反对的态度。

(2)出现这种不同叙述的原因：

①材料一选自翦伯赞的《中国史纲要》，该书最早出版于20世纪60年代，作者深受阶级史观(革命史观)和大陆政治局势的影响，对我国历史上的农民起义持正面肯定的态度，因此站在李自成和农民军的视角叙述明朝灭亡这段历史。

②材料二选自傅乐成的《中国通史》，该书最早于20世纪60年代在台湾地区出版。作者由于身处台湾，对历史问题的看法受当时台湾政治局势的影响，把农民的抗争当作内乱，对农民战争持否定的观点，认为明朝的灭亡是由于农民军攻陷北京和清军入关造成的，从封建正统的视角叙述明朝灭亡这段历史。

上述两种不同的历史叙述是由于作者具有不同的史观、身处不同的社会环境和当时的时代背景造成的。

30.【参考答案】

(1)该课文辅助系统编排的主要特点：

①系统性。该课文辅助系统的编排采取图文结合的形式，材料丰富多样，方便学生进行相关的学习活动，说明其编排具有系统性。

②实用性。该课文辅助系统包含地图、解读性文字材料、有层次的问题，其内容涵盖了课程标准对本课教学提出的具体目标，引导学生思考问题，辅助学生理解课文，自己主动地解决问题，实现教学目标，体现其实用性的特点。

③科学性。在该课文辅助系统中，选用的图片、归纳的内容、设置的问题紧紧围绕辛亥革命这一教学主题，将教学内容以科学、合理、有效的形式编排起来，说明其编排具有科学性。

(2)这种编排对学生学习历史的重要作用：

①图文结合、系统的编排方式符合初中学生的认知心理和思维特点，有助于激发学生的学习兴趣和探究欲望，培养观察、分析能力，更好地理解掌握历史知识。

②可以帮助学生快速准确地获取相关历史信息，了解辛亥革命发生的历史背景和形势。

③这种编排通过相关问题的引导，帮助学生了解武昌起义的有利条件，认识四川保路运动与辛亥革命间的联系，引导学生从历史的角度回答问题，发展学生的历史思维。

④该课文辅助系统选用的图片、给出的解读性文字材料和相关问题，可以帮助学生了解辛亥革命发生的时间和革命活动涉及的地理区域，帮助学生形成相应的历史时空观念。

31.【参考答案】

(1)该教师设计的可取之处：

①该教师设计各项活动均围绕本课的学习主题和重点进行。

②该教师设计的活动环节丰富多样，包含个体学习、小组交流、合作探究、总结提升四个环节，有利于激发学生的历史学习兴趣，让学生最大

限度地发挥学习的主体作用,培养学生自主学习、合作学习的能力。

③该教师设计的教学活动遵循了循序渐进的原则,实用性强。该教师设计的教学活动从个体学习开始,然后过渡到小组交流和合作探究,最后是总结提升环节,符合学生的心理特征和认知发展规律,具有较强的实用性。

④该教师在设计教学活动时坚持了教师主导与学生主体相结合的原则。教师的主导性体现在教师对学生的有效引导。学生的主体性体现在整个教学活动设计都是围绕学生展开的,学生作为活动的主体参与各个教学环节。

(2)历史教学中开展学生自主学习应遵循的原则:

①教师主导与学生主体相结合的原则。教师在自主学习活动中居于主导地位,对学生进行有效引导。学生在教师的指导和帮助下进行自主学习活动,充分发挥学习的主观能动性,调动一切有利因素投入到自主学习活动中。

②循序渐进的原则。学生的历史自主学习是一个完整的过程,具体学习环节设置与活动安排应该做到由易到难、由简到繁,体现循序渐进的过程。

③目标明确的原则。学生自主学习活动的内容应该按照历史课程标准和教学目标选取,学习环节应该围绕教学主题和重点展开。

④实用性原则。确保学生通过自主学习活动能够掌握相关的历史知识和学习方法,培养自主学习能力。通过对学生自主学习的评价,让学生知道他们在自主学习中存在的缺点和不足,明确今后的改进方向。

四、教学设计题

32.【参考设计】

环节一:导入新课

教师在多媒体课件上出示秦始皇的画像和《史记·秦始皇本纪》中描述秦始皇外表的文字材料:"秦王为人,蜂准,长目,挚鸟膺,豺声……"让学生观察比照,并提问:大家都知道秦始皇嬴政,你对他了解有多少,他最为人所知的事情是什么?学生根据所学知识回答是秦始皇灭掉六国,实现国家的大一统,创立了中央集权制度。

教师继续设问:秦朝统一天下标志着封建专制主义中央集权政治的开始。秦王朝建立起来的统一的集权政治制度,奠定了其后历代政治制度的基本模式,它对中国社会产生巨大影响。那么,它是如何建立的?它的主要特点是什么?教师顺势进入新课的教学。

【设计意图】教师通过出示图片和文字材料,激发学生的学习兴趣,调动学生学习的积极性和主动性。问题引导围绕本课课程目标和学习重难点,提高了教学的效率。

环节二:新课讲授

教师介绍:为了加强对全国的统治,秦朝创立了大一统的中央集权制度。下面我们一起学习专制主义中央集权制度的主要内容。

(一)皇帝制

教师展示统治者称号变化表,提问:秦始皇为什么要称自己为皇帝?

学生思考回答:为了突出个人功绩,显示个人权势和地位,秦始皇规定国家的最高统治者称为皇帝,意为德高三皇,功过五帝。皇帝拥有至高无上的权威,总揽一切军政大权。

教师补充:嬴政自称"始皇帝",规定自己死后传位给子孙,"后世以计数,二世三世至于万世,传之无穷"。皇帝自称"朕",命令称"制"或"诏",印称"玺",这都体现了皇帝的独尊地位。

(二)三公九卿

教师:为了加强对中央的控制,秦始皇还设立了三公九卿。

教师展示三公九卿的示意图并提问:假如你是秦始皇、三公中的一人,你对自己的地位、职权有何感受?

学生阅读教材和三公九卿示意图,由四个小组分别扮演皇帝、丞相、御史大夫、太尉,派代表发言。

小组代表分别发言,丞相协助皇帝处理全国的政事,为百官之长。御史大夫的地位仅次于丞相,执掌群臣奏章,下达皇帝诏令,兼理国家监察事务。太尉掌管军事事务。最后的决断权由皇帝掌控。

(三)郡县制

教师:秦统一之初,有人向嬴政提出分封子弟、广建诸侯的建议,廷尉李斯则坚决反对。想一想,如果你是秦朝时的一位大臣,你会建议秦始皇采取哪种统治方式治理地方?为什么?教师组织学生分成两组进行讨论,讨论结束后请学生代表发言。

学生讨论后,小组代表进行回答,并阐述自己建议的依据和原因。主张实行分封制的一组认为分封制可以加强刚完成统一的秦朝对地方的统治,加强皇室的力量。主张实行郡县制的一组认为分封制导致春秋战国诸侯争霸、社会动荡,郡县制可以实现中央对地方的有效管辖。

教师:秦统一后,经过两次廷辩,秦始皇确定以郡县制取代分封制。全国分为36郡,后增至40多郡,郡的行政长官称郡守。在郡下设县,县的长官称县令或县长。郡县的长官由朝廷直接任免。县以下设乡、亭、里等基层社会组织。

教师组织学生观看有关郡县制的纪录片，请学生结合课下搜集的资料谈谈对郡县制的认识。

学生各抒己见，教师总结：通过郡县制，皇帝和中央牢牢控制统治国家的权力，并把政治、法律、军事、土地及赋役等制度推向全国。郡县制的实行，开创了我国历代王朝地方行政的基本模式。

【设计意图】小组讨论提高了学生合作探究的能力。教师通过播放纪录片的形式，提高了学生的学习兴趣，加深了对相关知识点的记忆，也可以活跃课堂气氛，调动学生学习的主动性。

环节三：小结作业

1. 小结：师生共同总结回顾本课所学知识。

2. 作业：学生在课后搜集有关秦始皇的相关资料，写一篇关于秦始皇的小论文。

【设计意图】历史小论文的形式可以考查学生对所学内容的掌握情况，锻炼学生归纳分析材料、系统准确地阐述历史观点的能力。

2018年下半年中小学教师资格考试真题试卷

答案速查：

1	2	3	4	5	6	7	8	9	10	11	12	13	14	15
C	B	D	B	A	A	B	A	D	D	B	D	C	B	D
16	17	18	19	20	21	22	23	24	25					
C	A	A	A	B	D	C	B	D	C					

一、单项选择题

1. C 【解析】河姆渡文化的陶器，以夹碳黑陶为主，河姆渡人种植水稻，并将稻草、稻壳用于夹碳黑陶的烧制。北京人和山顶洞人均属于旧石器时代的远古人类，不会制作陶器，排除A、D两项。半坡遗址以彩陶为主，排除B项。故答案选C项。

2. B 【解析】题干引用的语句的意思是，“不去培养品德，不去讲习学问，听到义在那里却不能去追随，有缺点而不能改正，这些都是我所忧虑的”，出自《论语·述而》。孔子重视道德的作用，提出“仁”的学说，教育学生谦虚好学。老子主张“以柔克刚”。庄子提出“无为而治”。墨子主张“兼爱”“非攻”。故答案选B项。

3. D 【解析】题干中的董仲舒、公孙弘活跃在汉武帝时期，故答案选D项。

4. B 【解析】由图片可知，当时北齐、北周和陈朝形成南北对峙的态势，此时为南北朝时期。北齐建于550年，灭亡于577年。北周建于557年，灭亡于581年。陈朝建于557年，灭亡于589年。这三个国家都存在于公元6世纪。故答案选B项。

5. A 【解析】唐朝的科举考试科目分为常科和制科。常科的考试科目有进士、明经、明法、明书、秀才等科目。明法、明书等不受重视，秀才一科在唐初要求很高，后来渐废。唐朝科举考试最重要的科目是明经和进士。故答案选A项。

6. A 【解析】《沟洫志》是《汉书》“十志”之一，记述汉朝及其之前的水利史实，涉及防洪、航运、灌溉等方面，属于农业著作的范畴。《齐民要术》是北魏时期贾思勰所著的农学著作。《氾胜之书》是西汉时期氾胜之所著农业著作。《水经注》是北魏时期郦道元所著地理学著作，不是农业著作。④不符合题目要求。故答案选A项。

7. B 【解析】苏轼话中的“颜公”指的是唐代书法家颜真卿。颜真卿的书法特点是结构方正茂密，笔画横轻竖重，笔力浑厚，挺拔开阔雄劲，代表作有《多宝塔碑》。根据图片中的碑刻内容和书法风格可知B项为《多宝塔碑》，故答案选B项。

8. A 【解析】两宋时期，城市商品经济繁荣，人民娱乐活动多，反映人民生活的风俗画增多。故答案选A项。

9. D 【解析】元朝统治者在很多方面对不同民族采取差别对待措施，被后人概括为“四等人制”。第一等级为蒙古人。第二等级为色目人，多为西域人。第三等级为汉人，概指淮河以北原金朝境内的汉族和契丹、女真等族，以及较早为蒙古征服的云南人，及最晚为蒙古征服的四川汉族、高丽人。第四等级为南人，指最后为元朝征服的原南宋境内（元江浙、江西、湖广三行省和河南行省南部）各族。故答案选D项。

10. D 【解析】《南京条约》签订后我国开放五个通商口岸，英国向我国倾销商品，由于受到自给自足的小农经济抵制，并不顺利，英国认为原因在于中国市场开放程度有限，要求进一步开放中国市场。故答案选D项。

11. B 【解析】根据题干“（西方的）入侵在各个领域都达到很大的规模，使中国的生存似乎都受到威胁”可知，此时应为19世纪末，排除C、D两项。洋务运动仅限于引进西方先进技术，开办军用和民用企业，A项不符合题意。戊戌变法不仅涉及军事、经济方面，而且主张学习西方先进的制度,实行君主立宪。故答案选B项。

12. D 【解析】由“毛泽东于1935年初重新被推举上了中共领导地位”可知是遵义会议。遵义会议于1935年1月召开,事实上确立了以毛泽东为核心的党中央的正确领导。中共二大召开于1922年。八七会议召开于1927年。古田会议召开于1929年。故答案选D项。

13. C 【解析】根据“特别注意各支族间之融合与其相互依存之关系,以阐发全民族团结之历史的根据”以及“激发学生复兴民族之意志与决心”,可以知道该历史课程标准强调的是全民族的团结和爱国,辛亥革命、国民革命和解放战争都是国内矛盾为主要矛盾的时期,与题目不符。全面抗战时期我国的主要矛盾是中日民族矛盾,建立抗日民族统一战线与题干观点一致。故答案选C项。

14. B 【解析】从图中可以看到“农业生产合作社”和“1956”等信息。结合史实可知,农业生产合作社是对农业进行社会主义改造的主要形式。故答案选B项。

15. D 【解析】“七五计划”是1986—1990年我国国民经济和社会发展计划,主要任务是奠定有中国特色的新型社会主义经济体制的基础。“985工程”和“211工程”均是我国在高等教育领域实施的战略决策。“863计划”是我国于1986年3月启动实施的高技术研究发展计划,目的是全面追踪世界高技术的发展。故答案选D项。

16. C 【解析】英国诗人雪莱的意思是西方文明受希腊文明影响,西方的法律、文学和宗教都可以追溯到古希腊文明。故答案选C项。

17. A 【解析】题干给出的时间是14世纪,只有文艺复兴符合题意。故答案选A项。

18. A 【解析】题干中的观点强调“它”对于沟通美洲、欧洲、亚洲等地的重要作用,只有白银符合题意。欧洲殖民者用美洲开采的白银购买中国的瓷器和东南亚的香料并运回欧洲销售。香料和瓷器同美洲无关,呢绒和东亚没有关联。故答案选A项。

19. A 【解析】根据题干这位西方科学家“斩断了无知、迷信和傲慢这些束缚人类对亿万年来生命了解的镣铐”,可知这位西方科学家的研究是关于生命起源的。达尔文1859年出版《物种起源》,提出进化论思想,第一次把生物学建立在完整的科学的基础上,推翻了神创论和物种不变论,沉重地打击了神权统治的根基。牛顿是近代自然科学的奠基人,发现万有引力,创立微积分,建立了完整的力学理论体系,与题意不符。哥白尼提出“日心说”,有力地打破了长期以来占据统治地位的“地心说”,与题意不符。爱因斯坦创立了相对论,为原子能的发明和应用提供了理论基础,与题意不符。故答案选A项。

20. B 【解析】观察图片可知是关于农业活动的内容,与选项B一致,斯大林通过农业集体化运动建立集体农庄。“大清洗”运动是斯大林为了巩固自己的领导地位而发动的政治清洗运动。苏联第一个五年计划的重点是发展重工业,与图片内容不符。反击法西斯入侵与图片内容无关。故答案选B项。

21. D 【解析】由“1917年4月”、“美国总统威尔逊”和“美国船已被击沉”可知美国向欧洲运输物资的船只被击沉,德国于1917年2月开始实行无限制潜艇战,目的是要对英国进行封锁,迫使英国退出战争。闪电战是第二次世界大战纳粹德国使用的一种战术。海空一体战是2009年美国提出的海空联合作战理论。大规模消耗战是一种逐渐消耗敌人战斗力的作战模式。故答案选D项。

22. C 【解析】1949年,德国分裂为德意志民主共和国和德意志联邦共和国,美苏正处于冷战时期。凡尔赛体系是一战后的。反法西斯战争的时间是在20世纪三十年代末到四十年代中期。1956年,南斯拉夫总统铁托提出不结盟主张,1961年不结盟运动正式形成,南斯拉夫不在美苏争霸的苏联阵营,D项排除。故答案选C项。

23. B 【解析】“一切历史都是当代史”是意大利历史哲学家克罗齐在《历史学的理论和实际》中提出的。“一切历史都是思想史”是英国历史学家柯林伍德在《历史的观念》中提出来的。“历史不仅是过去,而且是有意义的过去”是我国史学家葛剑雄提出来的。“历史是现在跟过去之间的永无止境的问答交谈”是英国历史学家爱德华·卡尔在《历史是什么》中提出来的。故答案选B项。

24. D 【解析】年号是中国封建王朝用来纪年的一种名号,汉武帝首创年号,此后形成制度。历代帝王遇到“天降祥瑞”或内讧外忧等大事、要事,一般都要更改年号。一个皇帝所用年号少则一个,多则十几个。明清皇帝大多一人一个年号。故答案选D项。

25. C 【解析】根据教学评价的相关理论,当试题难度适中时,区分度最高。因此,教师在编制初中历史试题时,为保证试题有较好的区分度,试题难度应控制的区间为0. 4— 0. 6,故答案选C项。

二、简答题

26. 概述第二次工业革命的主要成就。

【参考答案】

第二次工业革命的成就如下:

(1)电力的发明和广泛应用：西门子制成发电机；格拉姆发明电动机；电灯、电车、电影放映机等得到发明。
(2)电讯事业的发展：贝尔发明电话；马可尼试验无线电报成功。
(3)内燃机的创制和使用：狄塞尔发明内燃机；本茨制成内燃机汽车；莱特兄弟制造飞机；内燃机车、远洋轮船的发明。
(4)化学工业的建立：诺贝尔发明炸药；美国人发明塑料；法国人发明人造纤维。

27. 简述历史课堂教学中板书的主要作用。

【参考答案】

历史课堂教学中板书的主要作用如下：
(1)板书具有辅助历史教学的作用。板书是整个教学思路和内容的浓缩，是课堂教学重要的一环。板书可以使课堂讲授的主要内容按一定形式有条理地呈现在黑板上，有助于学生更好地突破难点、掌握重点，进而提高教学质量。
(2)板书有利于学生的观察、思维和记忆。板书可以化繁为简，指导性强，方便学生掌握和记忆。
(3)板书有利于调动学生的学习积极性。板书可以形象生动直观地展现教学内容，有利于引起学生兴趣。

28.《义务教育历史课程标准》(2011年版)在"教学建议"中提出要充分激发学生的历史学习兴趣。试列举激发学生历史学习兴趣的主要策略。

【参考答案】

(1)历史教学应该运用大量教科书之外的课程资源。历史学科拥有丰富的课程资源，包括文字资料、影视资料、历史文物、历史遗存等，丰富的历史课程资源可以极大地激发学生的学习兴趣。
(2)历史教师采用生动有趣的语言讲授相关内容，借助适当的教学手段，采取多种形式的教学方法，注意师生间的互动交流，激发学生的历史学习兴趣。
(3)历史教师要善于结合讲授内容设计课堂教学活动。历史教师在授课过程中可以根据教学内容，将历史情景剧、辩论赛、诗词朗诵等引入教学过程。
(4)历史教师应合理安排课后作业，善于组织历史课外活动。历史教师应布置开放性的课后作业，利用节假日和活动实践课组织学生参观历史博物馆等校外历史资源，开阔学生眼界，增强学生的历史学习兴趣。

三、材料分析题

29.**【参考答案】**

(1)相同的金融货币手段：提高工农业产品的价格，国家通过政策提高农民和工人的收入；加强国家对金融的干预；实行货币扩张政策，增加货币流通量，实行货币贬值。
(2)背景：美国处于经济大危机时期，大批银行倒闭，企业破产，失业人数激增，人民生活水平下降，市场萧条；产品大量积压，物价下跌，城镇居民和农民收入锐减。
影响：促进了美国经济的逐步恢复，有利于社会稳定；保障了农民和工人的基本权益，改善了人民生活，巩固了美国的资本主义民主制度；是资本主义的一次自我调整，开创了资本主义国家干预经济的先河，资本主义国家对经济的宏观控制与管理得到加强；美国联邦政府的权力得到加强。

30.**【参考答案】**

(1)指导教师认为用这副地图不合适的理由：
①地图中采用了许多现代地名，应该使用清朝时的相关地名。
②地图中涉及的地理内容过多，不利于学生观察和使用。
③清朝在不同时期疆域面积变化比较大，地图未能体现统一多民族国家巩固和发展的历程。
(2)在历史教学中教师选择历史地图应注意以下问题：
①历史教师选择的历史地图要符合学生的认知水平，要充分考虑学生的具体情况，选择使用简明地图，方便教师对教学内容的讲授和学生的观察使用。
②历史教师选择的历史地图要能够帮助学生提高阅读、分析、理解历史地图的能力，形成时空观念，帮助学生认识地理环境因素在人类历史发展中的作用。
③历史教师选择的历史地图要符合教学的实际需要，和教学内容一致，充分使用教科书和历史地图册中的地图，确保地图具有权威性。

31.**【参考答案】**

(1)该课件内容存在以下问题：
①该课件的制作不够规范正确。例如，课件的名称应为"我国近代民族工业的曲折发展"，1920—1927年间民族工业的迅速萧条没有在注解里得到体现。
②课件中对每一个阶段的注解位置不明确，折线图中有断线，使得整个画面显得混乱。教师应在民族工业发展的每个阶段正上方进行标注，以使课件内容更清晰。
③该课件设计缺乏美感，会降低学生观看课件的兴趣。
(2)课件制作中设计示意图应注意以下问题：
①历史示意图的设计应简洁实用，对知识要点能够进行高度概括，突出重要的历史信息，有助于加深学生的认识和理解。

②历史示意图的设计要符合历史事实,注意历史知识的准确性。

③历史示意图的设计要准确地体现历史信息间的内在联系。

④历史示意图的设计要直观生动,采用生动形象的设计方式。

⑤历史示意图的设计要美观,以引起学生的观看兴趣,提高记忆效果。

四、教学设计题

32.【参考设计】

环节一:导入新课

教师用多媒体播放2008年奥运会开幕式表现活字印刷的视频片段,提问学生播放的内容,请学生谈谈自己的感受,顺势导入新课。

【设计意图】教师用视频进行导入,能够引起学生学习兴趣,让学生直观地感受活字印刷的魅力,有助于教学活动的展开。

环节二:新课讲授

(一)背景

教师请学生拿出事先准备好的橡皮、小刀、笔墨、白纸,指导学生按照雕刻字画、上墨拓印的步骤模拟雕版印刷的过程,请学生谈谈对雕版印刷的体验。

学生回答,教师补充:我国在隋唐时期发明了雕版印刷术,促进了文化的发展。但雕版印刷费工费时,而且刻好的版只能印制一种书籍。

(二)活字印刷术的发明

1. 活字印刷术的出现

教师提问:人们是如何解决雕版印刷术的弊端的?

学生阅读课本找到答案:北宋时的毕昇发明了活字印刷术。

教师播放介绍活字印刷术的相关视频,引导学生观看视频并进行相关讨论,简单归纳活字印刷术的主要工序,思考毕昇的创新主要体现在哪里,这样的创新有何好处?

学生仔细观看视频,小组讨论后分组回答问题,师生共同总结:

(1)活字印刷术的主要工序:

①用胶泥刻字。

②用火烧制,使字模变硬。

③制版,在一块四周有框的铁板上撒上松脂、石蜡和纸灰等,将烧制好的字模在铁板上排成版,用火将铁板中的松脂熔化,将字版压平。

④印书。

⑤再将松脂熔化,泥字拆开。

⑥再次排版。

(2)毕昇的创新在于,印完书可以再次排版。

(3)好处是使用起来省时省力,节约印刷成本。

2. 活字印刷术的发展

教师指导学生阅读教材,提问:活字印刷术经历了怎样的发展历程?

学生回答:北宋发明木活字。元代王祯发明了转轮排字法。元朝中期出现了铜活字印刷。

3. 活字印刷术的传播

教师提问:活字印刷术的传播路线是怎样的?

学生回答:13世纪时,活字印刷术传入朝鲜,之后传到日本及东南亚地区,又经丝绸之路传到波斯,后来经过蒙古人的西征等途径传入欧洲。

【设计意图】课堂活动能让学生体验历史,激发学生的学习兴趣,活跃课堂气氛。视频的播放能够增强学生对相关知识的直观认识,加深学生的相关记忆。小组讨论突出学生的主体地位,能够锻炼学生的合作探究能力。

环节三:小结作业

1. 小结:师生共同总结回顾本课所学知识。

2. 作业:学生在课下搜集资料,调查活字印刷术传到欧洲后的技术发展。

【设计意图】课后作业可以培养学生查阅史料自己解决问题的能力,提高学生的学习兴趣。

2018年上半年中小学教师资格考试真题试卷

答案速查:

1	2	3	4	5	6	7	8	9	10	11	12	13	14	15
D	A	C	D	B	B	A	B	D	C	B	A	B	D	D
16	17	18	19	20	21	22	23	24	25					
C	B	D	C	C	A	C	D	A	A					

一、单项选择题

1. D 【解析】根据题干内容联系所学知识可知,《诗经》这句话的意思是在强调周天子通过分封制以及与分封制互为表里的宗法制来维护其统治。A、B、C三项与所引材料内容不符。故答案选D项。

2. A 【解析】由题干中“正在兴起的官僚精英”可知“这个时代”应早于秦朝。因为官僚制度是伴随着秦朝专制主义中央集权的建立而正式形成的，所以答案应选A项。

3. C 【解析】根据图片可以看出拓片上的内容为"二牛抬杠"，由此可知，东汉时期牛耕技术已经得到运用。从图片中看不出播种工具、灌溉技术，排除A、D；铁制农具在东汉之前就已发明，排除B，故答案选C项。

4. D 【解析】由"晋主"可知材料说的是晋朝，而晋朝政治上鲜明的特点就是门阀制度，由材料"晋主虽有南面之尊，无总御之实"可以看出皇帝权力很小，"宰辅执政，政出多门"则说明实际权力由几大门阀士族控制，"遂成习俗"说明门阀掌权已成惯例。郡国并行出现在西汉初期，排除A；内阁专权出现在明朝，排除B；晋朝地方割据并没有形成，排除C，故答案选D项。

5. B 【解析】由题干可知这位诗人是生活在唐玄宗天宝年间的现实主义诗人，满足条件的是杜甫，这首诗出自杜甫《无家别》，故答案选B项。

6. B 【解析】《货郎图》还原了南宋时期货郎摇鼓走巷、肩挑杂货穿梭于乡野的场景，从画中可以看出南宋商业活动的活跃，故答案选B。

7. A 【解析】根据所学知识可知中书省是元朝全国最高的行政机关，故答案选A。

8. B 【解析】从题干中顾炎武"圣人之道""博学于文""行己有耻"可以看出他强调的是学术与道德的结合，答案选B项。

9. D 【解析】"一国所得，诸国安然而享之；一国所求，诸国群起而助之"的大意是西方列强借助这项规定享有同等特权，刺激列强不断提出特权条件进而谋取更大权益。结合史实可知，这项特权应是英国最早提出的片面最惠国待遇。领事裁判权是指外国人在中国违法由本国领事按照本国法律审判；开矿筑路权是指外国获得修筑铁路的权利后，同时获得铁路沿线的土地和矿产开发权利；外国公使进驻北京指使节常驻北京使馆区，均不符合题意，故答案选D项。

10. C 【解析】材料中孙中山主张平均地权，核定全国地价，之后若因交通发达，地价上涨，所得盈利归国家所有。根据所学知识可知这体现了孙中山三民主义中民生主义的内容。故答案选C。

11. B 【解析】1925年2月，为讨伐广州东部的军阀陈炯明，广东革命政府决定进行东征，以黄埔军校学生军和粤军为右路军，由军校校长、粤军参谋长蒋介石统领，周恩来担任政治部主任，作为东征的主力对陈炯明进行第一次东征，第一次东征打垮了陈炯明军主力。黄埔军校编练的军队改编为国民革命军。1925年10月，广东革命政府为彻底消灭军阀陈炯明的势力，统一广东，决定进行第二次东征，攻占惠州，歼灭敌军主力。黄埔军校校军东征参加的是第一次东征，排除；国民革命军北伐的时间是1926年7月，排除C项；工农红军西征的时间是1936年10月至1937年3月，排除D项。故答案选B项。

12. A 【解析】从图中可以看出"一五"计划期间投资比例最大的是重工业，表明国家当时对重工业发展的重视，A项正确。B、C两项不符合史实，排除。从图片中不能直接反映出国民经济比例失调，排除D项，故答案选A。

13. B 【解析】从题干中计划产量从每亩二十万斤直到一百万斤可知这一时期农业生产追求高速度、高指标，符合"大跃进"运动的特点，故答案选B项。

14. D 【解析】家庭联产承包责任制是在1978年底提出的，是农业方面的内容，与题干要求不符，排除A项；沿海经济开放区是从1985年开始设立的，排除B项；国有企业市场化是20世纪八九十年代开始的，排除C项；十一届三中全会后，中国开始兴办外向型经济特区，故答案选D项。

15. D 【解析】题干中卢梭认为"假如所有公民一致同意破坏契约，无疑地这将是合法的破坏"体现出公民掌握最高权力，反映的是人民主权的思想，故答案选D项。

16. C 【解析】拉美独立运动的高潮是在1810年以后，排除①；"日不落帝国"形成于18世纪中后期，排除④。故答案选C项。

17. B 【解析】根据时间点"1688年"以及人物"玛丽和威廉"可知该事件与英国的"光荣革命"有关，故答案选B项。

18. D 【解析】1787年，美国已经独立，独立后美国建立的是邦联制的政府，不利于国家的发展，所以华盛顿才说"进行彻底变革是必需的"，其目的就是改变邦联制的政府状态，答案选D项。

19. C 【解析】1917年，俄国爆发十月革命，以暴力形式推翻了资产阶级临时政府，建立了世界上第一个社会主义国家，积极推动了世界范围内的无产阶级暴力革命。故答案选C项。

20. C 【解析】由题干可知，题干描述的是物竞天择，适者生存的道理，这与达尔文进化论的观点相符合，故答案选C项。

21. A 【解析】由题干"1942年""太平洋战场""发生了根本性转折"可以锁定这场战役是中途岛海战，中途岛海战是美日两国在中途岛进行的战役，严重削弱了日本海军的航母力量，之后美国海军逐渐掌握太平洋战场的主导权，太平洋战场局势发生了根本性转折，故答案选A项。

22. C 【解析】由题干中"第一次了解到'有限'战争的概念"可知答案应选朝鲜战争。海湾战争、波黑战争、越南战争发生时间都晚于朝鲜战争，故答案选C项。

23. D 【解析】1992年2月7日，欧共体12国外长和财政部部长在荷兰小镇马斯特里赫特正式签署《马斯特里赫特条约》，"欧共体"改名为"欧洲联盟"。故答案选D项。

24. A 【解析】"古史是层累地造成的"是顾颉刚在《古史辨》中提出的，故答案选A项。

25. A 【解析】本题考查板书的类型。图表式板书是把教学内容通过表格体现出来的一种板书样式。题干中的板书类型符合图表式板书的定义。故答案选A。

二、简答题

26. 简述伯利克里时期雅典公民民主权利扩大的主要表现。

【参考答案】

第一，扩大公民参政范围，全体成年男性公民可以担任几乎一切官职；

第二，改革公民大会，所有成年男性公民都可参加商定城邦重大事务。

第三，改革五百人议事会，其职能进一步扩大。

第四，提高陪审法庭的地位，陪审法庭成为最高司法与监察机关。30岁以上的男性公民可以被选举为法官。

第五，扩大十将军委员会的权力，首席将军执掌军政大权。

第六，发放工资和津贴，鼓励公民参与政治活动和接受文化熏陶。

伯利克里改革使得雅典民主政治发展到顶峰，被称为雅典民主的"黄金时代"。

27. 简述《义务教育历史课程标准》(2011年版)在课程性质中有关"思想性"的内容。

【参考答案】

历史课程是人文社会科学中的一门基础课程，对学生的全面发展和终身发展有着重要意义。义务教育阶段7—9年级的历史课程在基础教育中占有重要地位，主要具有思想性、人文性、基础性和综合性特点。

其中思想性是指坚持用唯物史观阐释历史的发展与变化，使学生认同中华民族的优秀文化传统，增强爱国主义情感，坚定社会主义信念，拓展国际视野，逐步树立正确的世界观和人生观。

28. 初中历史教科书中有"知识拓展""自由阅读卡""每课一得"等栏目，其主要功能是什么？

【参考答案】

初中历史教科书中"知识拓展""自由阅读卡""每课一得"这一类栏目属于课文辅读类内容，作为课文的补充、延伸和说明，作用是帮助学生更好地理解和体会课文内容。

这类栏目的设置重视学生学习的层次性，引导学生积极参与课堂互动，教学效果比较明显。另外对于历史知识的延伸和拓展，提高阅读历史材料的水平，锻炼从材料中提取有效信息的能力等都有很大的帮助。

三、材料分析题

29.【参考答案】

(1)①20世纪50年代初，我国实行"一边倒"的外交政策，加入以苏联为首的社会主义阵营。

②20世纪50年代中期，我国提出和平共处五项原则，加强同亚非拉国家的政治经济往来。

③20世纪70年代，我国实行"一条线，一大片"政策。20世纪70年代中美关系缓和，中国在联合国合法地位得到恢复。我国外交领域取得重大突破，迎来建交高潮。我国开始全面参与国际事务，在国际舞台上发挥着日益重要的作用。

(2)①美国在1973年中东石油危机爆发后经济发展陷入"滞胀"，在同苏联全球争霸的竞争中处于守势。

②20世纪60年代末，美国经过十多年的越战，耗费了至少二千五百亿美元军费，与苏联比较起来，美国的国际地位相对下降，客观上美国需要寻求抗衡苏联的力量。而中国"两弹一星"的成功，使得其国际地位大幅度提高，成为美国争取结盟的对象。

③新中国也希望恢复对美外交，以求提高国际政治地位及争取恢复联合国的合法席位。但多年的政治意识形态的隔膜，使得两国缺乏一个合理的契机。

30.【参考答案】

(1)①前期准备工作进行的不充分。学生如果对考察对象不了解，考察活动就很难达到预期效果。

②教师让学生自行前往博物馆，存在安全隐患。

③在参观考察实施阶段，教师要求学生认真听取讲解员的讲解，但没有说明听取讲解的重点内容，学生很容易盲目参观，不利于本次参观活动目标的实现。

④在参观后的搜集和展示资料阶段，教师布置的活动要求不够具体，缺乏实践指导性。

(2)①激发学生学习历史的兴趣。

②能够促使学生参与到教学过程中，提高学生的观察力和鉴赏力。

③加深学生对历史知识的理解。

31.【参考答案】

(1)①时间轴历史线索较为混乱。本课主要讲的是"中日甲午战争与瓜分中国狂潮"，时间轴的设置就应该围绕着近代列强侵略中国的历史事件。但是在该实习生制作的时间轴中包括了鸦片战争以来列强对中国的侵略以及太平天国运动和义和团等中国人民的反抗活动，没有突出本课学习主题。

②在时间轴上标注的有虚线,但未能标注虚线所代表的时间及含义,不利于学生理解记忆。

(2)①帮助学生形成时间观念。

②帮助学生掌握历史发展规律和历史现象之间的联系。

四、教学设计题

32.【参考设计】

环节一:导入新课

展示一组图片:卢浮宫、巴黎圣母院、香榭丽舍大道、凯旋门、埃菲尔铁塔等。

设问:你知道这是哪个国家的建筑吗?

【设计意图】教师利用图片导入,充分发挥图片的直观性优势,能够抓住学生的注意力,借助问题推进教学活动的展开,让学生带着疑问迅速进入课堂学习。

环节二:新课教授

(一)背景

1. 多媒体出示问题:大革命前法国国内的情况是什么样的?以此来了解法国大革命的原因。(学生带着问题阅读教材第一自然段,同时多媒体出示法国社会的等级制度介绍)

2. 学生讨论,各学习小组指派代表回答。教师在学生发言的基础上出示法国大革命的原因——当时法国波旁王朝统治腐朽,资产阶级有钱却无权,以资产阶级为代表的第三等级强烈要求改变现状,发展资本主义经济,获得政治权利。

【设计意图】教师通过多媒体展示史料,创设历史情境,可以激发学生的学习兴趣,提升学生从史料中获取历史信息的能力。

(二)过程

1. 导火线——三级会议的召开

(课件出示三级会议的图片)

教师引导学生了解三级会议召开时间以及当时的国王路易十六召开会议的目的及其结果。

2. 革命爆发的标志——攻占巴士底狱

播放“攻占巴士底狱”相关视频,教师指导学生阅读教材,让学生有感情地讲述攻占巴士底狱的情景。问:谁是革命的主力军?进一步渲染革命气氛。了解法国国庆节(7月14日)的来历。

教师可设计由学生担任播音员来对法国大革命进行全班播报:革命虽然取得了很多成果,但是形势不容乐观,欧洲各国联合入侵法国,极力想把革命扼杀在摇篮里。以法国国王和王后为代表的反动势力妄图恢复旧统治,促使法国人民推动革命继续发展,把国王送上断头台,建立资产阶级共和国。法国政局几经动荡,雅各宾派上台执政后平息了国内的叛乱,把革命推向高潮。1794年,热月政变后罗伯斯庇尔被送上断头台,法国大革命高潮结束。

【设计意图】教师通过播放视频和设置播音员的环节,能够让学生更真切地体会历史。

3. 革命成果

师:法国大革命取得了许多重要成果,颁布《人权宣言》是法国大革命的重要成果之一。

(学生看书,多媒体展示材料:《人权宣言》的第1条和第17条)

材料一　第一条:在权利方面,人民生来而且始终是自由平等的。

提问:法国资产阶级为什么把自由和平等放在第一位?

材料二　第十七条:财产是神圣不可侵犯的权利。

提问:这条规定反映了哪些人的利益?如何评价《人权宣言》?

(学生分小组讨论,回答上述问题)

教师根据学生回答后,多媒体出示:

《人权宣言》

①内容:强调人权、法治和私有财产不可侵犯。

②地位:纲领性文件、资本主义立国原则。

③评价:阶级性、进步性。

教师小结:尽管《人权宣言》站在资产阶级立场上,具有鲜明的阶级性,但同时它也在一定程度上反映了广大人民的追求。因此,《人权宣言》才能得到人民群众的支持,才能超越时空,影响未来和异域。从这种意义上讲,《人权宣言》是新社会的出生证明。

【设计意图】学生通过小组讨论能够提升自主学习、合作探究的能力。

(三)革命意义

教师展示相关史料,并向学生提问:你认为该如何评价法国大革命?

学生回答问题,教师根据学生的回答进行总结:法国大革命摧毁了法国的封建专制统治,建立了资产阶级民主共和国,传播了资产阶级自由民主的进步思想,对世界历史产生了很大的影响。

【设计意图】教师引导学生对法国大革命进行评价,能够帮助学生更加清楚地认识这段历史,为后面的学习打下基础。

环节三:课堂小结、布置作业

1. 小结:教师可将学生分组讨论本节课的重点内容,然后请代表做本节课的总结。

2. 作业:请学生课下查阅有关法国大革命的相关书籍,写一篇关于法国大革命的读后感想。

【设计意图】教师让学生自己进行课堂总结,让学生参与到课堂学习中,突出学生的教学活动主体地位。

探究性作业的设置可将历史教学延续到课外,调动学生的学习兴趣。

2017年下半年中小学教师资格考试真题试卷

答案速查：

1	2	3	4	5	6	7	8	9	10	11	12	13	14	15
C	A	A	D	C	B	C	A	D	D	A	A	B	C	A
16	17	18	19	20	21	22	23	24	25					
D	B	B	B	D	B	C	B	C	B					

一、单项选择题

1. C 【解析】根据题干内容并结合所学知识可知，禹死后，其子夏启继位，益却坚持禅让制，夏启为维护王位将益杀死，诸侯纷纷向夏启表示臣服。夏启开创王位世袭制，取代原有的禅让制。禅让制此时已结束，A项错误。分封制的创立是在西周时期，B项错误。皇帝制的确立是在秦朝建立后，D项错误。

2. A 【解析】选项A的言论出自孟子，大意是个人在赡养自己的长辈时，不应忘记其他没有亲缘关系的老人；在抚养教育自己的后代时，不应忘记其他没有血缘关系的小孩。这体现了对其他社会成员的关爱，立论的出发点建立在“人性善”上。选项B的言论出自墨子，大意是天下不安定的原因在于父子兄弟相互抱怨以致结下仇恨，进而产生离散之心。这体现了人际关系和谐的重要性。选项C的言论出自韩非子，大意是放弃法律而凭个人主观意志治理国家事务，就算贤君的代表尧也不能治理好一个国家。这体现了法律对法治国家的重要性。选项D的言论出自荀子，大意是人的生活不能脱离社会群体，个人结成社会群体而没有等级名分的限制就会发生纷争。这体现等级名分对社会群体的重要性。

3. A 【解析】乌孙、于阗在汉代属于西域地区，是当时丝绸之路上的重要国家，与中原政权保持密切的商贸往来。所以，在当地墓葬中发现大量汉代的手工业制品。西域各国由于自然环境和社会生产力水平的限制，缺乏丝织品的生产原料和技术，B、C两项错误。西域墓葬中的随葬品与日常生活相关，不能反映该地奢侈之风盛行，D项错误。

4. D 【解析】根据题干中钱穆的观点，平民子弟通过长时间刻苦学习可以做到考试登第，可知该项制度通过考试选拔人才，评价标准是真才实学。由此分析各项内容。军功爵制是按照军功大小授予爵位和田产的制度，始于商鞅变法。察举制是汉代中央选拔官吏的一种方式。九品中正制是魏晋南北朝时期重要的选官制度，以个人品行和门第作为重要的参考依据。科举制是隋唐时期建立并完善，以考试为形式的选拔官员的制度。

5. C 【解析】根据题干中的“马六甲、爪哇”“三宝庙”可知，这与明代郑和下西洋的航海活动有关，C项符合题干要求。玄奘和鉴真是唐代的高僧，分别经陆路和海路前往印度、日本交流佛法。法显是东晋时期的高僧，前往印度学习佛教经典及印度文化。

6. B 【解析】根据题干中的“遇坊巷桥门及隐僻去处，俱有铺席买卖”可知，南宋时期杭州的生活区（即坊内）也有商业买卖活动，造成这种现象的原因是坊市界限的打破。A项是材料反映的现象，不是其产生的原因。“户口浩繁”形容城市人口多，不能体现城镇人口的激增。市民阶层的壮大在题干中没有体现。

7. C 【解析】租庸调制，唐朝实行的赋税制度，以征收谷物、布匹或者为政府服役为主，是以均田制的推行为基础的赋役制度。此制规定，凡是均田人户，不论其家授田是多少，均按丁交纳定额的赋税并服一定的徭役。方田均税法是王安石变法的内容之一，包括方田与均税两个部分：方田是一种清丈土地整理田赋地籍的制度；均税是对清丈完毕的土地重新定税。一条鞭法是明代嘉靖时期确立的赋税及徭役制度，由张居正于万历九年推广到全国。一条鞭法就是把各州县的田赋、徭役以及其他杂征总为一条，合并征收银两，按亩折算缴纳，大大简化了征收手续，同时使地方官员难于作弊。摊丁入亩，又称作摊丁入地、地丁合一，草创于明代，是清朝政府将历代相沿的丁银并入田赋征收的一种赋税制度。

8. A 【解析】根据题干内容可知，李鸿章委派戴华藻作为中兴矿局的召集人，面向社会募集商股，这属于我国近代企业经营方式中的官督商办。

9. D 【解析】根据题干中的资料内容可知，该条约规定清政府划定专门的使馆区供各国外交人员居住，允许其驻扎军队保护，禁止中国公民在界内居住。联系中国近代签订的不平等条约的主要内容，可知题干资料出自《辛丑条约》。

10. D 【解析】根据题干中的“新的社会力量”“新的经济关系”“构成了整个社会变化的基干”可知，“新的社会力量”是在近代资本主义生产关系下出现的新兴阶级，包括买办阶层、民族资产阶级和工人阶级。农民阶级在我国历史上一直存在，不是近代社会出现的新的社会力量，排除含有①的选项。

11. A 【解析】题干中的材料内容，反映张謇呼吁加强商业立法，确保中外合资企业创办过程中本国的商业利益，即维护民族工业的利益。B、D两项是对题干的片面理解，C项在题干中没有体现。

12. A 【解析】根据题干及所学知识可知，黄埔军校效仿苏联红军的政治委员制度，在军校实行党代表制，校本部下设政治部等六个职能部门。南昌起义是1927年8月1日由中国共产党在江西南昌发起的针对中国国民党反共政策的武装起义。三湾改编指的是1927年9月29日至10月3日，毛泽东在江西永新县三湾村，领导了举世闻名的“三湾改编”，从政治上组织上保证了党对军队的绝对领导，是我党建设新型人民军队最早的一次成功探索和实践，标志着毛泽东建设人民军队思想的开始形成。古田会议是红四军在1929年12月28日至29日在福建省龙岩市上杭县古田召开的中共红四军第九次代表大会，会议认真总结了南昌起义以来建军建党的经验，确立了人民军队建设的基本原则，核心内容是党指挥枪，不是枪指挥党，重申了党对红军实行绝对领导，规定了红军的性质、宗旨和任务等事关党的事业兴衰成败的根本性问题。

13. B 【解析】观察题干图片，可以提取“华东野战军”“中原野战军”“徐州”等信息。结合所学知识，华东野战军和中原野战军参与的是1948年底至1949年初的淮海战役。淞沪会战和徐州会战是抗日战争期间国民党军队抗击日寇的战役，渡江战役是人民解放军攻破国民党长江防线的渡江作战，均与图片信息不符。

14. C 【解析】根据图片中的“万隆会议十周年”可知，题目考查万隆会议的相关知识。万隆会议是部分亚洲和非洲的第三世界国家在印度尼西亚万隆召开的国际会议，也是亚非国家第一次在没有殖民国家参加的情况下讨论亚非事务的大型国际会议。万隆会议主要讨论了保卫和平，争取民族独立和发展民族经济等各国共同关心的问题。主要目的是促进亚非国家之间的经济文化交流，并共同抵制美国与苏联的殖民主义和新殖民主义活动。选项C符合题意。

15. A 【解析】根据题干中“拔掉了众多的债权标”“许多被出卖的人们……我都使他们获得解放”，结合梭伦改革中的主要内容可知，通过废除债务奴隶制，古希腊因债务沦为奴隶的平民重新获得自由。其他选项在题干中没有相应体现。

16. D 【解析】罗马法是维护古罗马奴隶主利益的法律，不是资产阶级的法典，A项错误。罗马法是罗马帝国统治的有力支柱，提倡法律面前公民人人平等，但与材料的含义不符合，排除B、C两项。根据题干中“包含着资本主义时期的大多数法律关系”，可以判断近代欧美资本主义国家的立法均受到罗马法的影响。

17. B 【解析】近代以来，沙皇专制统治日益腐朽和残暴，农民暴动的次数按照这一规律应呈现直线上升趋势。然而图中直线在1831—1840年间呈下降趋势，A项不选。俄国资本主义的发展，在城市创造大量就业机会和较好的劳动环境，束缚在土地上的农民处境日益困顿，为争取更好的生活，俄国农民举行暴动，B项符合题意。俄国无产阶级力量的壮大是在1861年农奴制改革后，农奴获得解放，进入城市和工厂后出现的，C项不选。19世纪末，马克思主义经普列汉诺夫等革命者宣传才在俄国得到广泛传播，D项不选。

18. B 【解析】根据题干的引文可知，1870年以后欧洲主要资本主义国家瓜分世界，建立殖民帝国。这得益于第二次工业革命后欧洲国家社会生产力的发展和资产阶级代议政治的确立。A、C两项是第一次工业革命的特点，D项是美国的外交政策。

19. B 【解析】罗斯福通过新政，大力兴建公共工程的目的之一是增加就业，从而刺激社会消费和生产。《全国工业复兴法》和《社会保障法》的实施，是导致A、C、D三项的原因。

20. D 【解析】根据“现时业已到来，日本必须决定一途……《开罗宣言》之条件必将实施”可知该国际文件重申了《开罗宣言》的相关内容。结合第二次世界大战期间发表的国际宣言内容，可知《波茨坦公告》符合题干要求。

21. B 【解析】《摩登时代》是卓别林主演的经典喜剧电影，于1936年首映。《浮华世界》是世界上第一部彩色电影。《战争与和平》是1956年由金·维多执导的爱情片。《大独裁者》于1940年首映，是卓别林的第一部有声电影。

22. C 【解析】根据图片中的数据可知，美国军费开支自1976年后逐渐上升，其主要原因是里根总统提出“星球大战计划”，发展高精尖武器需要大量科研经费。朝鲜战争发生于20世纪50年代。越南战争以1975年美军撤出越南宣告结束。科索沃战争的发生时间是1999年。A、B、D三项不符合图片信息。

23. B 【解析】梁启超认为所作《戊戌政变记》不能称作“悉为信史”，原因是在撰写的过程中受主观情感的影响，将事实有所夸大。这说明史料可靠性应考虑记录者的动机。

24. C 【解析】“班超经营西域”发生在东汉时期，查阅相关史料，需要确定史料的记录范围包括东汉时期。《史记》成书于西汉中期，①不符合要求。《后汉书》主要记述东汉光武帝建武元年至汉献帝建安二十五年(25年—220年)间的史事，②符合要求。《三国志》是记录三国时期的断代史，③不符合要求。《资治通鉴》记录公元前403年至公元959年间的史事，④符合要求。

25. B 【解析】根据题干材料教师“发给学生相应文献资料，要求学生分析材料”可知，教师要求学生通过阅读、分析文献资料，得到三大发明的传播路线并予以标记，这一教学活动培养的能力主要是史料实证，B项符合题意。A、D两项都不是这一教学活动主要培养的能力。C项在材料中没有体现。

二、简答题

26. 列举明清时期商业发展的主要表现。

【参考答案】

明清时期商业发展的主要表现：①大量商业市镇兴起。②货币经济占据主要地位。③农产品大量进入市场，棉花、茶叶、甘蔗等经济作物普遍种植。作为农产品加工的副业产品成为商品化的组成部分。④区域性的商人群体实力雄厚，形成徽商、晋商、宁绍商人、闽商等大商帮。⑤广泛使用贵金属货币白银，便利了商品贸易和商业资本的集聚。

27. 简述科技史教学应达成的价值观目标。

【参考答案】

科技史以人、自然、社会和科学技术之间关系的演变为研究对象，是一门揭示科学技术发展规律的学科。科技史之父萨顿认为，它的目标是解释科学精神的发展，解释人类对真理反映的历史，以及人们的思想从黑暗和偏见中逐渐获得解放的历史。应达成的价值观目标包括：通过了解中外科技发展的进程、主要成就及其影响，感受科学家坚韧不拔的探究精神和追求真理的勇气，体会科学思想和方法的魅力，树立崇尚科学精神，坚定求真、求实和创新的科学态度。

28. 历史教师听课时，观察学生表现应包括哪些主要方面？

【参考答案】

课堂上教师观察学生表现，应包括学生在学习过程中有关知识、技能、行为和情感等方面的变化。主要包括五个方面：①学生课堂上对课文或史料的解读能力。②学生思考的拓展能力。③学生提问的建构能力。④学生语言的表达能力。⑤学生课堂关注范畴的自控能力。

三、材料分析题

29.【参考答案】

(1)德国经济发展的突出表现：①工业发展速度快，超过同时期的英国。②相关化学行业产量增长迅速，并跃居世界首位。③德国贸易在世界贸易总额中占据重要地位。④垄断资本主义发展，垄断组织出现并向更高级的形式发展。

(2)德国经济迅速发展的原因：①1871年统一的德意志帝国成立，逐渐形成了统一的国内市场，为商品交换以及经济的进一步发展提供了条件。②德国拥有大量的矿产资源，为工业发展提供了大量的自然资源。③德国是后起的工业大国，能够吸收英美等国的发展经验，逐步建立起完善的工业发展体系。④两次工业革命当中经验的积累，并且重视科学技术对生产的推动作用，采用了新型的生产设备，提高了生产效率。⑤国内的统治阶级容克贵族拥有大量资金和土地，其经济利益与资产阶级利益趋于相近，进行了大量的投资，促进了经济的发展。

30.【参考答案】

(1)首先，该教师选取了能够体现抗战时期时代特征的口述史料，增强了历史学科的现实感，提高了学生学习历史的兴趣。其次，该教师引用关于日军侵华暴行的口述史料，充分发挥了口述史生动形象的特征，营造了恰当的课堂氛围，使学生犹如亲历，有助于本课情感态度与价值观目标的实现。

(2)口述史易出现主观片面的问题，但其依然具有第一手史料的史料价值，教师需要从以下方面入手进行甄别和取舍。首先注意目标性原则，选择贴合教学目标，教学重、难点的口述史料。其次注意思想性原则，注重选择的口述史料所呈现的思想导向和价值取向，要选择那些有助于学生全面、客观、辩证地分析历史的口述史料。再次要注意精选性原则，必须要选取反映历史真实状况、具有典型性、代表性的口述史料。最后还要注意可行性原则，要充分贴合学情，从学生的角度出发选取恰当的口述史料。

31.【参考答案】

(1)该教师采取了历史习作方式的课后作业，其意图是在参观历史博物馆、查阅图书资料的过程中，培养和锻炼学生收集和处理历史信息的能力；通过结合课文内容，自拟题目进行问题作答，培养和锻炼学生的历史思维能力、语言文字表达等能力。

(2)①内容方面：是否通过多种渠道搜集古猿、北京人与现代人的相关史料；搜集史料是否全面；分析是否客观且全面深入；论证是否充分合理、做到史论结合；是否有独到见解，具有创新性。②行文方面：语言是否流畅；论证过程是否条理清晰、逻辑性强；是否存在影响对内容理解的错误语法。

四、教学设计题

32.【参考设计】

环节一：导入新课

教师采取情景导入法，利用多媒体课件展示《公车上书》漫画图片，向学生提问：图片中的人们都在做什么？学生回答：联名上书。教师继续提问：是什么原因让这些举人一起联名上书呢？教师通过图片展示和相关提问引出公车上书，顺势导入本课。

【设计意图】通过播放图片，生动地再现当时的历史场景，吸引学生的注意力，激发学生的学习兴趣，起到凝神、起兴、点题的作用。

环节二：新课讲授

(一)背景

教师通过多媒体教学设备展示《马关条约》的相关内容，提出问题：为什么到北京参加科举考试的举人要求清政府拒签《马关条约》？

学生根据之前所学知识予以回答后，教师从条约的危害性和举人们的爱国情感方面进行总结：《马关条约》的签订严重损害了中国的领土完整和主权独立，众多的举人群情激愤，联名上书，要求拒绝同日本议和，并请求清政府变法图强。

【设计意图】教师带领学生回顾旧知，并在旧知与新知之间建立联系，加深学生对公车上书起因的理解，提高学生对历史事件的分析能力。

(二)发起人

教师展示康有为和梁启超的人物图片，展示梁启超的观点“变者，天下之公理也”并提问：发起公车上书的人是谁？学生回答康有为、梁启超二人后，教师继续提问：为什么会由康、梁二人发起公车上书？

教师引导学生阅读教材中的辅读资料，学生结合辅读资料可以总结得出：康有为和梁启超都认为只有仿效俄日两国进行变法，才能使中国强大起来，于是积极宣传变法维新的思想。

【设计意图】教师通过问题的设置，有利于加深学生对历史人物的理解，同时为学习公车上书的影响做铺垫。

(三)影响

1. 教师提出问题：公车上书的结果是什么？学生回答：上书失败，对清政府触动不大。

2. 教师引导学生阅读教材自主学习，思考上书失败后，康有为和梁启超为了宣传变法又组织了哪些活动？

学生结合教材内容和视频资料回答，教师进行总结：公车上书失败后，康、梁二人创办了《万国公报》(后改名为《中外纪闻》)，组织了强学会，大力宣传维新变法思想，促使维新派政治团体的形成。

【设计意图】这一部分内容相对比较简单，教师让学生阅读教材自主学习，可以锻炼学生对历史事件的总结和概括能力。

3. 教师播放公车上书的视频片段，要求学生以历史小组为单位进行讨论，思考：公车上书以及之后康、梁二人的活动对当时产生了怎样的影响。

学生经过小组讨论后自主发言，教师总结：公车上书以及康、梁二人组织的一系列活动，大大促进了维新思想的传播，极大地推动了维新变法运动的发展，为百日维新奠定了思想基础。

【设计意图】小组讨论可以提高学生自主学习、合作探究的能力。同时，提高学生的学习兴趣，加深对于本课难点的理解。

环节三：小结作业

1. 小结：采用问答法，师生共同总结本课的学习内容。

2. 作业：教师要求学生课后搜集有关康有为和梁启超的变法故事，为其制作人物资料卡片。

【设计意图】师生共同总结的形式，有利于巩固本节课所学知识；开放式的作业设置，有利于将学生的历史学习兴趣延伸到课下，在实践中巩固本节课的学习内容。

2017年上半年中小学教师资格考试真题试卷

答案速查：

1	2	3	4	5	6	7	8	9	10	11	12	13	14	15
B	B	D	C	C	C	D	B	C	A	A	C	D	B	B
16	17	18	19	20	21	22	23	24	25					
C	C	A	D	A	A	D	B	D	A					

一、单项选择题

1. B 【解析】金文也叫作钟鼎文，是指铸刻在商、周时期的青铜器上的铭文，西周毛公鼎上的铭文便是金文。故本题选B。

2. B 【解析】这句话出自《孟子·梁惠王上》，是孟子劝说梁惠王做一个仁君的话语。故本题选B。

3. D 【解析】“夺得千峰翠色来”出自陆龟蒙《秘色越器》一诗，是赞叹越窑秘色青瓷的名句。越窑是我国古代最著名的青瓷窑系，晚唐五代时期越窑青瓷为宫廷专用，烧制技术秘不外传，因此被称为“秘色瓷”，其胎质细腻，釉面青碧，晶莹润泽。故本题选D。

4. C 【解析】两税法推行于唐德宗时期，以原有的地税和户税为主，统一各项税收，分夏、秋两次征收。题干诗中的“胡为秋夏税，岁岁输铜钱”就是对两税法的描述。故本题选C。

5. C 【解析】以白银(而不是铜钱)折合实物赋税，说明政府认可了白银的货币地位，故本题选C。

6. C 【解析】为了加强中央集权，明太祖废丞相，设大学士为皇帝顾问；建文帝时始设内阁，为皇帝的秘书机构，并无实权；宣德朝之后，内阁权力逐渐上升；到了张居正改革之后，内阁权力达到鼎盛，成为实际的政府枢纽，内阁首辅虽无丞相之名，却有丞相之实。明代内阁有票拟权，然而票拟是否被采用最终取决于皇帝的批红，题干中“职在批答”“今之宫奴”反映的正是明代内阁制。故本题选C。

7. D 【解析】四大徽班即清代乾隆年间北京剧坛的四个著名戏班，即三庆班、四喜班、和春班、春台班。乾隆时期四大徽班进京，是京剧诞生的前奏，在京剧发展史上有重大意义。题干中词句描绘的情境出现于清朝。故本题选D。

8. B 【解析】19世纪的英国处于帝国主义阶段，其目的在于贸易扩张，因此，英国外交政策的基本原则是“不干涉主义”“全球贸易的扩张”等，保护和促进国家利益自然成为英国外交政策最基本的目标。在太平天国运动前期，英国为维护其在华利益采取“中立”政策。故本题选B。

9. C 【解析】题干中诗句涉及的历史事件是洋务运动和甲午中日战争，末句说“总归虚牝掷金黄”，意思是总归是白白浪费钱财。这是批评洋务运动虚耗国力，一事无成。故本题选C。

10. A 【解析】甲午战争失败后，光绪皇帝重用维新派人士，变法图强，颁布了一系列改革措施，任用康有为、梁启超、谭嗣同等维新人士进行变法，史称“戊戌变法”或“百日维新”。题干中的“发奋自强之计”便是指实行维新变法。故本题选A。

11. A 【解析】1912—1936年我国经济快速增长，是多种因素促成的，①②③表述均正确。故本题选A。

12. C 【解析】抗日战争初期，抗日根据地大部分仍然以国民政府发行的法币为流通货币，然而根据地许多物资被国民政府用法币套购，导致根据地物资紧缺、经济停滞，社会不稳定。并且国统区通货膨胀日益加剧，影响了根据地的商品流通。因此，1938年根据地成立了晋察冀边区银行，发行边区钞票，统一了边区的货币市场，支持了抗日战争，支持了生产，改善了人民生活。图中所示货币正是在抗日战争时期发行的边区货币。故本题选C。

13. D 【解析】1950年夏，中央人民政府颁布《中华人民共和国土地改革法》，废除封建剥削的土地所有制，实行农民阶级的土地所有制。到1952年底，除部分少数民族地区外，全国已基本上完成了土地改革。这改善了农村贫苦农民的生产和生活条件，缩小了农村的贫富差距。与此同时，国家还通过兴修水利、增加农贷、城乡交流和缩小农工产品剪刀差等方法来促进农村经济迅速恢复，增加农民收入。题干中，全国农村人口人均乡村社会商品零售额从1950年到1952年的大幅递增，就是当时农民生活有了明显改善的体现。故本题选D。

14. B 【解析】“君子和而不同”意思是君子在人际交往中能够保持一种和谐友善的关系，但是在具体问题的看法上却不必苟同于对方。“求同存异”是我国外交政策之一，即找出共同点，保留不同意见。因此，二者理念具有相通性。故本题选B。

15. B 【解析】公元前8世纪到公元前2世纪，是人类文化史上的一个重要时期，这一时期人类的文明取得了重大突破。几乎在同一时间段，古中国、古希腊和古印度三个文明中心都进入了思想文化的繁荣时期，哲学思考非常活跃，都开始思考生命、社会的目的和意义等重大的哲学课题。故本题选B。

16. C 【解析】《常识》是潘恩在独立战争期间撰写的广为流传的小册子，极大地鼓舞了北美民众的独立情绪，成为了美国独立革命的教科书。潘恩也被视为美国开国元勋之一。因此“现在是分手的时候了”指的便是殖民地人民的独立。故本题选C。

17. C 【解析】从时间上来看，1751—1851年是英国工业革命时期。18世纪中期，随着工业革命的开展，新兴的工业城市得到了迅速发展，大量劳动力涌向城市，城乡人口的比例发生了重大的变化，英国成为了世界上第一个城镇人口超过乡村人口的国家。因此，①④说法都是正确的。工业革命后，城市人口剧增，对农产品的需求越来越多，贵族地主于是加速进行圈地，失地农民没有了生存保障，被迫成为劳动力市场上的无产者，靠出卖自身劳动力才能生存，一部分失地农民进入城市，成为雇佣工人，这也是这一时期城市人口剧增的原因。因此，③说法也正确。故本题选C。

18. A 【解析】在内忧外患的情况下，为了集中力量保卫祖国,苏维埃政府陆续实行了一系列被称为"战时共产主义政策"的非常措施,1920年国内战争结束后,这一非常政策不但没有收缩,反而进一步加强,该政策与和平时期社会主义经济发展的不适应性日益明显地暴露出来,并引起了社会动荡,导致苏俄在1921年春发生了严重的政治经济危机。列宁所说的"广大农民群众不是自觉地而是本能地在情绪上反对我们",其主要原因就是"战时共产主义政策"的实行。故本题选A。

19. D 【解析】图中所示的"田纳西水坝"属于水利工程,而水利工程又属于公共工程,因此该项措施为兴办大型公共工程。故本题选D。

20. A 【解析】本题可采用排除法。德国与法国的和解有助于推进欧洲一体化。冷战的大背景、美国的推动(欧洲复兴计划)、法德两国满目疮痍的现状、重拾大国地位的考虑等因素促成了德国与法国的和解。在欧洲一体化的过程中,二者都在寻求自身的主导地位,而不是"联手共同控制欧洲",因此④说法错误。故本题选A。

21. A 【解析】布雷顿森林体系建立了国际货币基金组织和国际复兴开发银行两大国际金融机构,前者负责向成员国提供短期资金借贷,目的是保障国际货币体系稳定;后者提供中长期信贷,以促进成员国经济复苏。故本题选A。

22. D 【解析】《自由引导人民》是法国画家德拉克洛瓦为纪念1830年法国七月革命而创作的油画作品。画家以奔放的热情歌颂了这次由工人、小资产阶级和知识分子参加的革命运动。高举三色旗的青年女子形象,象征着自由女神,突出地体现了浪漫主义的特征。故本题选D。

23. B 【解析】文献史料是以文字形体存在的史料。实物史料是人类发展过程中被保存或者遗留下来的前人活动的场所和前人创造发明的有形物品。口传史料是经历代口耳相传得以保存下来的以往人类的言行。《荷马史诗》是古希腊盲诗人荷马创作的两部长篇史诗——《伊利亚特》和《奥德赛》的统称,是根据民间流传的短歌综合编写而成,因此既具有文献属性,又具有口传属性。故本题选B。

24. D 【解析】题干所引文字出自《新史学》一文。1902年,梁启超发表《新史学》,首倡"史界革命"说,明确主张进化史观,促进了传统史学向近代实证史学的转变。故本题选D。

25. A 【解析】利用历史地图能帮助学生形成历史空间概念,故答案选A;历史年表有助于学生了解历史时间线索和发展脉络;历史照片有助于还原真实的历史画面,有助于学生了解历史真相;历史文物有助于学生了解当时的时代状况。

二、简答题

26. 《卢沟桥歌》中有句歌词:"卢沟桥,卢沟桥,国家存亡在此桥!"简述这首歌所反映的历史事件的背景与影响。

【参考答案】

《卢沟桥歌》反映的历史事件是"卢沟桥事变",也称为"七七事变",是1937年7月7日发生在中国北平卢沟桥的一次中日武装冲突。

历史背景:(1)1931年,日本发动"九一八事变",占领东北全境;次年发动"一·二八事变",进犯上海;攻占华北平原大片土地;在东北建立伪满洲国;在华北地区搞"自治运动"。此后,日本增兵东北,抽调精锐部队关东军进驻平津一带,频繁举行军事演习,不断制造事端,华北局势日益严峻。

(2)1937年7月7日,日军借口一名日军士兵失踪,要求进入中国守军驻地宛平县城检查,遭到驻守此地的第29军拒绝。日军于是向中国守军开枪射击,又炮轰宛平城,第29军奋起反抗,誓与卢沟桥共存亡。这就是震惊中外的"七七事变"。

影响:(1)"七七事变"是日本帝国主义全面侵华的开始,也是中华民族全民族抗战的起点。

(2)此事件促使国共两党寻求第二次合作,最终形成抗日民族统一战线,红军自此改编为八路军、新四军。之后,在长达八年的时间内,国共双方的军队分别在正面战场和敌后战场抗击日本侵略者,共同为中华民族的解放事业做出了不朽贡献。

27. 教师应从哪些方面评价学生的历史小论文?

【参考答案】

(1)撰写历史小论文是体现探究性学习成果的内容之一,也是历史评价的方式。教师可以从中考查学生的历史思维能力、语言文字表达能力、信息收集和处理能力。评价学生的历史小论文必须以课程标准中的"课程目标"和"课程内容"为依据,注重目标、教学和评价的一致性,运用科学、可行和多样化的评价方式,对学生的历史小论文写作过程和效果进行价值判断。

(2)具体来说,可以从这几方面进行评价:①论文主题是否符合要求,观点是否明确,是否有新意。②论据是否充实,引用的材料是否丰富、合适,是否符合史实。③眼界是否开阔,是否能多角度进行论证。④论证过程逻辑是否严密,是否言之有理,详略是否得当。⑤结构是否完整,论述是否充分,文字表达是否流畅、清晰。

(3)要考虑学生的其他变化,例如学生论文中体现的价值观和情感倾向,以及与相关学科的迁移情况,学生对历史认识上的变化等。

28. 教师在历史人物的教学中要注意哪些方面的问题?

【参考答案】

了解不同时期的历史人物,并对其做出客观评价,是历史课堂的重要内容。

(1)教师在教学时,要让学生了解历史人物的主要生平事迹,评价其历史功过,体会人物的伟大精神,同时还要将其放在时代背景之下,讨论其对历史进程的重大影响,以及起到的重大历史作用。

(2)教师应当注意,在历史人物的教学中,除了让学生掌握相关的史实之外,还要让学生认识到历史人物所进行的各项重大活动既受到历史环境的影响和制约,同时又与其个人的主观因素密切相关;要让学生掌握科学评价历史人物的一些基本方法,能够把历史人物置于特定历史条件下进行具体分析,尤其是要关注个人在历史发展进程中所起到的作用,正确认识个人与社会、个人与自然的关系;从杰出人物的嘉言懿行中汲取历史智慧和人生经验,进而确立强烈的历史使命感和社会责任感。

三、材料分析题

29.【参考答案】

(1)方式:中世纪西欧城市获取自治权的方式主要有两种,一是金钱赎买,即城市向封建主交付一定数量的货币,让封建主放弃控制权,允许城市独立自治。这是一些比较富裕的城市获取自治权的主要方式。二是武装斗争,依靠武装斗争获得不同程度的独立与自主,并最终发展成为独立的城市共和国。另外,还有一些城市是这两种方法交替使用。

表现:在反对封建领主的斗争中,王权与城市结成同盟,城市利用王权与地方之间的矛盾,从国王那里获得特许状,获得一定的自由和自治权利,材料二中"特许状授予城市居民各种特权是为了使市民们更好地从事商业交易",其中各种权利包括:个人自由、司法自由、财产私有制;王权为了统一大业,支持城市的自治运动。而城市的进一步发展,势必要求突破封建壁垒,统一国内市场,要求国内的政治统一,因此,城市也在财力、物力方面支持王权,不少城市也因为王权的支持而获得自治。

(2)①城市的自治运动,使得城市获得了不同程度的独立地位,这也给农村中的封建关系造成极大的冲击。而城市工商业经济的发展,使商品货币关系渗入农村,这就导致了封建制度赖以建立的基础自然经济开始解体,并最后导致了封建制度在西欧的解体。中世纪西欧城市自治,也是资本主义首先在欧洲产生并取代封建制度的一个关键因素。②市民与王权结盟对抗封建割据,使得西欧各国逐渐由分裂走向统一。③城市的发展改变了封建社会原有的阶级结构。城市的居民主要是从事工商业的劳动者,而不再是贵族。④城市的自治权,不仅保护了新兴市民阶级进行反封建领主的斗争,也保护了各种自由进步思想和科学技术的发展不受封建势力的摧残。

30.【参考答案】

(1)上述材料呈现的主要学习方式是分组式合作学习。其特征是:①以异质小组为基本形式;②以小组明确的目标达成为标准,以小组成员相互依赖的合作性活动为主体;③合作学习的问题有一定的挑战性、开放性、探究性和发散性;④合作学习时消除权威,使所有的小组成员参与的机会均等、地位平等;⑤以小组总体成绩作为评价和奖励的依据。

(2)可取之处:①合作交流是新课程改革大力提倡的一种学习方式,有助于学生合作精神和团队精神的培养,有利于提高学生的交往能力,能够充分调动学生学习的积极性。②教师在指导学生进行合作学习之前,充分利用了图片、视频等进行直观教学,提供了充分的讨论材料,同时也有助于激发学生的学习兴趣,提高学习的效率。③在合作学习的过程中,教师分组合理,要求学生六人一组,并且分工明确,有利于合作学习的进行。④鼓励学生大胆开口,有助于学生表达自己的想法。⑤要求小组之内以"是什么,怎么样"的形式问答,讨论问题具有一定的针对性和探究性,有助于学生自主思考,能够将知识掌握得更加牢固。⑥操作规范,在学生讨论十分钟后,由代表进行展示,教师及时给予评价,有助于维持良好的课堂秩序。

不足:①教师没有事先设立明确的目标,完全由学生自己梳理知识,可能导致学生偏离主题或片面理解主题。②教师在巡视参与的过程中,仅仅是鼓励学生表达,并没有对学生的思考做出引导,也没有引导学生团结协作,可能会导致学生思考缺乏方向性和互助性。

31.【参考答案】

(1)知识目标:了解清朝闭关锁国政策的主要表现,理解广州十三行的内容和作用。

能力目标:掌握重要的历史事件,具备获取并处理历史信息的能力。

(2)该题在命制技术上的合理性体现在:①内容符合课标要求。《义务教育历史课程标准》(2011年版)中明确要求,"通过清代中期以来的腐败现象和闭关锁国政策,了解中国开始落后于世界发展潮流"。该题所考查的知识点即闭关锁国政策,符合课程标准要求。②难度合理,形式灵活。该题是考查材料分析和知识运用的题目,需要在新的情境中把原有的知识点迁移过来,以解决新的问题。该题并非单纯考查记忆能力,因此难度和形式都符合期末考试的要求。③史料选取精确,选项编制合理。选择题由题干和选项两部分组成,该选择题的题干问题表述明确,中心突出,史料选取精练,并根据史料创设新的问题情境,考查知识运用能力和信息处理能力。同时,选择题的备选项的编制,尤其是干扰项的编制与正确选项具有似真性,与题干有一定的联系,因此,具有较好的区分度。综上所述,本题从内容、难度、题型到题干、选项,都能体现命制技术的合理性。

四、教学设计题

32.【参考设计】

环节一:导入新课

师:(出示课件)请同学们看这些图片(教师收集),图1《北魏骑马俑》,人物的服饰是小袖上衣和窄腿短裤子;图2《汉族服饰俑》,人物服饰是宽袍大袖;图3《鲜卑服饰俑》,人物的服装变得宽大,看上去和汉族服饰非常相似。这些图片充分说明了胡人的服装受汉人的影响,发生了变化,出现了"胡人汉服"的现象。再看一段材料(出示课件),它说明了"汉人胡食"的现象。为什么会出现这两种现象?这种历史潮流是怎样形成的?请同学们带着"胡人汉服"和"汉人胡食"的问题,结合自己在课外查找到的资料,小组合作讨论,看看哪位同学的解释更有说服力。

【设计意图】以图片材料为教学平台,创设问题情境,充分调动学生的主动性,鼓励学生质疑讨论,主动参与教学过程,勇于提出问题,成为课堂的"主人翁"。

生:小组合作,互相讨论

生1:我们组认为,北魏孝文帝统一黄河流域以后,民族融合加强,出现了"胡人汉服"的现象。

生2:我们组认为,北方统一以后,民族融合成为历史发展的趋势,各族人民长期共同生活在一起,风俗习惯和语言文化等相互影响,这种融合表现在衣食住行各个方面,少数民族逐渐由游牧变成定居,饮食逐渐从畜产品变成农产品,同时汉人也开始吃胡饼、牛羊乳等,这不正说明了"汉人胡食"的现象吗?

师:同学们都说得很好,还有其他同学有不同的看法吗?

生3:我们组认为,"胡人汉服"与北魏孝文帝改革分不开。正是孝文帝改革要求穿汉服、说汉话,才有了更多的人穿汉服。

【设计意图】一方面可以转变学生的学习方式,促使学生积极主动参与教学过程,由被动学习转为主动学习,另一方面也可以培养学生的阅读能力和搜集信息的能力,让学生在探究的过程中,乐于同他人合作,交流学习心得。

环节二:新课讲授

(一)北魏孝文帝改革的历史背景

拓跋珪建立北魏政权后,虽然仿照中原的汉族政权建立了封建王朝,但是对汉族和境内的其他民族的压迫非常大,引发了尖锐的民族矛盾。此外,北魏经济落后,鲜卑族在北魏政权建立后很长一段时间,仍然以游牧为主,生产水平低下,加上政治腐败,官吏大肆搜刮、盘剥百姓钱财,致使百姓生活在水深火热之中。北魏孝文帝登基后,认识到了这些弊病,开始推行一系列的改革。

(二)北魏孝文帝改革的内容

北魏孝文帝推行了一系列政治、经济改革。在前期,改革措施主要包括:整顿吏治,推行均田制,设立三长制,推行新的租调制等。在后期,改革措施主要包括:迁都洛阳;移风易俗,学汉话、穿汉服、改汉姓、通婚姻等。北魏孝文帝推行的这些汉化措施,极大地增强了民族融合,促进了我国多民族国家的形成。

【设计意图】教师的讲授让学生们更好地接受知识,为其他教学环节的展开奠定基础。

环节三:活动探究

师:通过以上讨论和学习,同学们对北魏孝文帝改革已经有了一定的认识,那么接下来大家就谈谈对北魏孝文帝改革措施的看法,好吗?

生1:我认为北魏孝文帝的改革顺应了民族融合的趋势,促进了民族融合,他是一位与时俱进的改革家。

师:这位同学的看法很有道理,从民族融合的角度来说,北魏孝文帝的做法有一定的开创性。

生2:我对孝文帝"改汉姓"的做法不赞成,学习汉族先进文化是应该的,难道不用汉姓就不能向汉族学习吗?

生3:我同意生2的观点,我对"穿汉服"的做法也不赞成,难道只有穿了汉族衣服才能向汉族学习吗?

生4:我不同意他们的观点,"改汉姓"和"穿汉服"充分说明了孝文帝改革的决心,这些做法是为了更好地学习汉族先进文化,我认为是有必要的。

生5:我认为孝文帝的某些改革完全放弃了鲜卑族的民族特点,对民族多样性的发展产生了不利的影响。

生6:我认为孝文帝的改革顺应历史发展的潮流,推动了历史的前进,应该给予肯定。

生7:孝文帝是我国历史上一个有作为的皇帝,

他的改革促进了民族融合，有特别重要的历史意义。

【设计意图】让学生围绕孝文帝的改革进行探讨，信任学生自主学习的能力，营造一种轻松、活泼、宽容的课堂气氛，充分发挥学生的个性与特长，体会学习历史的乐趣。通过自主、合作和探究，学生可以掌握更多的学习方法，培养探究意识。

环节四：小结

师：同学们的说法都有道理，我们要辩证地看待孝文帝的改革。一方面，改革促进了经济繁荣，国家富裕，使洛阳成为了全国的政治、经济和文化中心，更重要的是，改革促进了北方的民族大融合，加速了北方民族的封建化进程，为隋朝和唐朝的国家统一、经济文化高度发展奠定了基础，对于我国统一的多民族国家的形成有着重要意义，这正是孝文帝改革留给后人的一笔伟大的历史财富。另一方面，虽然遭到鲜卑族旧贵族的强烈反对，但是孝文帝改革的决心非常坚定，迁都洛阳，推行汉化的一系列政策。在政策的实施过程中，受到阻力是难免的，而这种来自内部的阻力，恰恰会影响其民族凝聚力，埋下了国家分裂、灭亡的隐患。总之，作为当时一个落后的游牧民族的统治者，北魏孝文帝能够抛弃狭隘的民族偏见，进行一场自上而下的汉化改革，促进了鲜卑族的封建化和民族大融合，其进步性是值得我们充分肯定的。当然，不加选择地全盘汉化，也为北魏的统治埋下了无穷的隐患，特别是迁都之后，鲜卑族内部分裂、官僚贵族腐化，统治危机日益加剧，鲜卑族骁勇善战的民族精神和民族性格不断削弱，最终导致了北魏政权的瓦解。所以，在向先进民族、先进文化学习的过程中，我们一定要取长补短，取其精华，去其糟粕，切忌全盘照搬，这也是北魏孝文帝改革留给后人的历史教训。

【设计意图】通过教师总结，让学生对所学内容有更加深刻的理解，从而使所学知识内容得到升华。

环节五：作业

关于北魏孝文帝改革的讨论，同学们意犹未尽，老师希望今天的辩论能够延伸到课外，大家试着写一篇关于北魏孝文帝改革的小论文吧！

【设计意图】布置课后作业，检验学生对课堂知识的掌握程度，并将对历史的学习延伸到课外，拓宽学生视野，深化学生对历史事件及人物的认识。

2016年下半年中小学教师资格考试真题试卷

答案速查：

1	2	3	4	5	6	7	8	9	10	11	12	13	14	15
B	C	A	C	C	B	C	D	B	B	A	C	B	C	B
16	17	18	19	20	21	22	23	24	25					
D	A	D	C	A	A	C	D	A	A					

一、单项选择题

1. B 【解析】分封制是西周分封诸侯的制度。周王把一定的土地和人民，分别授予王族、功臣和先代贵族，让他们建立诸侯国，拱卫王室。诸侯要服从周王的命令，按期向周王贡献财物，并随从作战。题干中召公用盟誓和清酒来供君王，周王命其儿子做燕地的君侯，体现的是分封制。故本题选B。

2. C 【解析】春秋时期，诸侯争霸，战乱不断，统治者加紧对人民的控制和剥削，因此，孔子强调统治者要以德治民、爱惜民力，并追求“礼”，即恢复西周的等级名分制度，以此来恢复和稳定社会秩序。故C选项正确。

3. A 【解析】针对西汉初期地方诸侯国势力过于强大，势力尾大不掉的局面，汉景帝接受晁错的建议，开始了“削藩”。故本题选A。

4. C 【解析】北魏孝文帝亲自主持了以学习汉文化为主要目的的革除旧俗措施，主要有“易胡服、讲汉语、改汉姓、通婚姻、改籍贯；学习汉族的礼法，尊崇孔子，以孝治国，提倡尊老、养老的风气。”题干中“北语”指的是鲜卑语，“正音”指的是汉语，“今欲断诸北语，一从正音”即要求使用汉语。故本题选C。

5. C 【解析】北宋在宰相之下增设参知政事为副相，分割宰相的行政权；设枢密使分割宰相的军权；设三司使分割宰相的财政权。结合题干，故本题选C。

6. B 【解析】题干所述的内容体现了明代实行的重农抑商政策。故本题选B。

7. C 【解析】梁启超是“诗界革命”口号的倡导者，也是“诗界革命”理论的积极建构者。故本题选C。

8. D 【解析】19世纪70年代，电报进入中国；1881年第一条公众电报线路津沪线开通，根据题干信息电报“从各省传到军机处”说明电报线路已经在全国各地铺设,这已经是19世纪末20世纪初,故本题选择D项。

9. B 【解析】中国第一个近代化钢铁企业湖北汉阳铁厂的创办者是张之洞。故本题选B。

10. B 【解析】清政府为挽救封建统治实行新政,为了选拔人才,适应形势发展,清政府于1905年废除科举制度,使得新式学堂的数量得到急剧增加。故本题选B。

11. A 【解析】严复翻译《天演论》的主要内容是物竞天择、适者生存、不适者淘汰的进化原理,以及“自强保种”“合群进化”等箴言警句,想以此唤起国人学习西方、富国强兵,以达到“保种进化”的最终目的。

12. C 【解析】20世纪中国经历了三次历史性巨变,第一次是指辛亥革命与中华民国的成立;第二次是指中华人民共和国的成立和社会主义制度的建立;第三次是指改革开放以来取得的巨大成就。结合题干,故本题选C。

13. B 【解析】淞沪会战从1937年8月13日开始,至同年11月12日国民党军队西撤,历时三个月。英国《泰晤士报》发表社论,特别提出在会战期间华军之英勇抵抗,并称日军尚未实现其摧毁中国军队之主要目的。题干中报道的便是淞沪会战,故本题选B。

14. C 【解析】根据题干可知,甲处为闽浙赣革命根据地。方志敏是闽浙赣革命根据地主要创始人、江西省农民运动领袖。故本题选C。

15. B 【解析】1954年9月,第一届全国人民代表大会的召开,基本形成了人民代表大会制度。人民代表大会制度是我国的根本政治制度,奠定了新中国的民主政治建设的基础,昭示着中华人民共和国的最高权力属于人民。政治协商会议代行全国人民代表大会的职权宣告结束。结合题干,本题选B。

16. D 【解析】诗句出自《天安门诗抄》中的一篇。1976年清明节期间,各地人民写了成千上万的诗词,沉痛悼念敬爱的周恩来,愤怒声讨万恶的四人帮。诗句中的“鬼”和“豺狼”即指四人帮。故本题选D。

17. A 【解析】上海浦东的开发是20世纪90年代初国家经济发展的重大战略步骤。故本题选A。

18. D 【解析】战争使得希腊的政治、社会出现了极大的混乱和危机,人性普遍堕落,传统道德处于崩溃的边缘。因此,苏格拉底认为,拯救社会的根本出路在于改善灵魂和人的本性,故提出“认识你自己”这一哲学命题。结合题干,本题选D。

19. C 【解析】《十二铜表法》明确维护私有财产和贵族的既得利益,没有给平民带来多少好处,但它在一定程度上限制了贵族特权,使其不能像过去那样随意解释习惯法,这对于平民来说仍然是一大胜利。题干体现了《十二铜表法》保护私有财产的规定。故本题选C。

20. A 【解析】“三角贸易”主要指新航路开辟以后,欧洲商人把廉价工业品(枪支等)运到非洲换取奴隶,把黑奴运到美洲卖掉,从美洲购回生产原料(金银、工业原料等),制成商品再运到非洲以换取奴隶的循环贸易活动。它推动了欧洲的资本原始积累,给美洲带去廉价自由劳动力,但给非洲带来了巨大的人口损失。最先开始经营三角贸易的国家是葡萄牙和西班牙,英国和法国后来居上。结合题干,故本题选A。

21. A 【解析】“功劳”是指“战时共产主义政策”为巩固苏维埃政权发挥了积极作用。结合题干,本题选A。

22. C 【解析】1944年,44国在美国布雷顿森林召开联合国货币金融会议,通过了《布雷顿森林协定》。该协定将美元与黄金直接挂钩,其他国家的货币与美元挂钩,国际货币基金组织会员国的货币与美元保持固定的汇率。故本题选C。

23. D 【解析】托尔斯泰的主要作品有长篇小说《战争与和平》《安娜·卡列尼娜》《复活》。他的作品描写了俄国革命时人民的顽强抗争,因此被称为“俄国革命的镜子”,列宁曾称赞他创作了世界文学中“第一流”的作品。结合题干,本题选D。

24. A 【解析】李大钊是中国最早接受和传播唯物史观的先驱,是中国马克思主义史学的创始人之一。他的《史学要论》是中国第一部以马克思主义唯物史观为指导的史学理论著作。故本题选A。

25. A 【解析】1971年10月25日,联合国第26届大会以76票赞成、35票反对、17票弃权的压倒多数通过决议,恢复中华人民共和国在联合国的合法席位。图片反映的即为当时中国代表团听到决议后的笑逐颜开。因此,该图片真实地反映了当时中国代表的状态,具有典型性和生动性。故本题选A。

二、简答题

26. 简述欧盟形成过程中的历史事件。

【参考答案】

(1)1950年5月,法国外长舒曼提出了《舒曼计划》,成为统一欧洲的第一个实际步骤。

(2)1951年,法国、联邦德国、意大利、荷兰、比利时和卢森堡六国政府代表在巴黎签订《欧洲煤钢共同体条约》,又称《巴黎条约》。1952年,欧洲煤钢共同体成立。

(3)1957年,法国、联邦德国、意大利、荷兰、比利时和卢森堡六国在罗马签订《建立欧洲原子能共同体条约》和《建立欧洲经济共同体条约》,统称《罗马条约》。1958年1月,《罗马条约》正式生效,欧洲原子能共同体和欧洲经济共同体正式成立。

(4)1965年4月,法国、联邦德国、意大利、荷兰、比利时和卢森堡六国在比利时首都布鲁塞尔签订《布鲁塞尔条约》,决定将欧洲煤钢共同体、欧洲经济共同体和欧洲原子能共同体合并,统称"欧洲共同体"。1967年,欧共体正式诞生。

(5)1992年2月7日,欧洲共同体马斯特里赫特首脑会议上正式签署《欧洲联盟条约》,统称《马斯特里赫特条约》。1993年11月1日,条约正式生效,欧盟正式诞生。

27. 历史教学中有哪些可以利用和开发的社区资源?

【参考答案】

新课程强调开放性教育,社区资源成为历史课堂教学中最好的资源。可以利用和开发的社区资源丰富多样。

(1)从资源性质的角度划分,可以开发和利用的社区课程资源有有形资源(包括人力、物力、信息、组织等)和无形资源(包括社区文化、社区认同感及归属感等);从资源存在形态的角度划分,可以开发和利用的社区课程资源有文化资源(包括社区中的良好的道德风气、教育意识、网络信息化整体需求等)、人力资源(包括社区中生活的各个学科的学科专家、教育专家,以及社区负责人、老红军、老革命等)和物质环境资源(包括社区内的山川河流、动植物以及博物馆、图书馆、企业工厂、信息中心、电教馆等)。

(2)另外,家庭是社区的重要组成部分,因此家庭资源(包括家庭成员和书籍、照片、信件、爷爷奶奶的故事等)也可以成为历史课程的社区资源。

28. 某教师在讲授《唐朝的民族关系》一课后,组织学生排演历史短剧《文成公主入藏》。在历史学习中,除了历史短剧,学生还可以开展哪些历史习作活动?

【参考答案】

历史习作是考查学生收集和处理信息的能力、历史思维能力、语言文字表达等能力的方式。历史习作还包括学生撰写的历史小论文、历史影视作品观后感、历史书籍读后感、历史演讲稿等。

三、材料分析题

29. **【参考答案】**

(1)①由于外国资本主义企业在资金、技术等各方面占有巨大优势,材料中的中国民族资本主义企业在设备、技术等方面依赖于外国。②该企业规模小、资金少,经营管理落后,以及外国资本主义企业的竞争,导致其濒于停业。

(2)材料二体现了19世纪末20世纪初,中国民族资本主义出现了短暂的"春天"。但外国资本仍占很大比重。

出现短暂"春天"原因:①辛亥革命为民族工业提供了有利的政治环境和社会条件;②一战期间,群众性反帝爱国运动此起彼伏,"实业救国"思想有了前所未有的社会基础,为民族工业的发展提供了条件;③北洋军阀政府推行了一些有利于资本主义工商业发展的政策;④实业家特殊的地位和经历,尤其是其自强不息的爱国精神;⑤一战期间,欧洲列强暂时放松了对华经济侵略,客观上为民族工业的发展提供了有利的外部条件。

外国资本占很大比重的原因:中国封建小农经济根深蒂固,导致市场狭小;半殖民地半封建社会的国家性质,统治腐朽无能,分裂割据,政治黑暗;受到帝国主义的压迫、掠夺;自身资金少、规模小、技术力量薄弱等。

30. **【参考答案】**

(1)首先,该教师以誓师词的形式导入新课,设计新颖,能充分调动学生学习历史的兴趣;其次,该教师带领同学诵读誓师词,可以让学生充分体会到当时爱国将士的激昂情绪,从而感染学生,激发学生的爱国意识和对革命烈士的敬仰;最后,通过诵读整个誓师词,可以大致了解北伐战争发生的时代背景和经过,有助于学生对北伐战争这一历史事件的学习和掌握。

(2)①北伐战争的目的是什么?

答:推翻北洋军阀的统治,统一全国。

②北伐战争取得胜利的原因有哪些?

答:北伐军作战方针的正确;国共两党的齐心协力;广大北伐官兵的浴血奋战和共产党员的先锋模范作用;共产党领导下的工农群众的密切配合和积极支援;苏联的军事援助以及北洋军阀统治的不得人心。

31. **【参考答案】**

(1)优点:该教师的教学意图是值得肯定的,充分考虑到了学生的主体性,让学生参与课堂。尤其是历史学科,内容较为枯燥,故教师在教学过程中要注意让学生参与到课堂中来,而不是一味地灌输。

不足:首先,该教师的历史制作课的目标片面。历史制作课的目标要围绕"知识与技能""过程与方法""情感态度与价值观"三个维度进行设计,而材料中的教师只注意培养学生的雕刻技能,忽视了整个制作的过程和方法的应用以及对学生的情感的培养。其次,该教师的制作课的组织形式不恰当,制作课可以采用小组合作、个人独立以及二者相结合的组织形式进行。材料中的活字印刷,教师应按照小组合作与个人制作相结合的形式进行组织教学,充分体现出活字印刷优于雕版印刷的特点,帮助学生掌握活字印刷的特点,并培养学生团结合作的意识。最后,该教师的评价主体单一。在教学中教师应将教师评价、学生自评、学生互评结合在一起,而不是单纯地依靠教师个人进行评价。

(2)①确立适宜的制作主题;②设计科学的历史制作目标;③充分做好制作课的准备;④精心设计制作过程;⑤注意课程的评价和总结。

四、教学设计题

32.【参考设计】

环节一:导入新课

同学们可能还记得美国前总统奥巴马是一位黑人总统,并且他的就职音乐会庆典是在林肯纪念堂拉开帷幕的,想一想,这是为什么呢?(学生兴奋,纷纷猜说)

出示课件,展示三张图片,分别是华盛顿、林肯、罗斯福。

师提问:这三幅图片分别是谁?学生回答(略)。你知道这三位总统在美国历史上的排名吗?找学生介绍。

导入新课,在美国的一项民意测验中,林肯总统排名第一,美国人民为什么给林肯总统如此高的评价?他在美国历史上有何重要贡献?奥巴马总统就职音乐会庆典在林肯纪念堂拉开帷幕有何深意?林肯又对美国历史的发展产生了怎样深远的影响?这样一位优秀的总统,他的一生又有怎样的传奇经历?他有哪些优秀品质值得我们学习?

这节课让我们带着这些疑问一起走近林肯总统,解读美国南北战争。

【设计意图】历史与现实结合,巧设悬念,激发学习兴趣。

环节二:新课讲授

(一)美国南北战争的历史背景

出示课件,美国领土扩张图片及相关资料。

问题设置:美国独立战争时期,曾经团结战斗才赢得独立的南北双方,为什么互相打了起来?

【设计意图】引导学生分析思考,美国独立战争以后,解决了资本主义发展的外部矛盾,南方奴隶制种植园经济和北方资本主义工商业经济都迅速发展,领土不断扩张。但是,随着时间的推移,经济的发展,南北两种经济制度的矛盾越来越尖锐,这些矛盾都表现在哪些方面?又是如何激化的?如何解决的?很自然的引出南北战争经济爆发的根本原因和导火线,为解决教学难点——南北战争的起因奠定基础。

(二)美国南北战争爆发的根本原因

出示课件,南北双方两种经济制度的矛盾。

【设计意图】出示材料,降低学习难度,帮助学生了解南北双方在资源、劳动力、市场、西部开发等方面存在着不可调和的矛盾,引导学生理解两种经济制度的矛盾不可调和是美国南北战争爆发的根本原因。

(三)过渡:战争是如何爆发的?导火线是什么?

学生齐声回答:林肯当选为美国总统。

【设计意图】引导学生理解美国南北战争爆发的根本原因和直接原因,弄清二者的区别与联系。提高学生分析问题解决问题的能力,突破教学难点。

(四)出示课件:南北双方情况对比表

从战争初期南北双方情况对比来看,战争形势有利于北方,可是北方在战争初期却连连失利,这又是为什么呢?面对这种形势,北方有何反应?林肯政府又是如何扭转战局的呢?

【设计意图】以设置问题情境为主线,层层设疑,情境教学与问题探究式教学相结合,突出学生的主体性。

(五)出示课件:转折——1862年林肯政府颁布两部法令

议一议:结合法令内容,说说这两个法令的作用。

学生回答:极大地调动了人民参加革命的积极性。北方力量得到增强。

美国南北战争的结果如何?北方为什么能取得胜利?战争胜利的原因有哪些?

小组讨论,得出结论。

战争的正义性、人民的支持、林肯的领导、北方力量强大、两部法令的颁布等。

【设计意图】引导学生多角度得出结论,提高学生多角度思考问题的能力、语言表达能力和小组交流与合作的能力。

(六)美国南北战争以北方的胜利宣告结束与林肯总统遇刺身亡

出示课件:大树倒下方知高——林肯遇刺身亡漫画图片:介绍林肯纪念堂,特别指出,美国民权运动领袖马丁·路德·金在这里发表他的著名演讲《我有一个梦想》,奥巴马就职音乐会庆典是在林肯纪念堂拉开帷幕的。

看过这组课件后,出示问题:林肯在美国南北战争中有何历史作用?他有哪些优秀品质值得你学习?怎样评价林肯?

【设计意图】林肯总统是美国历史上最受尊重的总统之一,他在美国南北战争中的历史贡献和他一生的曲折经历以及为南北战争做出的巨大牺牲,在美国历史和世界历史上都产生了深远影响。通过战争中林肯和人民群众的活动,使学生认识到人心向背是战争胜利与否的根本原因,个人作用也是不可忽视的。依据教材和老师补充的材料,进一步认识林肯总统,树立正确的人生观,培养学生积极进取,勇于开拓的人生境界。

(七)美国南北战争的性质和意义

通过前面学习,引导学生自己得出结论。

性质:是美国历史上的第二次资产阶级革命

意义:维护了国家的统一,废除了黑人奴隶制度,扫清了资本主义发展的又一障碍。

【设计意图】美国南北战争是世界资本主义制度发展史上的重要事件,是在工业革命影响下发生的,是美国历史上第二次资产阶级革命,它为美国资本主义发展进一步扫清障碍,使美国资本主义经济开始走上腾飞之路。学习本课,对美国资本主义发展史和世界资本主义发展以及我们今天的社会主义建设都将有更深更新的认识。

环节三:课堂小结

让学生进行总结。

【设计意图】培养学生概括问题、总结问题的能力以及语言表达能力,同时简单了解学生对本课的理解和运用能力。

环节四:作业

搜集美国南北战争的资料,总结北方最终获胜的原因。

【设计意图】及时检测学生的学习情况,巩固所学,提高学习效率。

2016年上半年中小学教师资格考试真题试卷

答案速查:

1	2	3	4	5	6	7	8	9	10	11	12	13	14	15
D	C	C	B	D	A	B	A	C	B	D	B	A	D	A
16	17	18	19	20	21	22	23	24	25					
A	B	C	D	A	C	C	B	C	B					

一、单项选择题

1. D 【解析】长沙马王堆汉墓于1972—1974年开始发掘,共出土丝织品、帛书、帛画、漆器、陶器、竹简、印章、封泥、竹木器、农畜产品、中草药等遗物3000余件。故本题选D。

2. C 【解析】"今法律贱商人,商人已富贵矣;尊农夫,农夫已贫贱矣"的意思是:当今虽然法律轻视商人,而商人实际上已经富贵了;法律尊重农民,而农民事实上却已贫贱了。重在强调当时商人与地主、官僚互相勾结,通过地租、徭役、工商业和高利贷等多种形式,对农民和手工业者进行疯狂的掠夺,迫使广大农民陷入"卖田宅、子孙以偿责"的困境,有的农民弃农经商谋求生路,使农业愈加荒废。对此,汉文帝采取了减免田税、重农抑商、入粟拜爵等措施。故本题选C。

3. C 【解析】这句话的含义是:令迁居洛阳的人,死后安葬在黄河以南的地区,不准还葬北方。于是从平城南迁的人,都成了河南洛阳人。北魏孝文帝为了学习中原先进的文化,加强对黄河流域的控制,巩固北魏政权,于495年迁都洛阳。故本题选C。

4. B 【解析】该图片为宋墓杂剧砖雕拓片,所描绘的是杂剧表演。故本题选B。

5. D 【解析】这首小令是《醉太平·堂堂大元》,其中"开河"是指元顺帝至正十一年,为了把江南的粮食运到北京,以治理黄河为名,开挖黄河故道,贪官污吏层层克扣工资,民夫不堪饥饿,怨声载道。故"开河"是指整治黄河。

6. A 【解析】这是明代后期思想家李贽《焚书》中的话,意在否定孔孟思想的至上性和孔子的绝对权威,主张人要有独立的思想和见解,不能唯圣人之言是从。结合选项,本题选A。

7. B 【解析】题干中的诗句出自《瀚海》,这是康熙亲征噶尔丹时所作的一首诗。

8. A 【解析】图表显示,从1840年到1844年,英国输华货物总值大幅增加,英国商品大量涌入中国。其直接原因就是《南京条约》中的五口通商,即清政府同意英国人的要求,开放广州、厦门、福州、宁波和上海五处为通商口岸,实行自由贸易。故本题选A。

9. C 【解析】"战争"指的是太平天国运动,容闳把太平天国比为埃及石人,认为太平军跟埃及石人首一样有两面,一面是以宗教为原质,"以此粗笨之农具,而能所向无敌,逐北追奔,如疾风扫秋叶,皆由宗教上所得之勇敢精神为之";另一面是太平军道德上的整体滑坡。结合题干,本题选C。

10. B 【解析】郑观应是近代中国提出"以商为本"思想的第一人,他把列强日益严重的侵略归结为军事侵略和经济侵略,并由此提出了"兵战"和"商战"思想,但他更重视"商战",认为只有先进行"商战",从经济上摆脱列强的压迫,进而发展军事,才能实现强兵的目的。题干中的观点正是为了提出“商战”即发展工商业的主张。故本题选B。

11. D 【解析】太平洋战争爆发后,美国与日本处于战争状态,战争初期,美国处于劣势,而中国战场的抗战牵制着大量日军,配合和支援了美军在太平洋战场的抗战。结合选项,本题选D。

12. B 【解析】图片所示是我国第一批喷气式飞机(歼-5),歼-5于1956年由沈阳飞机厂研制成功,是建国初期一五计划的成就。

13. A 【解析】1997年的中共十五大把“依法治国”确立为政治体制改革的重点。1999年将“依法治国”写入宪法。

14. D 【解析】马丁·路德反对教会烦琐的仪式,反对教会垄断教义的解释权,主张每个教徒都可以对《圣经》有自己的解读。故本题选D。

15. A 【解析】由于历史上印第安人对天花等疾病没有免疫力,新航路开辟后,欧洲人将天花等疾病带入美洲,导致数百万人的死亡。故本题选A。

16. A 【解析】《权利法案》的颁布限制了国王的权力,保证了议会的立法权、财政权、司法权和军权等。题干中描述的显然是保证了议会的立法权。

17. B 【解析】这是康斯坦的《回忆拿破仑》中的一段话,拿破仑的对外战争为他赢得了崇高威望,法国大部分人对拿破仑给予了支持。拿破仑是法兰西第一帝国的缔造者,是法兰西第一共和国第一执政。故本题选B。

18. C 【解析】凯恩斯主义主张国家采用扩张性的经济政策,通过增加需求促进经济增长,即扩大政府开支,实行财政赤字,刺激经济,维持繁荣。1929年,世界爆发了一次空前的经济危机,以自由经济为指导的美国经济出现了巨大衰退,暴露了自由主义的严重弊病,美国社会极力呼吁一种新的经济制度来拯救岌岌可危的资本主义。罗斯福新政采用了凯恩斯主义的经济政策,实行国家干预经济的方针,使美国经济得以在短时间内复苏。故本题选C。

19. D 【解析】斯大林执政期间开辟了一种不同于市场经济的计划经济体制和新型的工业化模式。在经济体制方面实行单一的公有制,实行高度集中的计划经济。结合题干,本题选D。

20. A 【解析】马歇尔计划是第二次世界大战结束后美国对被战争破坏的西欧各国进行经济援助、协助重建的计划,同时也有阻止苏联在欧洲扩张势力的目的。结合题干,本题选A。

21. C 【解析】从图中数据可知,在这一时期,资本主义国家经济高速增长,且日本和西欧诸国经济年增长较快。根据相关历史知识,“二战”后的20世纪50—70年代,是资本主义国家经济发展的“黄金时期”。在这一时期,“欧洲共同体”成立,西欧经济获得较快发展,日本经济也获得飞速增长,资本主义世界美、日、西欧三足鼎立局面开始形成。故本题选C。

22. C 【解析】现实主义美术兴起于19世纪中期,注重表现社会现实。图中作品是俄国画家列宾的《伏尔加河上的纤夫》,充分表现了在封建势力和资本家的剥削下,俄国劳动人民的悲惨生活,记录了当时社会的真实面貌,是现实主义绘画的杰出代表作品。

23. B 【解析】《史记》是一部通史,参考各种史料文献,贯通和总结自有史以来至汉武帝为止数千年的历史,运用本纪、世家、表、书和列传五种体例。《汉书》是一部断代史,只记载西汉一代的史事,其体例多继承《史记》,只是改“书”为“志”,把“世家”并入“传”。故本题选B。

24. C 【解析】唐代史学家刘知几认为优秀的史学家应当具备史才、史学、史识三方面的素质,而清代史学家章学诚又在“三长”的基础上提出“史德”。故本题选C。

25. B 【解析】根据历史新课程改革的要求,历史教育是提高学生的人文素养的教育。在课堂讨论时,学生可以积极发言,了解讨论问题所涉及的史事。讨论的范围可以适当超出教科书的范围,但不能天马行空,要围绕教学重点。学生提出不同的看法时,老师应鼓励找出依据,不应及时纠正和制止。故本题选B。

二、简答题

26. 简述京师大学堂成立的背景及其历史地位。

【参考答案】

背景:中国传统教育培养出来的人才不适应当时中国近代化变革的需要,戊戌变法期间,为培养新的科技人才,创办了京师大学堂。

历史地位:京师大学堂是中国近代史上第一所国立综合性大学,它既是全国最高学府,又是当时国家最高教育行政机关,统辖各省学堂。京师大学堂具有重要的意义,并受到举国关注,为中国近现代教育事业的发展贡献了力量。

27. 《义务教育历史课程标准》(2011年版)在“教学建议”中提出:“注意历史知识多领域、多层次的联系。”这些联系包括哪些方面?

【参考答案】

(1)力图从整体上把握历史,而不是孤立、分散地讲述历史知识。

(2)特别要注意历史发展的纵向联系,同一历史时期的横向联系。

(3)历史发展的因果联系,历史现象与现实生活之间的联系。以及历史学科与其他相关学科知识的联系和渗透等。如历史上的重大变革的发生，往往有着政治、经济、社会、文化等方面的因素，需要对这些因素进行综合的考察。

28. 教师组织学生参观历史博物馆要注意哪些问题？

【参考答案】

(1)要做好准备工作，有目的地组织学生参观。

(2)参观过程中让学生带着问题去观察、思考，发挥学生的主体作用。

(3)教师要对学生在参观中遇到的问题、发出的疑问进行及时的引导。

(4)参观结束后，教师要对本次参观进行总结，并让学生以小组讨论或写观后感的方式交流与分享自己的所见所感。

三、材料分析题

29.【参考答案】

(1)“经济特区”是指深圳、珠海、汕头、厦门。

(2)①经济特区是在国内划定一定范围，在对外经济活动中采取较国内其他地区更加开放和灵活的特殊政策的特定地区。沿海开放城市是中国沿海地区对外开放的，并在对外经济活动中实行经济特区的某些特殊政策的一系列港口城市，是经济特区的延伸。②经济特区是最为开放的，它的范围是指一个特定地区，包括城市和周围的村镇等；沿海开放城市是指在某一个城市中实施经济特区的某些特殊政策，开放程度不及经济特区，范围指定为某一城市。

(3)首先，1980年确定在深圳、珠海、汕头和厦门设置经济特区，后来我国对外开放的地区逐渐扩大，开放广州、上海等14个沿海开放城市，开辟长江三角洲等沿海经济开放区，增设海南经济特区，设立浦东开发区，现在对外开放区已经从沿海地区向内地发展，形成“经济特区——沿海开放城市——沿海经济开放区——内地”的多层次、全方位、宽领域的对外开放新格局。

30.【参考答案】

(1)教学意图：让学生直观地感受19世纪初期英国工厂对工人的压迫和剥削，从而理解马克思主义诞生的历史背景和原因。

两张图片的关联：在英国工业革命早期，除了贫寒学徒之外，儿童成为劳动力市场的重要组成部分，雇佣童工使得雇主可以降低成年男工的工资，并拒绝工人们争取高工资的要求，因而导致男性工人收入下降甚至失业，因此开始了以捣毁机器为主的自发斗争。

(2)问题1：试阐述18世纪末19世纪初英国童工现象突出的原因有哪些？

预设答案：①工业的发展需要大量的劳动力。②成年工人的工资低，需要儿童挣钱补贴家用。③使用童工可以降低成本。④童工便于管理。

问题2：图2反映了当时英国工人的斗争处于什么阶段？他们为什么要采取这种斗争方式？

预设答案：自发斗争阶段。自发斗争阶段以捣毁机器为主。他们没有认识到贫困的根源是资产阶级的剥削制度，以为贫困的根源是机器。

31.【参考答案】

(1)①教学内容上由浅入深，引导学生一步一步探究和讨论，易于吸引学生的注意力，激发学生的学习兴趣，建立自信心。②教学方式上突出了学生的主体地位和教师的主导作用，符合新课改所倡导的教学模式。③时间分配合理，突出了探究过程，有利于学生学习自主性的提高。

(2)教学活动是教师的“教”和学生的“学”共同组成的双边活动。因此，在教学过程中要合理分配教师的主导性和学生的主体性，使二者辩证结合。①学生的探究活动是相对的，是在教师的指导下进行的探究。②教师的主导是适当的，是在尊重学生主体性的前提下进行的适时指导。

四、教学设计题

32.【参考设计】

一、课堂导入

出示两幅地图(一张15世纪欧洲人绘制的世界地图和一张17世纪欧洲人认识的世界地图)——学生观察比较两幅图的差别——设问(你知道这种情况何时发生转变的吗？)

从15世纪末到16世纪，这种情况便发生了转变，一些勇敢的欧洲航海家，克服重重困难，追波踏浪，开辟了由欧洲前往亚洲、美洲等地的航路。(指出新航路开辟以后，世界各地区之间相对隔绝的状态逐渐结束，世界范围的交往开始频繁起来。)

【设计意图】通过图片的直接观察，引起学生的直观感受，并提出问题激起学生的好奇心，提高学生的学习兴趣和探究欲望。

二、讲授新课

1. 新航路开辟的背景(原因和条件)

第一步：设疑、提出问题“葡萄牙和西班牙为什么要开辟前往东方的新航路？欧洲人为什么要开辟新航路？”(学生带着问题阅读课本内容及学案，归纳答案)

第二步：教师根据学生回答情况，作适当补充，从而得出结论，归纳要点。

第三步：明确什么是根本原因、直接原因；必要性、可能性。

(1)原因(必要性)：

①经济根源(根本原因)：商品经济的发展和资本主义萌芽的产生——对用作货币的金银需求

扩大。
②社会根源:欧洲人患“寻金热”。
③商业危机(直接原因):意大利人和阿拉伯商人居间垄断贸易;奥斯曼土耳其控制传统商路。
④宗教根源:传播天主教。
⑤思想根源:人文主义提倡冒险进取的精神。
(过渡:)教师先设问“现在陆路受阻,只能寻找海上通道,假如要你组织一次成功的远洋航行,你看还必须具备哪些条件?”
(2)条件(可能性):
①客观条件:a.物质条件:随着生产力的发展,已能为远洋提供海船、物资和资金等。b.科技进步的推动:航海技术和造船技术都大大提高。如指南针的应用、地图绘制技术很先进、能制造出多桅多帆和快速舱宽的大船、船上还装有火炮等。c.地理知识的进步:欧洲开始流行地圆学说。
②主观条件:葡萄牙和西班牙王室的大力支持。
【设计意图】通过教师设疑引导,培养学生总结归纳的能力,加深学生对知识的理解。
2.新航路开辟的经过
利用多媒体教学技术制作出新航路开辟的动态演示图;让学生知道向东、向西分别有两条航线以及它们的航海家。并制作路线及航海家表格,让学生分小组进行讨论,并填写表格。
【设计意图】通过学生的自主探究,加深学生对新航路路线的认识和理解,突出了学生的主体性。
3.新航路开辟的影响
第一步:提出要探究的问题“新航路开辟对世界产生哪些重要影响?”
第二步:提示学生从对欧洲,对亚、非、美洲和对世界三个方面考虑探讨其影响。
第三步:教师点拨、归纳,多媒体展示影响的表现(如下)。
①对欧洲
首先,引起了商业领域的巨大变化,即商业革命。其次,引起了价格革命。
商业革命和价格革命促使了欧洲阶级关系发生变化,加速了西欧封建制度的衰落和资本主义的发展。
②对亚、非、美洲
新航路开辟以后,西方殖民者便开始走上殖民扩张和殖民掠夺的道路。
③对世界
新航路的开辟使世界日益成为一个相互影响、联系紧密的整体。从此,世界市场的雏形开始形成。
【设计意图】通过学生的分析和讨论,加深对前面知识的学习,有利于培养学生分析问题和解决问题的能力。
三、课堂小结
针对本次的课程的重难点进行概括总结,并请同学提出疑问,对疑问进行点拨指导。对学生的整体课堂表现进行点评。
【设计意图】有效帮助学生梳理本节知识,加深学生对知识的整体掌握。
四、作业
搜集哥伦布发现新大陆的资料,分析印第安人和欧洲人对此有不同评价的原因,并作出自己的评价。
【设计意图】锻炼学生搜集资料、分析问题和解决问题的能力,培养学生的历史解释素养。

2015年下半年中小学教师资格考试真题试卷

答案速查:

1	2	3	4	5	6	7	8	9	10	11	12	13	14	15
B	A	D	C	B	B	D	B	C	C	B	C	C	D	A
16	17	18	19	20	21	22	23	24	25					
D	A	B	D	D	A	A	A	D	B					

一、单项选择题

1. B 【**解析**】商周时期是我国“青铜时代”的繁盛时期。

2. A 【**解析**】耧车是一种播种工具,耧车的出现,极大地提高了播种效率。

3. D 【**解析**】引文意思是:大小官职,都由吏部任命。细微的事情,都属于考核政绩的范围。大家抓住关键词吏部,吏部在隋朝三省六部制中出现,负责官员的任命与考核升迁,而隋朝选拔官吏的制度是科举制,所以选D。

4. C 【**解析**】公元490年,孝文帝亲政,北魏改革进入新阶段,为继续推进改革,接受汉族先进文化,加强对黄河流域的控制,孝文帝迁都洛阳。

5. B 【**解析**】唐朝后期长达八年的安史之乱,使农业生产遭到严重的破坏,人民流离失所。从此,唐朝衰落下去,人口也随之急剧下降。

6. B 【**解析**】“选儒臣干事者百余,分治大藩”,就是说要文官取代武将做州郡长官。宋太祖这段话的意思是文官无论怎么“贪浊”,都没有武将拥兵自重的危害大,所以他采取的措施是解除地方节度使的兵权，派文官任州郡长官。

7. D 【解析】元朝时期棉布印染水平已明显提高，至正年间，松江区域从日本学会了印染青花布，"宛如一轴院画，或芦雁花草尤妙""青久浣亦不脱"。

8. B 【解析】康熙五十一年二月二十九日谕：将直隶各省现今征收钱粮册内有名人丁，永为定数，嗣后滋生人丁，免其加增钱粮，但将实数另造清册具报。

9. C 【解析】书院起初只是地方教育组织，最早出现在唐朝，正式的书院制度则由朱熹创立，发展于宋代。原由富室、学者自行筹款，于山林僻静之处建学舍，或置学田收租，以充经费。后由朝廷赐书籍，并委派教官、调拨田亩和经费等，逐渐变为半民间半官方性质的地方教育组织。

10. C 【解析】1860年中英签署《北京条约》，英国割占九龙半岛南端的九龙司地方一区。

11. B 【解析】中华民国成立初期于1912年11月发行主图为孙中山像的"中华民国光复纪念"邮票和主图为袁世凯像的"中华民国共和纪念"邮票各一套，每套各有12种。两套邮票面值相同，最低1分，最高5元。

12. C 【解析】联系史实可知，①"打倒列强，除军阀"是北伐战争时期的口号；②"要种族不灭唯有抗战到底！"是抗日战争时的标语；③"外争主权，内除国贼"发生于五四运动时期；④"打过长江去，解放全中国"是解放战争时的标语。

13. C 【解析】经过"一五"计划我国初步建立起独立的工业体系，为社会主义工业化奠定了初步基础。国民经济调整任务基本完成是在1965年实现的。

14. D 【解析】本题解题的关键词是"21世纪"，中近程运载火箭发射成功是在1964年，故排除A项；"东方红一号"人造地球卫星成功发射是在1970年，故排除B项；返回式遥感卫星发射成功是在1975年，故排除C项。

15. A 【解析】屋大维采用元首称号，罗马建立元首制的统治形式。公元前27年，元老院授予屋大维"奥古斯都"的称号，标志着罗马帝制的全面建立。

16. D 【解析】解答此题的关键是17世纪中叶。在17世纪中叶，世界上最发达的国家是荷兰，成为欧洲主要金银市场、国际金融中心的城市是其首都阿姆斯特丹。

17. A 【解析】每次科技革命都能带来生产力的飞速发展，科学技术只有与生产紧密结合在一起才能更好地推动社会生产的发展，这是第二次工业革命比第一次工业革命更快地推动生产力发展的主要原因。

18. B 【解析】《拿破仑法典》是人类历史上资产阶级国家的第一部民法典，这部诞生于1804年的法国民法典是法国大革命时期，为保卫资产阶级革命的胜利果实而制定的。而且这部法典的立法精神和原则也为后来许多欧洲国家借鉴和效仿。随着拿破仑在欧洲的军事扩张，《拿破仑法典》也被应用到法军所到之处。由于该法典的系统性、完整性和规范性，因而对后来其他资本主义国家的立法产生了巨大影响，起到了立法规范的作用，从而具有了广泛的世界意义。

19. D 【解析】苏联的全称是苏维埃社会主义共和国联盟。苏联的国徽在不同时期用不同数量的彩带代表组成苏联的各加盟共和国。图中环绕麦穗的15条彩带代表苏联的15个加盟共和国。

20. D 【解析】根据条约的内容可知，该条约是由欧洲和北美国家共同签订；在军事上实行集体防御原则，再根据时间1949年4月，可以判断出自《北大西洋公约》。

21. A 【解析】日内瓦会议的每个与会国家在对柬埔寨、老挝和越南三国关系上，保证尊重上述各国主权、独立和领土完整，并对其内政不予任何干涉。

22. A 【解析】20世纪80年代末90年代初，东欧的社会主义国家接连发生了剧烈的"政治地震"，其中第一个剧烈震荡的国家是波兰。

23. A 【解析】"纸上材料"即是文献资料；"地下之新材料"是考古资料，就王国维生活的时期而言，甲骨文被发现并开始被译读，故答案选A。

24. D 【解析】《文史通义》是一部史学理论著作。它是清代著名学者章学诚的代表作，与刘知几的《史通》一直被视作中国古代史学理论的双璧。

25. B 【解析】课外书面作业强调培养学生的逻辑思维而不是形象思维，因此排除③，所以选B。

二、简答题

26. 简述宋代商业繁荣的表现。

【参考答案】

(1)宋代的商业活动不再受到时间和空间的限制。

(2)宋代交子的出现，说明商业交易额的数量大，商业繁荣。

(3)商业种类繁多、商业活动频繁。

(4)市集的兴盛。

(5)当时的商业都市很多，最大的是开封和杭州。

27. 历史课堂教学中教师组织学生活动应注意哪些问题？

【参考答案】

(1)坚持正确的思想导向和价值判断。

(2)充分激发学生的历史学习兴趣。

(3)注重对基本史实进行必要的讲述。

(4)引导学生学会学习，学会思考。

(5)注意历史知识多领域、多层次的联系。

(6)提倡教学方式、方法和手段的多样化。

(7)注重培养学生的创新意识和实践能力。

28. 简述历史图示教学法的特点。

【参考答案】

(1)直观性:能较直观地体现出史实间的关系,使学生能够用联系的眼光看待历史。

(2)形象性:能够较为生动地再现历史发展过程,使学生更好地理解历史进程。

(3)概括性:能够使知识更简洁明了地展示出来,帮助学生记忆。

(4)系统性:把知识图表化、系统化,使学生形成知识网络和历史框架。

三、材料分析题

29.【参考答案】

(1)儒家:核心思想是仁和礼。

墨家:兼爱、非攻、尚贤、节用。

法家:主张以法治国,建立君主专制集权;变法革新。

道家:主张无为而治。

(2)出现在春秋战国时期。

代表人物:

儒家:孔子、孟子、荀子。

墨家:墨子。

法家:韩非子。

道家:老子、庄子。

30.【参考答案】

(1)首先三维目标名称存在问题,义务教育阶段历史课程的三维目标是:“知识与能力目标”“过程与方法目标”“情感态度与价值观目标”。其次,在该老师设置的目标中缺少了“过程与方法”目标。最后,三维目标的书写主语为学生,所以行为动词上就不可以出现“使学生”“让学生”“培养学生”等词语。

(2)①知识与能力目标:掌握第一次世界大战的导火线和大战的爆发、欧洲三条战线、西线三大战役。②过程与方法目标:通过学习帝国主义列强争霸世界和两大军事集团形成的事实,了解第一次世界大战爆发前经历了长时间矛盾与冲突的酝酿,学会运用历史的眼光分析历史事件的意识与能力。通过分析萨拉热窝事件的史料,提高从材料中提取有效信息的能力和阅读理解能力。③情感态度与价值观目标:通过凡尔登战役的学习,认识战争给人类发展和进步带来严重灾难,从具体历史事实得出“一战是不义之战”的结论,认识“热爱和平、远离战争”是一种进步的现代意识。

31.【参考答案】

(1)19世纪末中国面临被帝国主义瓜分的局势。

(2)熊代表俄国;青蛙代表法国;鹰代表美国。

(3)时局图把19世纪末中国面临的被帝国主义列强瓜分的严重危机,及时地、深刻地、形象地展示在人们面前,起到了警世钟的作用。

图中的熊、虎、蛙、鹰、太阳、三色旗分别代表沙皇俄国、英国、法国、美国、日本和德国。俄国在东北三省横行霸道,还把长城以北和新疆划为势力范围。英国盘踞在长江流域,把长江流域划为势力范围,还强租威海卫(老虎尾巴勾住威海卫)。法国占据中南半岛,两只前爪分别抓着云南和海南岛,寓示法国把云南、广东、广西划为势力范围,强租广州湾。日本占领了台湾岛,把福建划为势力范围(图中太阳伸出一条线,缚住了台湾,并绑着福建)。老鹰叼着星条旗,从大洋彼岸飞过来分食。至于德国的代表物,有几种不同说法:一说为肠子(德国人喜欢吃面包夹香肠,德国把山东作为自己的势力范围,认为香肠供应有保证了),一说为蛇,紧紧缠住山东省。我认为应该是黑白红三色旗比较明确,因为当时德国国旗是黑白红三色旗(与现在黑红黄不同),而且三色旗插在山东半岛,寓示德国把山东划为势力范围。

图上还有代表清政府的三个人物,一个手举铜钱,他是搜刮民财的贪官;一个不顾民族安危,正寻欢作乐;还有一个昏昏似睡者,手中拉着网绳,网中一人正念着“之乎者也”,另一人在马旁练武,揭示清政府用科举考试等升官之途愚弄人民。

图的正下方是一批牛头马面的外国士兵,正对着中国虎视眈眈,随时准备扑向中国。

四、教学设计题

32.【参考设计】

环节一:导入新课

教师播放圣诞节的影片,提出疑问:“圣诞节的产生和哪个宗教相关?它的产生有什么样的故事呢?”引发学生思考,激起学生兴趣,从而导入新课。

【设计意图】教师通过视频资料和提问的形式,吸引学生的注意力,激发学习兴趣。

环节二:新课教学

(一)基督教的产生

1. 教师列出问题,如基督教产生的时间、地点、人物,让学生带着问题在课文中找出答案,同时组织竞赛,进行提问并给出答案。教师通过对课文内容的提取,提高学生归纳总结的能力。

2. 教师通过PPT给出《圣经》的部分内容,让学生找出基督教与现代生活相关的内容,比如公元纪年和西方的一些节日等,提高学生学习兴趣,加深学生的了解和印象。

(二)基督教传播

通过回顾基督教的教义以及联系当时的社会现实,理解基督教传播的主要原因,培养学生理论联系实际分析解决问题的能力。

教师给学生时间阅读课文，自主归纳总结基督教传播的概况。

(三)基督教的影响(针对西欧封建社会)

教师通过再现史料的方式，归纳总结基督教在西欧封建社会中的地位，发展学生从历史材料中提取信息的能力。

学生了解“丕平献土”的史实以及西欧封建社会与基督教相互维护的历史现象，通过小组讨论的方式，总结归纳出基督教对西欧封建社会的影响，培养学生合作探究、自主学习的能力。

【设计意图】教师通过对基督教的产生、传播及历史影响等内容讲述，结合情景再现、小组讨论、自我总结等多种形式引导学生自主学习，提升能力。

环节三：小结作业

1.小结：师生共同总结回顾所学知识。

2.作业：谈谈欧洲教皇与君主之间矛盾的主要表现及其对欧洲政治的影响。

【设计意图】课后作业的布置有利于提高学生的历史学习兴趣，巩固对所学知识的记忆，锻炼学生解决问题的能力。

教师资格考试预测试卷(一)

答案速查：

1	2	3	4	5	6	7	8	9	10	11	12	13	14	15
D	A	C	A	D	D	D	C	B	A	C	A	A	C	B
16	17	18	19	20	21	22	23	24	25					
D	B	C	B	A	D	A	B	B	A					

一、单项选择题

1. D 【解析】中国是世界栽培作物起源的主要中心之一，在我国最早开始种植粟的原始居民是半坡人。

2. A 【解析】祭祖表达对先人的怀念和崇拜，是以血缘为纽带的亲情的体现，所以“认祖归宗”的情结源于古代的宗法制。

3. C 【解析】公元前221年，秦始皇统一中国后，对货币进行了统一，发行圆形方孔的“半两钱”，故答案选C。

4. A 【解析】根据材料信息“《五经》之义，览之便讲，学不师受，探其精奥。史传百家，无不该涉。擅谈《庄》《老》，尤精释义”可知，孝文帝精通、认同汉族文化，A项正确。材料不能体现孝文帝学以致用，B项不符合题意。材料和锐意改革旧俗、潜心文学创作无直接关系，C、D两项不符合题意。

5. D 【解析】活字印刷术是北宋毕昇发明的，排除②；指南针和报纸的发明没有关系，排除③。造纸术和雕版印刷术在唐代时已经产生，故答案选D项。

6. D 【解析】材料反映的是宋代土地买卖的问题，材料中契税数额的庞大反映出当时土地买卖盛行，从侧面反映了宋代政府不抑兼并，D项正确。小农经济开始瓦解是鸦片战争以后的事情，A项错误。材料未涉及租佃关系，B项不符合题意。C项在材料中没有体现。故答案选D。

7. D 【解析】明清时期昆曲被视为“官腔”“雅乐”，欣赏昆曲是高雅品味的体现，这迎合了士大夫阶层的文化品味，因而盛行，D项正确。昆曲是一种戏曲艺术，与陆王心学的广泛传播没有直接关系，排除A项。明朝时京剧尚未形成，B项错误。昆曲主要是文人士大夫可以欣赏，客观上体现了社会等级的区别，而非社会等级观念弱化，C项错误。

8. C 【解析】根据史实可知，洋务派通过创办民用工业来实现“必先求富而后能强”。上海轮船招商局为李鸿章创办的民用工业，C项符合题意。江南制造总局为李鸿章创办的军事工业。福州船政局为左宗棠创办的军事工业。京张铁路于1905年开工修建，此时洋务运动已破产。A、B、D三项不符合题意。

9. B 【解析】遵义会议是中国共产党第一次独立自主地运用马克思主义解决自己的路线、方针、政策的会议。在极端危险的时候，挽救了党、挽救了红军，是党的历史上一个生死攸关的转折点，标志着中国共产党从幼稚走向成熟。故答案选B项。

10. A 【解析】由题干材料中的“九州缩地”“四海披图”可知该著述的主要内容是介绍历史地理情况。根据史实可知，《海国图志》为魏源所著，书中详细介绍了世界各地的历史政治、风土人情，是一部世界历史地理知识的综合性图书，A项符合题意。《资政新篇》是洪仁玕于1859年提出的在中国发展资本主义的改革方案，B项不符合题意。《变法通议》是梁启超所著宣传维新变法思想的著作，C项不符合题意。《孔子改制考》是康有为集中阐述维新变法理论的专著，D项不符合题意。

11. C 【解析】由“这四个月中，没有发生特别重大的战役，清廷就退出了历史舞台”可知，清政府自身已经彻底腐朽，统治根基早已松散，C项符合题意。A项“全部背离”的说法过于绝对，排除。列强在辛亥革命时期并未严守中立，资产阶级革命派的力量并不十分强大，B、D两项的说法不符合史实，排除。

12. A 【解析】根据材料“帝政实施……以先烈手造之共和，转而为袁氏一家之私产”可知，孙中山此番言论针对的是袁世凯复辟帝制。1915年底，蔡锷同唐继尧等人组织反袁，护国战争爆发，此举迫使袁世凯放弃帝制，A项符合题意。1917年8月，孙中山针对北洋军阀政府拒绝恢复《中华民国临时约法》和国会，联合桂系、滇系军阀召开非常国会，发起第一次护法战争。1920年11月，孙中山发动第二次护法战争。两次护法战争因为没有掌握革命武装、遭到军阀出卖而失败，B、C两项不符合题意。国民革命是指1924—1927年中国人民在中国国民党和中国共产党合作领导下进行的国内革命战争，D项不符合题意。

13. A 【解析】《渡江侦察记》讲述了渡江战役前夕，一支解放军侦察小分队探明敌人江防部署，协助大部队取得了战役成功的故事，渡江战役属于解放战争时期，A项符合题意。地雷战和地道战发生在抗日战争时期，长征发生在国共十年对峙时期，B、C、D三项不符合题意。

14. C 【解析】第一部《中华人民共和国宪法》于1954年9月20日在第一届全国人民代表大会第一次会议上通过，共4章106条，被称为五四宪法。五四宪法是一部较为完善的宪法。这是中华人民共和国的第一部宪法，是在对建国前夕由全国政协制定的起临时宪法作用的《共同纲领》进行修改的基础上制定的。答案选C项。

15. B 【解析】材料反映的是改革开放解放了人们的思想，使文学创作乃至整个社会都焕发出活力，B项正确。材料未涉及后现代主义文学的问题，A项不符合题意，排除。C项说法不全面，影响文学的因素很多，不仅仅是城市经济体制改革，排除。D项“已经消失”的说法过于绝对，排除。

16. D 【解析】《天方夜谭》是阿拉伯民间故事集，不属于古希腊文明，故答案选D项。

17. B 【解析】从材料中可以看出，罗马法对“名誉减损”的定义有积极的一面，例如作伪证、可为证人但拒绝作证、书面侮辱他人、重婚和犯罪，也有阶级性的一面，如从事卑贱职业、被社会轻蔑排斥。这说明罗马法既有理性因素也有非理性因素，B项符合题意。A项说法片面，材料中不仅仅只有道德因素。C项在材料中没有体现。材料没有涉及对外扩张问题，D项错误。

18. C 【解析】“每个人都是自己的牧师”体现了“信仰得救”的思想，使人获得了心灵的自主权，体现了人文主义的精神，故答案选C项。B项是文艺复兴时期莎士比亚的名言，A、D项体现了教会的主张。

19. B 【解析】本题考查德意志统一所具有的历史局限性。从题干中可知，德国在19世纪六七十年代的胜利是指德国的统一，20世纪上半期的两次失败是指两次世界大战。德国统一后，保留了大量的军国主义残余，因此在20世纪德国发动了两次世界大战，结果最终失败。故答案选B。

20. A 【解析】1848年《共产党宣言》发表，宣言第一次全面系统地阐述了科学社会主义理论，指出共产主义运动将成为不可抗拒的历史潮流。故答案选A项。

21. D 【解析】本题考查美国的总统共和制，解题关键是把握资产阶级代议制。首先确立现代政党制度和议会主权原则的是英国，故A、C两项错误；题干已经强调不是因为它创造了一个独立的国家，故B项错误；美国确立了总统制，它是世界历史上第一个确立这种政体的国家，故答案选D。

22. A 【解析】由材料中“形成了被称为‘三驾马车’的集体领导架构”“苏共中央第一书记和苏联部长会议主席职务‘永远分离，不得兼任’”等信息可知当时的苏联是在有意地摆脱高度集权的斯大林体制，A项符合题意。苏联的改革并未实现法治化发展，B项排除。改革的重点转向政治领域是在后来的戈尔巴乔夫时期，C项不符合史实，排除。D项在材料中没有体现，排除。

23. B 【解析】材料中不同学者关于冷战起源的多种认识说明美苏冷战的发动是一个错综复杂的过程，B项符合题意。材料并未强调国家利益的冲突这个因素，A项不符合题意。C项仅仅适合竺培芬和陈亚峰的观点，不符合题意。材料反映的是冷战起源的问题而非构建国际和平秩序，D项不符合题意。

24. B 【解析】史志目录是正史中编撰的“志”的一种，通常以“艺文志”、“经籍志”相称，是根据当时政府藏书并参考了其他官私书目而编成的、反映历代典籍情况和文化学术思想发展动态的综合性书目。《汉书·艺文志》是我国古代第一部史志目录，也是第一部正史目录。

25. A 【解析】史论结合原则是历史教学最重要、最根本的教学原则。所谓“史”，是指具体的历史现象、历史事件和历史人物及其活动等基本史实；所谓“论”，是指以马克思主义理论为指导对基本史实进行正确的解析，从中得出科学的结论。

二、简答题

26. 简述三民主义的形成和含义。

【参考答案】

(1)三民主义的形成：1905年8月，孙中山联合兴中会、华兴会、光复会等革命团体的成员，在日本东京成立了中国同盟会。在成立大会上，确定了“驱除鞑虏，恢复中华，创立民国，平均地权”的政治纲领。大会决定创办《民报》，作为同盟会的机关报。孙中山在《民报》发刊词中，将同盟会的政治纲领阐发为“民族”“民权”“民生”三大主义，合称“三民主义”。三民主义成为孙中山领导资产阶级革命的指导思想。

(2)三民主义的含义：三民主义从民族、民权和民生三方面阐发了同盟会“驱除鞑虏，恢复中华，创立民国，平均地权”的政治纲领。其中民族主义就是“驱除鞑虏，恢复中华”，即推翻清王朝的统治，反对民族压迫；民权主义就是“创立民国”，它是三民主义的核心，即推翻君主专制政体，建立资产阶级专政的议会制共和国，国民一律平等，总统和议员由国民选举产生；民生主义就是“平均地权”，即核定全国地价，国家根据核定地价征收地租税，同时逐步向地主收买土地，实现土地国有，解决贫富不均等问题。

27. 简述历史课堂提问的层次。

【参考答案】

历史课堂提问可以分为识记、理解、应用、分析、综合、评价六个层次。识记层次要求能回忆、描述、再认、再现历史知识。理解层次要求对所学的知识具有初步的解释、概括和说明的能力。应用层次要求能把所学知识应用于新的问题、情境中，具有一定的知识迁移的能力。分析层次要求能理清历史的来龙去脉，揭示问题的本质，或者分析不同的历史观点，提出自己的认识。综合层次要求能将各部分知识整合起来，对问题做出综合的解答或设计较完整的解决思路。评价层次要求能运用一定的标准对历史人物、事件、现象、制度等进行价值判断。从识记到分析，提问从封闭性不断趋向开放性，其发挥的作用也从侧重使学生掌握史实到侧重培养创新思维能力。不同层次的提问，在教学中应配合使用，才能使课堂提问的成效最大化。

28. “内容标准”将历史知识与能力的学习分为三个层次要求，请做出说明。

【参考答案】

首先明确知识与能力的学习分为识记、理解和运用三个层次，然后结合实例加以分析。

(1)凡在内容标准的陈述中使用“列举”“知道”“了解”“说出”“讲述”“简述”“复述”等行为动词的，为识记层次要求；

(2)凡在内容标准的陈述中使用“概述”“理解”“说明”“阐明”“归纳”等行为动词的，为理解层次要求，即了解知识所反映的事物的内在联系；

(3)凡在内容标准的陈述中使用“分析”“评价”“比较”“探讨”“讨论”等行为动词的，为运用层次要求，即将所学的知识在实际中加以运用，用于解决新的问题。以“早期国家的产生和发展”一课为例，首先设计它的知识技能目标，如识记西周分封制和宗法制的内容；理解宗法制与分封制的关系；认识中国早期政治制度的特点等，其中课堂的主要目标是理解宗法制与分封制的关系，认识中国早期政治制度的特点。在此基础上再确定与双基目标相对应的其他范畴的目标。

三、材料分析题

29.【参考答案】

(1)特点：地方自治色彩鲜明；宗法关系扮演了重要角色；官员治理与士绅管理相结合。

历史意义：节省了国家行政开支；有效治理了基层地方；稳定了基层社会秩序；一定程度上推动了基层经济发展。

(2)主要不同之处：清末民国形成了具有近代性质的基层公共权力组织机构；基层事务处理的层次性、专业性增强；权绅处理基层事务源于成文的法律依据而非社会声望。

成因：西方资本主义政治制度的传入；国内资本主义经济的发展；改革和革命的推动。

30.【参考答案】

(1)教学方法：史料教学法。

优势：①使历史学习更形象，激发学生学习兴趣。教师适当地借助一些史料，文字记载或录像影片，可以再现丰富多彩的历史场景，使学生有身临其境的直观感觉，激发他们的学习兴趣，增强他们对于历史学习的积极性。

②增强历史知识的真实感，激发学生情感。史料在教学中的重要作用就在于为所教授的历史事实提供例证，使历史事件更具真实感，有助于学生真实地、通过史料这个媒介近距离地感知历史，理解历史知识的本质。

③提高学生材料研读水平，培养其思维能力。让学生多阅读史料，多理解史料，将史料研读渗入历史课堂教学，可以让学生充分地把材料与所学的历史事件、教师讲授内容、教材内容和自身理解系统整合起来，从而提高学生研读水平，培养学生的思维能力。

(2)在史料教学中,史料的选取是教师进行设计的重中之重。这位教师在这一环节呈现的设计有如下问题:①史料之间缺乏横向联系,造成信息的碎片化,不利于学生的理解。②史料的选择不够典型,不够有启发性,学生不能很好地利用教师提供的史料回答出精心设计的问题。

31.【参考答案】

小组学习是学生共同地、自主地解决问题的教学方式,学生可借此提高解决问题的能力,提高自主学习能力。

小组学习具有下列特点:

第一,通过小组学习,学生可以发展集体意识,发展作为集体一员共同地、自主地从事活动的能力;能激励学生发挥出自己的最高水平。第二,在小组学习中,学生的学习态度是能动的,尤其是成绩居中下水平的学生,可以进行主动的、能动的学习,大幅度减少了同步学习中常见的学习分化现象;能促进学生间在学习上互相帮助、共同提高;能增进同学间的情感沟通,改善人际关系。第三,由于强调小组中的每个成员都积极地参与到学习活动中来,学习任务由大家共同分担,问题会比较容易解决。

要保证小组合作的有效性,应注意:小组合作学习的任务应有一定的难度,问题应有一定的挑战性,有利于激发学生主动性与小组学习活动的激情以及发挥学习共同体的创造性;处理好集体教学与小组合作学习的时间分配。

四、教学设计题

32.【参考设计】

环节一:导入新课

教师在多媒体课件上出示康有为、梁启超、谭嗣同等人的图片,让学生观察,猜一猜这几个人分别是谁,并且说一说他们为维新变法做了哪些准备。教师带领学生了解维新变法兴起阶段的知识进而导入到新课,同时也让学生了解维新变法的背景和准备工作。

【设计意图】教师通过历史人物图片导入,激发学生的兴趣,带领学生了解与讲授内容有关的人物,方便新课讲授环节的开展。

环节二:新课讲授

(一)维新变法运动的兴起

教师:1895年甲午中日战争中国战败,《马关条约》签订的消息传到北京,正在北京参加科举考试的康有为和梁启超,邀请各省参加科举考试的1300多名举人,联名上书光绪帝,反对同日本议和,请求变法图强。这次事件史称"公车上书"。

教师出示介绍康有为、梁启超背景资料的幻灯片。

教师:康、梁的这次上书,由于顽固派的阻挠没有传到皇帝手中,对清政府触动也不大,但却轰动了全国。从此,维新变法运动揭开了序幕。康有为、梁启超是维新变法运动的主要代表,他们为推动变法还进行了哪些活动?

学生阅读教材,回答:维新人士在各地组织学会,创办报刊,宣传变法。

教师:大家回答得很正确。谁能举些具体的例子?

学生纷纷回答:学会有强学会、南学会、农学会和兴儒会等,报刊有《时务报》和《国闻报》等。

(二)百日维新的内容

教师出示表格并提问:从1898年6月开始光绪帝按照维新派的建议发布了一系列的法令,这些法令涉及政治、经济、文化、军事等多个方面,同学们仔细阅读课文,看一下具体措施是什么。

学生结合教材,补充完整表格。

政治	广开言路,允许官民上书言事;裁汰绿营,编练新军
经济	设立农工商局、路矿总局,提倡开办实业;修筑铁路,开采矿藏;组织商会
文化	废八股,兴西学;创办京师大学堂;设译书局,派留学生;奖励科学著作和发明

接下来教师请学生们分别扮演资产阶级、封建地主阶级,发表各自对变法的看法。变法符合资产阶级的利益,获得了他们的支持,但是却损害了封建顽固势力的利益,封建顽固势力极力破坏维新运动,最后慈禧太后发动政变,囚禁光绪帝,逮捕杀害维新人士,变法最终失败。

(三)百日维新失败的原因

教师通过多媒体展示戊戌六君子的图片及戊戌变法失败的相关材料,提问:戊戌变法是符合历史发展潮流的,为什么还会失败?

学生以历史小组为单位,进行5分钟讨论

小组代表发言,教师进行总结:

客观方面,顽固派力量强大,掌握实权;民族资产阶级的力量弱小。主观方面,依靠没有实权的皇帝,没有群众的支持,袁世凯的告密。

教师继续提问:如果没有袁世凯的告密,戊戌变法能不能成功呢?

学生深入思考,认识到袁世凯告密只是一种偶然现象,即使没有他的告密,变法也不可能成功。在当时半殖民地半封建社会的中国,改良的道路是行不通的。

(四)戊戌变法的评价

教师组织学生讨论对戊戌变法的评价,主要观点如下:

A. 康有为、梁启超领导的是一场救国图存的爱

国运动

B. 戊戌变法和洋务运动一样，都主张向西方学习

C. 戊戌变法失败了，它对中国近代社会没有产生积极影响

教师请三种观点的持有者代表进行一场辩论。

教师进行总结：戊戌变法是一次资产阶级的改良运动，它虽然失败了，但资产阶级维新派要逐步变封建专制制度为资本主义君主立宪制度，在当时具有进步意义；戊戌变法是近代中国第一次思想解放潮流，在社会上起了思想启蒙的作用，促进了中国人民的觉醒。

【设计意图】教师通过填表格、角色扮演、小组讨论、辩论等多种形式，充分体现学生在历史课堂中居于学习主体的地位，锻炼学生搜集整理相关信息的能力，学会用历史的、辩证的观点评价历史事件。

环节三：小结作业

1. 小结：师生共同总结回顾本课所学知识。

2. 作业：学生搜集一些关于维新派与顽固派论战的资料，写一篇以此为主题的历史小剧本。

【设计意图】教师将历史小剧本作为课后作业，有利于培养学生的历史思维，锻炼学生搜集、分析史料和历史写作的能力。

教师资格考试预测试卷(二)

答案速查：

1	2	3	4	5	6	7	8	9	10	11	12	13	14	15
B	C	D	C	A	A	D	B	D	D	C	D	D	D	D
16	17	18	19	20	21	22	23	24	25					
B	C	D	B	A	A	C	B	A	C					

一、单项选择题

1. B 【解析】诗文明确表达了农业与家庭手工业相结合这一信息，与小农经济的特征相符，其余三项不符合题意。

2. C 【解析】从①中“平等、互利、博爱”可知应是墨家思想；从②中“真实、自由、宽容的人生追求”可知应是道家思想；从③中“公开、公平、公正”可知应是法家思想；从④中“仁爱、正义、自强”可知应是儒家思想。故答案选C项。

3. D 【解析】《离骚》是浪漫主义作品。

4. C 【解析】维护皇权的至高无上主要通过界定君臣权限来实现；“废分封、立郡县”把地方权力集中于中央，有利于国家的统一；建立专制主义中央集权制度的目的也是维护国家统一。故答案选C。

5. A 【解析】从材料中可以看出，唐朝长安城的商业活动受到时间和地点的限制，宋代汴州的商业活动则打破了时间和地点的限制，这一变化反映了城市经济功能的加强，A项正确。君主专制制度的强化和经济中心的不断南移在材料中没有体现，B、C两项排除。我国古代封建统治者一直都实行重农抑商政策，D项错误。

6. A 【解析】注意题目中的关键字“新”。所谓新，即明清时期出现的现象，这些现象是以往朝代所没有的，依据这个思路，可以很容易地得出A项为正确答案。

7. D 【解析】根据材料可知，从雍正时期到乾隆时期，军机处经历了添设、裁撤、恢复的变化，最终取代总理事务王大臣成为处理全国军政事务的中央机构，军政大权完全集中到皇帝手中，即军机处逐渐成为强化皇权的利器，D项符合题意，A、C两项说法错误。B项在材料中没有体现。

8. B 【解析】中国古代科技的主要特点是重视实用技术，而缺乏理论研究。

9. D 【解析】由材料可知，洋务时期郭嵩焘已经认识到中国传统德治思想的局限和西方依法治国的好处，这表明他对洋务派“中体西用”思想有所突破，D项正确。材料中没有涉及美国式的议会制民主政治，A项错误。材料中郭嵩焘只是“感到夏、商、周三代圣人之治也有一些欠缺”，并没有主张彻底摒弃传统的“德治”思想，B项错误。由“一身之圣德不能常也”“法不以君异而变”等可知强调的是法治，C项错误。

10. D 【解析】郑观应认为轮船招商局、开平矿务局创办的时候是商人集资，但有了成效后，官权夺商。材料中提到的企业都是洋务运动时期创办的民用企业，受到了官府剥削和限制，故答案选择D项。

11. C 【解析】材料中新币发行并成为市场流通的主币，有利于稳定市场，促进民族工业的发展，C项正确。由“成为市场流通的主币”可知，当时全国流通的货币尚未统一，A项错误。1928年12月张学良宣布“东北易帜”，标志着北洋军阀割据局面的结束，B项不符合题意。官僚资本是利用政治特权、主要通过在商品流通和金融领域的掠夺，进行财产再分配的资本原始积累形式。

D项不符合北洋政府时期的经济状况，排除。

12. D 【解析】由"1945年""建国大道""复兴门""坚忍""友助""胜利""民气"可知，抗战胜利前后，国人希望国共两党合作走上建国大道，并最终实现民族复兴，D项符合题意。淞沪会战是抗战初期的会战，发生在1937年，与"1945年"不符，排除A项。《双十协定》是重庆谈判的成果，B项错误。抗日民族统一战线建立是在全面抗战初期，而非重庆谈判后，C项错误。

13. D 【解析】1954年9月，第一届全国人民代表大会举行，大会通过的第一部《中华人民共和国宪法》是中国第一部真正反映人民利益的社会主义类型的宪法，这次会议因此被称为"里程碑"。

14. D 【解析】十四届三中全会通过了《中共中央关于建立社会主义市场经济体制若干问题的决定》，该决定对社会主义市场经济体制的框架做了规定：要坚持以公有制为主体、多种经济成分共同发展的方针，进一步转换国有企业经营机制，建立适应市场经济的要求，产权清晰、权责明确、政企分开、管理科学的现代企业制度。

15. D 【解析】农村经济体制改革后，农业的潜力得到释放，农产品的产量也开始逐渐增多，由此使计划定量供应转向自由市场购销。

16. B 【解析】由材料中的信息"1952年""中国的私人工业都依赖国家供给原料、收购和推销它们的成品，需要银行提供贷款"，可知当时存在私人企业，但是在向社会主义靠拢，即将进行社会主义改造，当时这种模式对和平过渡具有重要意义，为和平改造私营工商业准备了条件，B项符合题意。A项说法错误，这一时期私人工业对国家的依赖具有积极意义。C项说法错误，材料表明当时私人工业只是对国家有依赖，国家并未完全控制私人工业生产。D项在材料中没有体现。

17. C 【解析】从材料中可以看出，中国人的服装穿着自1978年到1989年的十几个年头，发生了翻天覆地的变化，这些变化的原因有改革开放使城市经济生活空前活跃，思想解放等。第②项中国加入WTO是在2001年，与题干时间不符，其他各项说法正确，本题选C项。

18. D 【解析】西欧封建制度是在查理·马特改革的基础上形成的。

19. B 【解析】17世纪荷兰海上贸易发达，活动范围遍及世界各地，B项正确。西班牙的殖民扩张主要在美洲，与材料中爱尔兰、普鲁士等地区无关，A项错误。拿破仑帝国企图军事征服英国，但计划失败，在其兴盛时期也没有控制爱尔兰，故C项错误。爱尔兰在近代不是是英国的殖民地，D项排除。

20. A 【解析】该西方史学家提出的"地中海时代—欧洲时代—大西洋时代"的历史发展次序，基本上是以欧洲为中心代表整个人类历史，体现了欧洲在世界近代历史发展中的中心地位，A项正确。资本主义生产方式的扩展不能涵盖上古的情况，B项不符合题意，排除。题干没有涉及海外贸易，C项排除。题干没有体现人类由分散发展走向整体发展，D项排除。

21. A 【解析】根据材料信息"《权利法案》显然打破了世袭的权利""被以议会为代表的民族意志所取代"，结合所学知识可知，英国通过《权利法案》确立了"议会主权"，正式确立起君主立宪制政体，使议会权力居于国王之上，A项正确，D项错误。材料没有涉及工业资产阶级，B项不符合题意。C项"废止"一词错误，不符合史实。

22. C 【解析】苏俄战时共产主义政策和新经济政策的实质不同，前者是在社会生活中排斥商品社会关系，用军事和经济的手段控制社会金融，意图直接进入共产主义；而新经济政策则是在无产阶级掌握经济命脉的情况下，利用市场和商品货币关系发展商品经济，恢复国民经济，进而使社会主义成分战胜资本主义成分，建立社会主义的经济基础。故答案应选D。

23. B 【解析】第二次世界大战后世界经济全球化趋势加强，经济发展的同时要求国际关系规范化、体制化，故B项正确。

24. A 【解析】今天所说的"史记三家注"是指南朝宋裴骃的《史记集解》、唐代司马贞的《史记索隐》和张守节的《史记正义》。

25. C 【解析】诊断性评价是在教学之前实施的，形成性评价是在教学过程中实施的，终结性评价在教学之后实施。

二、简答题

26. 简述十一届三中全会的内容和意义。

【参考答案】

(1)内容：①思想路线上，确定解放思想、开动脑筋、实事求是、团结一致向前看的指导方针，高度评价真理标准问题大讨论；

②政治路线上，停止"以阶级斗争为纲"的错误方针；

③组织路线上，决定拨乱反正；

④经济上，作出把工作重心转移到经济建设上来，实行改革开放的伟大决策。

(2)意义：十一届三中全会是建国以来党的历史上具有深远意义的伟大转折，它完成了党的思想路线、政治路线和组织路线的拨乱反正，是改革开放的开端。中国历史从此进入社会主义现代化建设新时期。此次会议还形成了以邓小平为核心的党的第二代中央领导集体。

27. 简述讲解历史事件需要注意的事项。

【参考答案】

讲解历史事件需要注意的事项包括以下内容：

(1)严格按照时间顺序，将事件经过分阶段进行讲述。

(2)历史事件的过程要具体，要有情节的讲述，时间、地点、人物、背景、过程、影响等要素要准确全面。

(3)揭示历史规律。讲述历史事件时，要注意讲出它的前因后果，分析其本质，揭示某些规律。

(4)与直观教具配合。充分利用历史地图、历史图片等直观教具，给学生身临其境的感觉。

28. 在历史课堂中如何处理好教与学的关系？

【参考答案】

在课堂教学过程中，历史教学是师生交往、共同发展的互动过程。师生应共同明确教学目标，交流思想和情感，实现培养目标。

(1)教师在教学中应以学生为本，善于激发或引起学生对历史的学习兴趣和学习需要，鼓励学生积极学习、主动参与；善于创设历史情境，鼓励学生合作学习。

(2)善于从学生的年龄特征和个性差异出发提出要求，尊重学生的个性和才能；引发学生在思想和情感上的共鸣，鼓励学生在思想和学习方式上大胆创新。

(3)为学生创造自我表现的机会，便于学生学习不同的学习方法，注重探究式学习。在探究历史问题的过程中勤于独立思考，提高发现问题、分析问题和解决历史或现实问题的能力，不断获得成功体验。

(4)在教学过程中，教师指导学生学会灵活采用各种行之有效的学习方法，体验学习过程。学生既能掌握一定的基本知识和基本技能，又能提高和发展各方面的综合素质，提高教学效率和质量。

(5)教师要充分发挥引导作用，使学生明确学习历史的目的，激发学生的历史责任感。

(6)通过多样化和现代化的教学形式、教学方法和教学手段，激发学生学习历史的积极性，改善教学方式，转变学生学习方式，构建科学适用的课堂教学模式。

三、材料分析题

29.【参考答案】

(1)原因：①社会经济文化的落后；②不良的生活习惯；③抗战活动分散了陕甘宁边区疫病防疫的力量。

(2)评价：①提高了广大群众的思想认识，陕甘宁边区各地逐渐形成了学文化、讲卫生的新风尚；②大大改变了陕甘宁边区城乡卫生面貌；③对保证抗日战争的最后胜利起到了重大作用；④积累了宝贵的经验，对今天的卫生防疫工作也不无启迪。

30.【参考答案】

(1)教师使用的教学资源是影视资源。历史影视资源的使用原则包括以下几点：

①目的性原则。教师应根据教学实际和教学目标有目的地、恰当地选择和使用影视资源，切不可只为激发学生兴趣、活跃课堂气氛而忽略客观效果。

②可行性原则。根据学生年龄和心理差异等实际情况，有的放矢地去选择合适的影视信息。

③适度性原则。教师应根据教学目的和教学内容，尽量选择最典型、最能集中学生注意力的影视资源。

④师生共同参与原则。教师应以学生为中心，有针对性地运用影视资源，使学生与教师共同参与整个教学过程。

⑤整体性原则。教师在处理影视资源时应注意整合不同史料，帮助学生形成全面认识。

(2)这位教师在使用影视资源的时候主要违反了可行性原则和整体性原则。在这个环节当中，怎样让学生理性地认识战争给人类带来的毁灭性后果是一个难点。学生对日本电视台对战争的认识提出质疑时，教师没有进行适当的引导，没有使得学生的情感态度从简单的单方面评价上升到全面认识战争后果的高度，没有使学生认识到战争对于参战双方国家的人民都是巨大的灾难。另外，教师在选择影视资源时应当谨慎选择，避免选择一些历史观念、意识形态差异太大的影视作品，以免对学生思想和认识造成冲击。此外，教师在处理影视资源时应当补充其他来源的史料，这样才能帮助学生形成全面认识，充分发挥影视资源的作用。

31.【参考答案】

(1)先看题目，再看材料。一般来说，材料分析题都是由若干个问题组成，而且是呈梯度的。比如，第一题可能是“根据材料一概括”，学生就完全可以只看材料一而得出答案，这样可以降低难度，增强学生继续作答的信心。

(2)做好历史材料分析题可分四步走：审题抓关键词、读材料找有效信息、链接所学内容、组织答案答题。

(3)要注意答题的规范。力求做到“四化一全一精”：语言规范化，答案要用专业的历史语言，切忌口语化；答案提示化，答案要写清问题的关键词，例如原因、过程、影响等；答案段落化，切忌一大段文字写下来，没有段落一锅粥；答案序号化，答案要点很多，标记上1、2、3、4显得清晰明了；要点要全，要多角度去思考问题，比如说中国近代前夜发展迟滞的原因是什么？思考这个问题就要从政治、经济、思想文化、科技、对外政策等方面考虑。答题时语言一定要精练、简洁，切忌废话连篇，否则费时又影响老师评分，吃力不讨好。最后就是一定要认真书写。

(4)认真检查。题目答完后，对题目和答案进行严格认真的检查，检查一下审题是否有偏差，答案要点是否齐全，史实是否准确，力求答案准确无误。

四、教学设计题

32.【参考设计】

环节一：导入新课

课前，学生在进入教室时教师播放《男儿当自强》。组织教学后教师提问：这首歌反映怎样的时代背景？

学生回答：清朝后期，政府腐败，鸦片横流，中华民族处在水深火热中。

教师总结：面对鸦片在中国的横流，给中国人民带来的沉重灾难，有民族英雄毅然销烟，他就是林则徐。

【设计意图】聆听歌曲，调动学生上课的积极性，通过教师点明本课内容，学生能够明确本课的学习目标及主题。

环节二：新课讲授

1. 林则徐虎门销烟

(1)教师提问：19世纪中期世界形势及中国的处境怎样？

学生介绍课下收集的资料，展示预习结果。

(2)教师出示鸦片战争前的国内外形势比较表。

学生在观察分析表格中明确虎门销烟这一事件发生的背景。

(3)师生共同了解有关鸦片的资料，明确鸦片的危害。

(4)教师提问：①英国为什么要向中国走私鸦片？②鸦片走私给中国社会带来了哪些危害？

学生阅读课文回答问题。

(5)教师请学生上讲台表演历史短剧《林则徐虎门销烟》。

部分学生表演历史短剧，其他学生在观看表演的过程中总结林则徐禁烟的措施。

(6)教师请学生总结林则徐禁烟的措施及虎门销烟的重大历史意义。

【设计意图】学生通过展示自己查阅的资料，培养学生从资料中提取有效信息的能力；通过观察表演认识林则徐是中国历史上著名的民族英雄，学习其在禁烟中表现出来的刚正不阿、坦荡无私的品质。

2. 中英《南京条约》

(1)教师提问：虎门销烟损害了谁的利益？他们会善罢甘休吗？为什么？

(2)教师播放视频《鸦片战争》。

学生在观看视频中了解鸦片战争的信息。

【设计意图】观看视频，激发学生的学习兴趣，让学生通过直观形象的资料理解历史。

(3)教师引导学生观察地图《鸦片战争英军入侵路线图》，了解鸦片战争的经过。

学生上讲台讲解鸦片战争的三个阶段，通过观察地图，明确鸦片战争的三个阶段。

【设计意图】学生通过观察地图，得出结论，培养学生历史地图的学习能力。

(4)教师提问：有人说，林则徐不禁烟，英国人就不会发动鸦片战争，因此是禁烟运动引起了鸦片战争。你认为这一说法正确吗？为什么？请同学们归纳鸦片战争爆发的原因。

学生通过讨论、分析归纳鸦片战争爆发的直接原因和根本原因。

(5)教师让学生归纳总结《南京条约》的内容及影响。

学生绘制表格，归纳总结《南京条约》的内容及影响。

(6)教师提问：鸦片战争中，中国战败是由什么造成的？

学生在阅读课本及补充资料中了解清政府皇帝、大臣等的态度和中国军备等，总结鸦片战争中国战败的原因，并得出结论：落后就要挨打！

【设计意图】学生通过阅读相关资料，讨论并回答问题，培养学生由史料提取有效信息的能力，明白论从史出、史论结合的历史研究学习方法。

环节三：图示小结，巩固知识

1. 教师出示图示，引导学生根据图示归纳本课内容(图示略)。

学生根据教师展示的线索归纳、理顺本课的知识要点。

2. 教师展示本课歌谣《炮子谣》，帮助学生记忆本课知识点。

【设计意图】通过简单明了的图示归纳本课线索，强化学生所学的知识。教师引领学生归纳总结知识要点，在体验学习的过程中形成正确的情感态度和价值观。

环节四：练习反馈，应用拓展

1. 教师出示：选择题、填空题、读图题(题略)。

教师请学生回答问题，学生在回答中再次强化所学知识。

2. 教师布置课后作业：对当今贩毒、吸毒现象你有何感想。

【设计意图】学生通过回答练习题，培养学生运用所学知识解决问题的能力。

教师资格考试预测试卷(三)

答案速查:

1	2	3	4	5	6	7	8	9	10	11	12	13	14	15
C	D	D	B	B	D	B	C	A	C	B	D	B	C	A
16	17	18	19	20	21	22	23	24	25					
D	A	A	C	B	C	D	A	A	B					

一、单项选择题

1. C 【**解析**】①孔子开创了中国古代私人讲学之风;③朱熹创办私学,他的学说生前被官方视为伪学,从而可知他不可能在"官学"培养人才。朱熹曾在江西庐山白鹿洞书院等场所聚徒讲学。④亚里士多德是古希腊著名的思想家、教育家,他做过马其顿国王亚历山大的私人教师,晚年回到雅典后兴建了自己的讲习所——"吕克昂"学园。②韩非子是法家代表人物,主张实行法治、提倡耕战,因此他不推崇文化知识,对私学采取简单消灭的办法。韩非子的主张,后来被秦王朝接受作为文教法令规定下来。由此排除②。

2. D 【**解析**】根据材料结合所学知识可知,西汉初年吸取秦暴政而亡的历史教训,实行无为而治,曹参在官员选择方面选择老成持重之人,而不是急功近利之辈,也体现了当时无为而治的时代特征,D项正确。材料反映曹参的用人原则,不能说明其目的是强化相权,A项错误。材料体现了曹参用人原则,体现了当时无为而治的时代特征,无法体现顺应民心以否定秦法,B项错误。根据材料难以判断曹参的用人原则能否提高行政效率,C项错误。

3. D 【**解析**】隋文帝时进行的重要改革包括确立三省六部制、废除九品中正制、使府兵制与均田制相结合、部分推行以庸代役等。

4. B 【**解析**】根据材料信息可知,元代行省官员由在一地长期担任职务,逐渐走向定期迁调,这一变化有利于抑制行省长官势力的膨胀,迎合了国家大一统的需要,B项正确。材料只反映出对行省长官的牵制与制约,并不影响行省的地方行政级别及地位,A项错误。材料中仅反映了行省官员的管理,不能说明行省体制的固定,C项错误。材料中的变化体现了对行省长官的牵制,不是针对边疆地区的管理,D项错误。

5. B 【**解析**】分析材料联系各选项,A项说法错误,汉字的演变趋势应是由繁到简;C项说法过于绝对,排除;D项与材料不吻合。故本题选B项,"舞"字的变化说明汉字是以图画文字为基础逐步演变发展的。

6. D 【**解析**】"君子之为学,以明道也,以救世也"即强调"经世致用",故答案选D。

7. B 【**解析**】由"四方远近,挟其技能以食力者,莫不趋之若鹜"可知当时景德镇已经出现靠出卖劳动力谋生的群体,B项正确。景德镇的制瓷业开始兴起于宋代,A项与史实不符。C项"全员参与"说法错误。D项表述错误,材料只涉及景德镇制瓷业的情况,不能代表民营手工业的状况。

8. C 【**解析**】根据材料中的"我们在以前(指洋务运动时期)还讲什么自强、求富,现在别再讲那些门面话了,倒不如直截了当地讲救亡"可知,甲午中日战争使中国认清了自己面临亡国灭种的危险,促使中国认清所处的国际地位,C项正确。A、B、D三项在材料中没有反映。

9. A 【**解析**】李鸿章奏准清政府为开平煤矿减税,这有利于洋务企业与外国企业的竞争,从而增强了洋务派兴办矿业的信心,A项正确。减税并不是加强管理,故B项错误。材料中是为开平煤矿而非所有中国煤矿业减税,不足以产生C、D两项中那么大的作用和影响,故C、D两项错误。

10. C 【**解析**】注意"从人类文明发展的角度看",人类文明已经经历了两次大的文明转型,即从原始采集、渔猎进入农业文明,又由农业文明转入工业文明,结合19世纪中叶以后,中国逐渐被卷入资本主义世界体系,它对中国最主要的影响应是近代化进程的启动。故答案选C。

11. B 【**解析**】武昌起义后,革命党人拥立旧军官黎元洪为都督,立宪党人汤化龙为民政部部长,所以这个政权是一个包括了革命派、旧官僚和立宪派的联合政权。

12. D 【**解析**】题目中有两个关键的限制性内容,一是民国初年,二是发展的主要内因,而在选项中A、B两项是外因,C项是发展的表现和结果。

13. B 【**解析**】旧三民主义对于发动资产阶级革命势力进行反清斗争起了积极作用,但由于其本身具有局限性,因此在革命取得一定成果后,很难将革命推向新高潮。在此题中A、C两项的产生都是由旧三民主义局限性形成的,而D项是旧三民主义局限性的表现。

14. C 【**解析**】画家认为蒋介石的"求和"声明是"虚伪的和平",真实目的是试图赢得时间,卷土重来，说明该漫画拥护“将革命进行到底”的主张，故答案为C项。毛泽东参加1945年重庆谈判是为了揭露国民党“假和平、真内战”，排除A项。该漫画创作于1949年，不是反映国人对抗战后和平的担忧，排除B项。D项中的“美英操控”说法绝对，材料主要是反映蒋介石的阴谋，排除。

15. A 【解析】1949年9月，中国人民政治协商会议成功召开，通过了《共同纲领》，规定中华人民共和国是新民主主义即人民民主主义的国家，与材料中“走向顶端即将诞生的‘中华人民共和国’”相符，故A项正确。

16. D 【解析】结合材料及所学知识，分析选项可知，“取消出口补贴、统一外汇留成”的改革措施推动了我国对外贸易市场化的进程，D项表述准确，符合史实和题意。题干中的措施减少了国家发展对外贸易的计划性，A项错误。改革开放后，我国逐渐形成了经济特区——沿海开放城市——沿海经济开放区——内地的全方位、多层次、宽领域的对外开放格局，B项与题意不符。21世纪初我国才初步建立起社会主义市场经济体制，C项错误。

17. A 【解析】本题属于基础知识的考查，解题的关键是把握时间“20世纪五六十年代”和“文化建设高潮”。B项是在经济建设方面；C项是“文革”时期；D项是在20世纪80年代提出的。因此只有A项符合题意。

18. A 【解析】由材料中“自由完全是一个政治概念”“个人在公共事务中几乎永远是主权者，但在私人关系中却是奴隶”等信息可知，在雅典民主政治中，个人的权益要完全服从于城邦的公共事务，公民个体的自由受到限制，A项正确。B、C两项不符合史实，排除。D项在材料中没有体现，排除。

19. C 【解析】在葡萄牙人沿着非洲海岸探索航行的同时，意大利航海家哥伦布坚信地圆说，认为只要一直向西航行，就一定能到达中国和印度。1492年，在西班牙王室的支持下，哥伦布开始横渡大西洋，经过两个多月的艰苦航行，终于到达陆地，他以为那里就是印度，故选C项。A项是哥伦布实际到达的地方，不符合题意。B、D两项均与哥伦布到达的地方无关，排除。

20. B 【解析】此题四个备选项，都表明了17世纪的英国革命的资产阶级性质，但“最能表明”这一性质的是哪项，这就要根据在实现资产阶级革命任务、改变英国社会性质方面，哪一项最有成效来决定。资产阶级革命的首要任务，是推翻封建统治，建立资本主义制度。按此观点比较分析，此题的正确选项是B。

21. C 【解析】C项，一是使用“各国”的提法不正确，因为当时发生工业革命的国家很少，屈指可数；二是“迅速实现工业化”之说显然不对。本题的正确选项即“不正确”的叙述，故答案选C。

22. D 【解析】材料中美国通过电影树立其民主自由的形象，同时丑化苏联，这是在冷战时期意识形态对抗的背景下，将意识形态以电影的方式隐性输出的体现，D项正确。材料主要体现了冷战背景下意识形态的对立，国际交流和交流媒介不是材料主旨内容，A、B两项错误。材料内容体现了当时美苏之间意识形态的对立，无法判断美苏对抗局势的缓和，C项错误。

23. A 【解析】由材料中资产阶级“为了赢得火腿，不得不给工人香肠”可知西方国家的“福利建设”实质上是资本家为了扩大生产鼓励工人的手段，体现了资本家剥削方式的调整，A项符合题意。“火腿”是比“香肠”更丰厚的利益，有利于企业主的资本积累，B项错误。C项与材料主旨无关。D项没有认清西方福利制度的本质。

24. A 【解析】英国史学家巴勒克拉夫在《当代史学主要趋势》(1978年)一书中最先明确提出“全球历史观”。

25. B 【解析】“对历史事件的发生、进程、结果及性质、影响等，对历史人物的言行、贡献、历史地位等”符合历史解释的定义。

二、简答题

26. 简述人民代表大会制度建立的意义。

【参考答案】

人民代表大会制度的建立结束了中国政治协商会议代行人大职权的历史，结束了《共同纲领》代替国家宪法的过渡状态，是中国政治民主化起步的标志。这一制度的确立奠定了新中国各项政治建设的基础，为发展社会主义民主、健全社会主义法制奠定了初步的基础。

27. 如何因地制宜地开发和利用历史课程资源？

【参考答案】

(1)进行需求评估。教师根据历史课程的实施现状与要求，分析历史课程与教学要达成的目标，根据目标对教学实施的需求进行评估，然后有针对性地开发利用课程资源。

(2)进行资源调研。调查分析学校及校内外存在着哪些类型的课程资源？这些资源的作用分别是什么？优势是什么？这些资源利于开展哪些教学活动？活动的形式可以是哪些？教师应结合上述问题进行历史课程资源调研，对学校及周边的课程资源状况有一个初步的了解，以保证课程资源开发与利用的有效性。

(3)进行资源的收集与整理。教师根据调研情况，按照课程实施需求的顺序，本着可行性、精选性、目标性的原则，制定资源收集工作计划，组织人员对相关历史课程资源进行搜集，并按照类别整理归档，方便以后的教学。

28. 简述教学设计与教案的区别。

【参考答案】

(1)教案是老师教什么，学生学什么，学生根据老师安排的教学内容进行学习、思考、模仿等过程。教学设计是从学生的学情、智力等水平出发，学生学什么，老师教什么。

(2)教案一般以教材、教参为主。教学设计把教学本身作为一个整体系统来考虑，运用系统方法来设计、开发、运行、管理，即把课堂教学系统作为一个整体来进行设计实施和评价，不但使学生学会所要求的知识，而且学生在学习过程中思维得到锻炼、情感目标得以实现和价值观得以丰富。

(3)教案是以教师、教材为中心的传统教学思想的体现，它的核心目的就是教师怎样讲好教学内容。教学设计不仅重视教师的教，更重视学生的学，怎样使学生学得更好，达到更好的教学效果。

三、材料分析题

29.【参考答案】

(1)扩大外贸，增加财政收入；促进农业、手工业发展；有利于商品经济发展、资本主义萌芽出现；出现海外移民潮，促进南洋开发；促进白银货币化；引入新物种；西学东渐。

(2)都受到新航路开辟的影响；都是商品经济发展的结果；都受到国内经济政策的影响；民间商业组织都增加了政府的财政收入。

(3)君主专制制度强化；自然经济占主导；海禁和闭关锁国；重农抑商政策；统治阶层思想保守封闭。

30.【参考答案】

(1)优点：①在该案例中，关于新航路的开辟的影响的讲授，该教师没有照本宣科，而是先请学生做材料选择题和思考两个问题，再继续思考这三则资料反映的问题，然后通过一系列问题的思考，逐步认识新航路开辟的影响，符合初中生的认知水平。

②该教师采用了小组讨论的教学方式，符合以学生为中心的教学观，有利于提高学生的学习积极性和主动性，开拓学生思路，培养学生的综合能力。

问题：①该教师没有及时对学生分组讨论的结果进行总结反馈，小组讨论没有达到应有的效果。

②教师最后总结的部分注重了情感、态度与价值观的教育，但是更倾向于说教，引导性不强，显得空洞，脱离学生生活实际。

(2)建议：①教师可以在学生分组讨论后，总结学生的回答并作出点评。

②在最后的总结部分中教师可以向学生提供航海日记或者视频，让学生体会一下开辟新航路时环境的艰苦，并和学生的地理知识联系起来。在此之后教师请学生说一说自己的感受，引导学生学习航海家不畏艰险、积极进取的精神。总结尽量与学生自身生活和学习相关，不用刻意上升到民族复兴的层面。

31.【参考答案】

(1)该教师在对文艺复兴这一教学内容进行的分析中，注意指出了文艺复兴的表象、实质，对文艺复兴的影响、在历史发展中的地位有一定的正确认识，在一定程度上注意了文艺复兴与其他一些历史事件在横向、纵向上的关系。但仍有不足，如对文艺复兴对人的解放的巨大意义强调不够，没有分析说明文艺复兴与同时期发生的近代自然科学产生、宗教改革的关系。文艺复兴是在资本主义经济发展的背景下，新兴资产阶级在意识形态领域里进行的反封建斗争。它促进了人的思想解放，使人理直气壮地追求现实的幸福和摆脱宗教的精神束缚，是同时代欧洲发生宗教改革和新航路开辟的重要背景因素，也促使近代自然科学的产生，极大地促进社会向资本主义阶段转化。

(2)本节内容较适合采用表格式板书。

文艺复兴时期主要代表人物及成就一览表

代表人物	国家	主要作品及成就
但丁		
达·芬奇		
哥白尼		
莎士比亚		
……		

四、教学设计题

32.【参考设计】

环节一：导入新课

教师播放《西游记》片段，提问：大家都知道唐僧师徒历经磨难所取的是佛经，那佛教是何时传入中国的？今天我们就来学习佛教的有关内容。

【设计意图】教师通过播放视频激发学生学习兴趣，由此导入新课。

环节二：新课讲授

教师指导学生阅读课文，结合学生课前搜集到的资料，提问：佛教起源于哪里？什么时候传入我国？基本教义是什么？

学生回答：起源于印度，西汉时传入我国。佛教教义是“苦、集、灭、道”。

教师出示相关地图，请学生填充地名，完成《佛教传入中国路线图》。

教师出示有关白马寺的图片，播放相关视频，提问：东汉时期，佛教为什么在我国传播开来？

学生回答，教师总结：

1.朝廷开始重视佛教，派人去印度研究佛学，佛教逐渐在上层社会流传。

2.佛教忍耐顺从等消极的处世观，在当时对于维护社会秩序比较有利，符合统治阶级的愿望。统治者利用它宣扬“忍耐顺从”，企图使劳动人民放弃斗争，服从自己的统治。因此，统治者大力提倡和扶植佛教，使佛教得以在我国迅速传播。

3.在广大民众方面，社会上的一切苦难最终都要转嫁到他们的身上。极度的苦难，使他们看不到一点解脱的希望，他们只能将目光转向彼岸天国，追求根本不存在的所谓来世的幸福。所以，佛教对于渴望解除苦难的广大民众也产生了吸引力。

教师：佛教传入后，逐渐成为我国传统文化的一部分，对我国产生很大影响。我们常说的“因果”、“忏悔”、“五体投地”、“现身说法”等很多词汇都来自佛经。请同学们讨论佛教对我国都有哪些影响。

教师将学生分成三组，分别从建筑、思想文化、艺术三方面去思考，也可以对其他方面进行补充。小组代表分别进行阐述，教师总结：

建筑：建筑的雕刻变得发达，走向立体、写实，线条由古拙变得圆熟；建筑的装饰上吸收印度、波斯、希腊的装饰风格，形成我国的佛教建筑装饰特色；形成我国独具特色的佛教建筑风格。

思想文化：哲学方面，佛教和中国古典哲学的交互影响，推动了哲学提出新的命题和新的方法；文学方面，扩大了汉语的词汇量，引起我国古代语法和文体的变化，丰富了我国古代文学内容。

艺术：唐代音乐吸收了当时很多佛教国家的音乐，唐代音乐至今还有少部分保存在某些佛教寺庙中。佛教对我国古代的文人画有重要影响，佛绘画给我们留下丰富的艺术和历史资料。

其他：伴随佛教而来的也有天文、医药等的传习。

【设计意图】填充地图可以培养学生读图识图用图的能力。出示图片和播放视频可以激发学生学习兴趣，让学生迅速融入历史情景。小组讨论提高了学生参与合作的能力。

环节三：小结作业

1.小结：师生共同总结回顾本课所学知识。

2.作业：请同学们就佛教对我国建筑、思想文化、艺术等方面的影响，选择其中一个方面，写一篇300字小论文。

【设计意图】历史小论文的布置可以锻炼学生搜集处理信息、解决问题的能力，提高学生的历史思维能力和写作能力。

教师资格考试预测试卷(四)

答案速查：

1	2	3	4	5	6	7	8	9	10	11	12	13	14	15
C	B	D	B	C	A	B	D	A	B	A	D	A	A	D
16	17	18	19	20	21	22	23	24	25					
D	B	A	D	B	A	B	D	B	C					

一、单项选择题

1. C 【解析】在本题列出的四个选项中，造纸业、制瓷业在商周时期还没有出现，故B、D两项排除。纺织业在当时虽也比较发达，但相对于青铜制造业来讲，还是处于次要地位，因为青铜器及青铜文化是夏、商、周时期文明的重要标志，其工艺技术处于世界前列，因此成为商周手工业中最重要的部门。

2. B 【解析】材料中的内容体现了道家的思想，老子提倡以正治国，以无为的态度来治理天下。

3. D 【解析】由材料“随着世家大族势力的不断发展，曹魏政权又设置了由世家大族出身的中正官去掌握地方选举”可以得出曹魏实施的九品中正制有缓和中央与地方矛盾的意图，D项正确。材料只是表明中正官设立的原因，没有涉及九品中正制执行过程中的标准，A项错误。材料没有涉及九品中正制与察举制的比较，B项错误。九品中正制建立之初，其选拔标准是家世、品德、才能并重，确实起到了选拔人才的作用，只是后期被士族门阀所控制，C项错误。

4. B 【解析】唐朝盐制由税盐制，到榷盐制，再到“就场专卖制”，加强了对盐业的控制，减少了政府的开支，一定程度上适应了形势的需要，有利于维护唐王朝统治，B项正确。唐代盐制改革不能说明政府退出了对商业的直接经营，A项错误。唐代盐制改革，并不能有效削弱割据藩镇的物质基础，C项错误。唐代全面推行民产、官收政策，不是盐业生产专业化发展的必然结果，D项错误。

5. C 【解析】由材料可知宋瓷艺术的美学特征是"端庄典雅、清新质朴、含蓄隽永"。结合所学知识,分析选项,A、B两项所述现象在唐朝已经出现。D项"文学艺术世俗化"在题干中无从体现。由理学对人的道德、修为、情怀、审美等方面的影响,可知C项符合题意。

6. A 【解析】由材料可知,努尔哈赤安排自己的继任者从八和硕贝勒中选择,八和硕贝勒有废除和更换君主的权力,这一安排形成了君主与大臣相互制约的局面,A项符合题意。议政王大臣会议是中国清代前期满族宗王、八旗、贝勒等上层贵族参与处理国政的制度,创建于皇太极崇德二年(1637年),但满族上层贵族与议国政的制度却早在清太祖努尔哈赤建立后金汗国之初即已形成,议政王大臣会议的基础在八和硕贝勒制度出现前已奠定,B项错误。清代还是君主专制统治,C项错误。D项不符合史实。

7. B 【解析】明中叶以后东南沿海有些农民做雇农、"执技艺或负贩就食他郡"或"佣之四方",表明这些地区的农民与市场联系密切,B项正确。材料不能说明民营手工业占主导地位,A项错误。农民出卖劳动力、从事工商业,不能说明贫富分化的加剧,也不是长途贩运贸易发展的表现,C、D两项错误。

8. D 【解析】根据史实可知,黄宗羲的《明夷待访录》批判了封建君主专制制度,并提出"天下为主,君为客"的民主思想,统治者之所以查禁此书,是因为它与清代统治者加强君主专制的要求不符。故答案选D。

9. A 【解析】由材料可知,鸦片战争前长沙苏广业主要经营江苏、广东、上海的土产,鸦片战争后,五口通商,洋货输入,挤占该业市场,店铺的称呼也随之变化,变成洋货铺。这说明中国传统商业受到外国资本主义的强烈冲击,A项正确。工商业不是自然经济的内容,B项不符合题意。C项所述与题干主旨无关。D项在材料中没有体现。

10. B 【解析】B项为1895年甲午中日战争后的结果和影响,不符合题干时间。

11. A 【解析】题干中多次提及"中国人",说明梁启超认为辛亥革命增强了国民的民族民主意识,因此本题选项为A。

12. D 【解析】五四运动中,在工人阶级的压力下,北洋军阀政府被迫释放被捕学生,罢免三个卖国贼的职务,参加巴黎和会的中国代表拒绝在合约上签字,五四运动取得了初步胜利,排除A、B、C三项。五四运动并未完成反帝反封建的民主革命任务,故答案选D项。

13. A 【解析】胡适等学者主张借助西方近代社会科学的研究方法,深入研究中国传统的历史与文化,他们开列国学书目的做法是对新文化运动中出现的全盘西化倾向的反思,是对中国传统文化的再思考。

14. A 【解析】材料提供的是蒋介石致张学良密电,该密电反映了不抵抗政策,而此政策最终导致了沈阳以及东北三省被日军占领。而"沈阳日军行动"指的是日军在1931年9月18日夜,以柳条湖事件为借口进攻东北军北大营,炮轰沈阳城,此事件就是震惊中外的九一八事变。

15. D 【解析】《全民抗战》寓意着一致对外,全民族抗战,因此该杂志的创刊对抗日民族统一战线起到了巩固作用,D项正确。国共第二次合作采取的是党外合作的方式,排除A。报刊业在《全民抗战》创刊前就已经参与了民族救亡运动,排除B。该杂志创刊没有改变国民政府的抗战路线,排除C。

16. D 【解析】此题属于图表型选择题,解答时要注意分析"文革"期间经济与政治的关系。这一时期经济所以能有一定发展,是周恩来、邓小平主持中央工作的努力,是广大群众、干部抵制"左"倾错误的结果。注意②项,迷惑性较大,"九一三事件"后经济是有所恢复,不是迅速回升。③项明显错误,排除。故答案选D。

17. B 【解析】从材料"但从政治层面上说,公民还是被视为体制内部可进行互换的单一体,法律在这个体制内起到了平衡的作用,它是平等的准则"可知法律是民主政治运行的重要保障,B项符合题意。题干材料的核心是法律而非城邦体制,A项排除。材料并未说明雅典公民是否在法律面前实现了人人平等,C项错误,排除。D项明显与材料不符,排除。

18. A 【解析】进化论是达尔文提出的,排除②;相对论是爱因斯坦提出的,排除⑤,故答案选A项。

19. D 【解析】通过巴黎和会,帝国主义列强建立了"凡尔赛体系",帝国主义确立了在欧洲、西亚和非洲统治的新秩序。这一体系不可能消除帝国主义国家之间的矛盾,而且还加深了战胜国与战败国、帝国主义与殖民地半殖民地国家之间的矛盾,因此不可能长期维持下去。因此说新秩序比旧秩序更加纠缠不清。故答案选D。

20. B 【解析】19世纪达尔文的进化论,不仅在生物界,而且在思想界、宗教界产生了重大影响,故答案选B项。A项是在17世纪;C项是在20世纪初;D项是在20世纪中期;A、C、D三项都与题干时间不符,排除。

21. A 【解析】英国在19世纪中期完成了工业革命,处于"世界工厂"地位,经济的发展需要更广阔的市场和更多的原料。而沙俄尚处于封建社会时期,工业革命正在进行,生产力水平相对较低,扩张领土是其主要表现。

22. B 【解析】本题意图是要我们根据题干给出的政策内容,来判断属于哪一政策。从"以实物税代替余粮收集制"这一特点,可以判断出,这是列宁提出的新经济政策。

23. D 【解析】此题中最具干扰性的是A项,引进外国先进技术是两国经济发展的重要原因,但不是根本原因。B、C两项很显然是错误的。

24. B 【解析】中国史学中的"三通"分别指唐代杜佑的《通典》、南宋郑樵的《通志》、宋末元初马端临的《文献通考》。

25. C 【解析】根据《义务教育历史课程标准》(2011年版)中对义务教育阶段课程性质的规定可知:义务教育阶段的历史课程具有思想性、基础性、人文性和综合性。

二、简答题

26. 谈谈你对国共两党关系发展过程的规律性认识。

【参考答案】

(1)国共两党的关系呈现"合作——对抗——再合作——再对抗——缓和"的曲折发展历程。

(2)规律性认识:"分则两伤""合则两利"。

①"分则两伤":国共十年对峙时,国民党疯狂进攻根据地,导致日本帝国主义乘虚而入,严重危害了中华民族的独立,给中国带来了深重的灾难;抗战结束后,两党内战再起,国民党败退台湾,海峡两岸长期对峙,致使中华民族至今尚未完成统一大业。可见,国共分裂严重影响国家独立统一、综合国力增强和国际地位提高。

②"合则两利":国民革命时期,北洋军阀统治阻碍着中国统一,以国共合作为基础的各革命阶级团结奋战,基本推翻了北洋军阀的反动统治;20世纪30年代,日本侵华威胁到整个中华民族的生存,国共再次合作,并肩抗日,取得了近百年来第一次反对外来侵略斗争的完全胜利。

27. 新课程强调历史教学要贴近学生、贴近生活。谈谈你对此的理解。

【参考答案】

教学要贴近学生、贴近生活,历史从时空距离上与学生很遥远,那么,如何让历史教学贴近学生、贴近生活呢?历史教学中最常使用的方法,就是从时间和空间上拉近学生与历史的距离。比如,历史上的今天是什么样的,名人在和学生差不多大的时候是什么样的,挖掘学生身边的乡土历史资源、社区资源和家庭资源,还有访谈历史亲历者,考察历史遗迹,等等。但是,要使历史教育发挥深入持久的作用,必须使学生从心里亲近历史,如哪些历史事物能满足学生发展的需要、哪些历史事物能引起学生共鸣、哪些历史事物能让学生与历史展开心灵的对话等。只有这样,才能让学生深切感受历史如知己,历史蕴含生命的智慧。

28. 教师在课程资源的开发和利用的过程中应该注意哪些问题?

【参考答案】

(1)整合教师资源。在课程资源的开发和利用过程中,应提高教师自身的课程资源意识和开发运用能力,应注意发挥教师群体的合力作用。

(2)整合学生资源。一方面,可以超越狭隘的教学内容,让学生的生活经验进入教学过程,使教学"活"起来;另一方面,可以改变学生在教学中的地位,使他们从被动的知识接受者转变为知识的构建者,从而激发学生学习的积极性和主动性。

(3)整合媒体资源。促成多媒体资源与学生认知过程的整合,促成多媒体教学手段与传统教学手段的整合。

三、材料分析题

29.【参考答案】

(1)基本特点:实行文书行政制度(以文书实施行政管理);形成系统的官僚管理制度;法制完备。

史料价值:真实记载了秦汉行政系统、经济管理系统、邮驿系统、法制系统的运作细节;展示了秦汉时期行政体系构建与日常管理的基本形态;为相关领域的学术研究提供了真实可靠的第一手资料;有助于了解更为丰富生动的秦汉社会面相。

(2)变化:出现新型文书种类(电旨、电奏、电信);寄发程式与行政公文管理机构变化(总理衙门、军机处);公文传递方式多元化;形成总理衙门代奏原则和汇奏核复原则。

变化原因:内部统治的需要;西方外来的影响;军国要务与赈灾等急务的需要;近代通信技术的发展。

影响:提高了行政决策与理事效率;有利于安抚人心,缓和社会矛盾,巩固政权;有利于经济的发展与中国社会的近代化。

30.【参考答案】

(1)优点:①该教师用地图进行导入,进而得出日本的自然特点,体现了历史课程的综合性,符合新课改的理念。

②在说明日本的自然地理特点后,教师进一步指出"日本人常有对国家和民族的忧患意识和危机感",这样就为下面的学习内容做了铺垫,体现了导入的衔接性原则。

问题:①"大化改新"的内容对学生来说有一定难度,教材的介绍较为简略。教师在讲授"大化改新"的内容时仅是指导学生阅读教材,勾画改革的主要内容,这样会对学生理解教学内容产生不利影响。

②教师通过组织学生进行小组活动,讨论日本的"大化改新"与中国的隋唐政治经济制度有哪些相似之处,它们之间有何联系。这是一道有一定难度的思考题,而前面"大化改新"的主要内容是由学生阅读教材,勾画完成的。学生对"大化改新"的内容理解不到位,因此无法顺利完成这道思考题。

(2)建议:教师在讲述"大化改新"的内容时,对改革的主要内容进行具体讲解,并对一些难以理解的名词进行详细解释,如班田收授法等,提供展示图片或史料帮助学生理解。在学生对"大化改新"的内容有了初步掌握后,再让学生以小组为单位进行相关讨论。

31.**【参考答案】**

(1)评价有以下几种:

①教师的评价:课标在"评价建议"中特别强调要注重对学生学习过程的评价,要关注他们在课堂活动中所表现出来的情感与态度,多用鼓励性的评语,发挥评价的激励作用。学生可以从这些激励性的话语中获得学习成功的体验,明确今后努力的方向。

②同学的评价:在接受教师评价的同时,学生也可以对同学的学习行为进行评价。相互评价能激发学生的学习兴趣,使其互相取长补短,共同进步。

③自我评价:教师通过组织学生记录自己的学习历程,反思自己的学习,引导学生对自己的学习过程进行自觉监控和调节。

(2)教师可根据教学内容进行评价,切忌"千篇一律"。如材料中的课堂,可用时钟钟点的多少来判断输赢,每组发一个钟表,哪组得一分,就在那组的钟面上拨一格。因为学生对评价形式有新鲜感,所以感兴趣。另外,除了教师对学生进行适时评价外,还应积极引导学生进行自评和互评。真正让学生由被动者变为主动的参与者、评价者。同时,同伴互评还可以吸引学生的注意力。师生共同参与到评价活动中来,才能进行真正的有效教学。

四、教学设计题

32.**【参考设计】**

环节一:导入新课

教师在多媒体课件上出示图片《克里姆林宫升起俄罗斯国旗》。提问:1991年,苏联的镰刀锤子红旗悄然自克里姆林宫上空降下,强大一时的超级大国苏联轰然解体了,美苏两极格局彻底瓦解,"冷战"宣告结束。这留给世人的不仅仅是震惊,更有深刻的思考。你想知道这一幕究竟是如何发生的吗?

【设计意图】教师通过图片导入,激发学生的兴趣,让学生迅速融入历史情景。问题引导增加了课程的悬念,有利于烘托课堂气氛,激发学生的学习兴趣。

环节二:新课讲授

教师介绍:1985年戈尔巴乔夫上台后,针对苏联经济发展面临的停滞局面,首先把经济改革作为重点。

(一)戈尔巴乔夫改革

教师向学生提问戈尔巴乔夫经济改革的内容和结果,学生回答,教师总结:在改革初期,戈尔巴乔夫确立了把国内和对外工作的重点转移到发展经济上来的方针,但由于对原有经济体制触动不大,经济改革推进不下去。戈尔巴乔夫认为主要是政治阻力太大,于是他转向政治改革,以求扫清障碍。

学生自主阅读戈尔巴乔夫政治改革的内容,教师提问:戈尔巴乔夫政治改革的内容是什么?

学生回答:以"民主社会主义"取代科学社会主义,提倡"政治多元化"和"公开性"。

教师:不错。这种"新思维"的认识,反映到政治改革上,便是从揭露社会主义的"黑暗面",发展到推行西方式的多党制,致使全国政治上失去了领导核心,思想上失去了统一的基础,各民族失去了联系的纽带。结果,导致了苏联社会思想混乱、民族矛盾加剧、经济状况恶化和社会秩序全面动荡。苏联的政治局面已到了难以控制的地步。

(二)苏联解体

教师播放苏联解体的纪录片片段,请学生概括苏联解体的过程。学生回答后,教师作出总结:1991年"八一九"事件使得戈尔巴乔夫实际上失去了领导国家的威望和能力。1991年12月8日,俄罗斯、白俄罗斯、乌克兰三国领导人签署明斯克协定,宣布成立"独立国家联合体",同时宣称,苏维埃社会主义共和国联盟已"不复存在"。12月22日,《阿拉木图宣言》的签署,标志着苏联的完全解体。

教师将学生分为三组,请学生分组讨论苏联解体的历史原因、内部原因和外部原因。

学生代表回答,教师作出总结:

1. 历史原因——苏联体制上的弊端和政策上的错误

不适应当代科技发展;全力发展军事工业,而忽视轻工业和农业的发展;民族政策中的偏差;霸权主义的对外政策。

2. 内部原因——戈尔巴乔夫错误的路线和政策

戈尔巴乔夫推行的路线和政策之所以造成混乱

和苏联的解体,根本原因在于其政治改革的指导思想背离了科学社会主义的理论和社会主义的方向。

3. 外部原因——西方国家的"和平演变"

(三)苏联解体的影响

教师:苏联解体产生了哪些深刻的影响?

学生回答:苏联的解体使世界政治格局发生变化,美苏两极对峙结束,加速了欧洲一体化的进程。

教师补充:还有,苏联解体加速了欧洲以民族为特征的联邦制国家的分裂过程,如南斯拉夫的分裂。此外,苏联解体对世界科学社会主义事业是严重的打击,使得社会主义运动面临更大的困难,但这并不意味着这一伟大运动的终结。苏联解体只是一种社会主义模式的失败,人们正从苏联的兴亡中研究它的经验教训,进而为社会主义运动的发展寻找更为正确的道路。

【设计意图】教师通过播放纪录片和问答的形式,提高学生的学习兴趣,加深对相关知识点的记忆,也可以活跃课堂气氛,调动学生学习的积极性。小组讨论提高了学生参与合作的能力。

环节三:小结作业

1. 小结:师生共同总结回顾本课所学知识。

2. 作业:思考苏联改革与苏联解体之间有何关系。

【设计意图】思考作业有利于加深学生对相关知识点的记忆,培养运用所学知识解决问题的能力。

教师资格考试预测试卷(五)

答案速查:

1	2	3	4	5	6	7	8	9	10	11	12	13	14	15
C	C	D	B	D	A	A	C	D	C	D	A	D	A	B
16	17	18	19	20	21	22	23	24	25					
B	B	C	B	B	B	D	A	B	B					

一、单项选择题

1. C 【解析】根据材料和所学知识可知,石器时代的分界上至人类的出现,下至铜器的出现,其划定依据是生产工具及其制作水平,故C项正确。原始人群和氏族公社属于原始社会,A项排除。材料与贫富分化无关,B项排除。古人类所处的地域环境不是划定石器时代的主要依据,D项排除。

2. C 【解析】从材料信息来看,韩非子认为儒墨学说已分崩离析,且不适应"当今争于气力"的兼并战争的需要,其意在强调法家更适合当时的统治需要,故答案为C项。A项只是韩非子指出的儒墨的缺陷,不是韩非子的目的,排除。否定儒墨思想主张,是为了肯定法家思想,排除B项。韩非子的主要目的不是阐释社会发展的规律,而是说明法家思想更符合当时形势的需要,排除D项。

3. D 【解析】三省六部制自隋朝建立到唐朝完善,对适应封建的生产关系具有积极意义。唐朝的三省六部制是在秦朝三公九卿制度基础上发展的,使中央机构更加完善,完善指的是各部门之间可以相互制约,同时提高了办事效率。正确选项为D。

4. B 【解析】宋朝从越南引进占城稻,水稻在宋朝跃居粮食产量首位,主要产地是在南方。太湖流域的苏州、湖州,成为重要的粮仓,民间流传着"苏湖熟,天下足"的谚语。

5. D 【解析】在创设的四个情景选项中,A、B、C选项情景在宋代已出现,而D选项中的吴承恩的《西游记》是明代小说。

6. A 【解析】"文而不晦,俗而不俚""明白如话"反映的是元杂剧通俗化的特点,这一特点适应了市民阶层的壮大,而究其根本原因则是城镇经济的繁荣,故A项正确。

7. A 【解析】此题属于基础知识的考查,只要弄清明朝加强中央集权措施的内容即可选出A项。

8. C 【解析】本题是一道组合选择题。分析题干给出的限定条件是清政府对西藏的管辖。①②③④都是清政府对边疆管理的措施,但是属于管理西藏的措施只有①③两项。

9. D 【解析】民主和科学以及新思想新文化的要求都是由新文化运动提出的。维新变法、辛亥革命和新文化运动都从不同方面掀起了反封建制度的斗争,都没有提出彻底废除封建制度的要求,但实行资产阶级民主政治是它们的共同要求。

10. C 【解析】材料中魏源认为历史上没有不改变的统治方法,主张清政府必须改革,兴利除弊,挽救清朝统治。魏源的言论表明鸦片战争造成的民族危机激发国人进行探索,C项正确。材料无法反映出清政府已开始进行政治改革,A项错误。魏源并不主张改革中国的政治制度,还没有认识到清朝专制制度的落后,B项错误。材料无法体现魏源有向西方学习的愿望,D项排除。

11. D 【解析】由题干材料"南北相攻,皖直交哄,滇蜀不靖"可知,当时各派系争斗激烈。结合所学知识可知,这种状况出现在北洋军阀统治时期,D项正确。太平天国运动时期、义和团运动时期、辛亥革命时期都没有出现各省派系之间的争斗,A、B、C三项与材料不符,可排除。

12. A 【解析】"三民主义"分为旧三民主义和新三民主义,旧三民主义是孙中山领导的辛亥革命的指导思想;新三民主义是国共第一次合作时孙中山确立的指导思想,由此排除③。因此本题选A。

13. D 【解析】根据材料可知,国民党主张给予因缺乏土地沦为佃户的农民土地,帮助他们发展生产,说明国民党"一大"宣言重视民生,这是对"平均地权"思想的发展,D项符合题意。A项在材料中无法体现,且与史实不符,排除。认识到农民对革命的重要性的是中国共产党,B项与史实不符,排除。国民党的前身是同盟会,孙中山早在1905年同盟会成立时提出三民主义,已经开始关心民生和重视土地问题,C项错误,排除。

14. A 【解析】材料反映的是革命根据地的经济建设,根据地政府为了打破敌人的经济封锁,保障根据地的军需民用而采取了发放生产和经营贷款等措施,A项符合题意。B、C、D三项从时间上可以排除。

15. B 【解析】根据题干中时间"1977—1979年",可知这一时期我国处于改革开放起步时期,领导人积极出访的主要作用是为我国刚开始的改革开放创造良好的国际环境,该出访潮在特殊历史时期发挥的特殊历史作用主要是推动了改革开放事业的起步,B项正确。这一时期的外交有利于引进技术和资金,开阔社会主义建设的视野,但都不是该出访潮在这一特殊历史时期的特殊历史作用,A、D两项排除。中美正式建交与我国出访活动频繁互为推动因素,C项错误。

16. B 【解析】由材料可知,我国在修订1982年宪法时,一些领导人主张"不能以1975年或者1978年宪法为基础,而应该以1954年宪法为基础进行修订"。结合所学知识,1954年宪法体现了人民民主和社会主义的原则,是新中国宪法发展的基石,而70年代的宪法受到"文革"时期"左"倾思想的影响,破坏了中国的民主法制原则,B项符合题意。题干材料反映的是1982年宪法的修订应以1954年宪法为基础,以避免受到"文革"时期"左"倾思想的影响,A项与材料主旨不符,排除。"文革"时期宪法修订没有违背社会主义原则,C项不符合史实,排除。D项在材料中没有体现,排除。

17. B 【解析】本题旨在考查古代罗马法的发展。由习惯法到成文法,这是平民斗争的一次胜利,然而,公民法发展到万民法是随着古罗马版图不断地扩大,公民法难以适应发展的需要,进而设立万民法,B项说法错误。故答案选B。

18. C 【解析】《人权宣言》是法国大革命时期颁布的纲领性文件,《人权宣言》揭示了天赋人权,自由平等的原则,否定了封建等级制度,体现了摧毁封建君主专制的要求,成为资产阶级夺取政权和巩固政权的思想武器,它实际上宣告了旧封建王权灭亡和资产阶级政治制度的诞生。从一定意义上可以说,法国《人权宣言》是西方国家人权宣言的集中代表,是法国"献给人类文明的礼物",故答案选C项。

19. B 【解析】题干材料反映了在文学、音乐领域德意志要求用自己的语言,表明德意志人民的民族意识较为强烈,因此德意志启蒙运动带有民族主义倾向,B项正确。德意志启蒙运动有民族主义倾向与启蒙运动对德意志影响大小无关,A项排除。据所学可知,法国、德意志的启蒙思想家都主张理性,反对封建统治和教会,因而两国提倡的内容有一致之处,C项排除。材料信息不能反映德意志的军国主义和封建色彩浓重,D项排除。故选B。

20. B 【解析】人文主义是文艺复兴时期的指导思想。它主张一切以人为本,反对神的权威,把人从中世纪的神学枷锁下解放出来。宣扬个性解放,追求现实人生幸福;追求自由平等,反对等级观念。题干"以人文本"的理念正是源于人文主义,故答案选B项。

21. B 【解析】材料中显示,从1933年起,苏联的农业生产开始指标化。结合所学知识,这个时期苏联正在进行社会主义建设,一切经济活动都为国家工业化服务,所以农业生产的指标化是为了保障工业化战略的实施,B项符合题意。该时期不是苏联国民经济恢复时期,A项错误。仅仅从农业生产指标化无法得出斯大林模式已正式确立的结论,C项错误。压榨农业,片面为工业化服务,导致了苏联农业的落后,D项不符合史实,排除。

22. D 【解析】由材料可知,该项原则减少了对经济的管控,增加了自由度,有利于发挥市场活力,推动经济发展,联邦德国在五六十年代创造了经济发展的奇迹,也可以印证这项原则有利于促进战后西德经济繁荣与发展,D项正确。A、B、C三项在材料中没有反映,排除。

23. A 【解析】由材料中信息"全球政治和经济重心已由西向东,由北向南转移""探讨应对共同挑战的新准则是论坛的工作重心"可知世界政治和经济重心已经发生转移，需要商讨构建新的政治经济秩序，A项符合材料观点。B项不符合材料观点。C项说法错误，两极格局瓦解后，新的世界格局尚未形成，世界处于新旧交替时期。D项不符合材料观点，世界经济论坛并不只代表大国。

24. B 【解析】西汉司马迁的《史记》、东汉班固的《汉书》、西晋陈寿的《三国志》和南朝刘宋时期范晔的《后汉书》合称“前四史”。

25. B 【解析】思想性原则指的是课程资源的选择要注重其所呈现的思想导向和价值取向，要选择那些有助于学生全面、客观、辩证地分析历史的资源，并利用这些资源对历史进行正确的认识。题干中教师请抗战老兵讲抗战的艰苦岁月和浴血奋战的历史，可以帮助学生树立正确的思想导向和价值取向，故答案选B项。

二、简答题

26. 评价在中国近代民主革命中的资产阶级。

【参考答案】

(1)具有革命性和进步性。

①原因：资产阶级的进步性主要源于它是先进生产力的代表；革命性则是由于资产阶级诞生于中国半殖民地半封建的历史进程中，一开始资产阶级就受到外国资本主义和本国封建势力的压迫和束缚，具有反抗外国资本主义和本国封建势力的要求。

②表现：辛亥革命中，资产阶级革命派暴力推翻清王朝，建立起民主共和国，成立南京临时政府，提出了许多发展资本主义的措施，顺应世界发展潮流，表现出了极大的革命性和进步性。

(2)具有软弱性和妥协性。

①原因：资产阶级诞生于半殖民地半封建社会中，特定的社会环境决定了资产阶级具有同本国封建主义和外国资本主义相妥协的一面。

②表现：辛亥革命中三民主义没有明确提出反对帝国主义，更没有提出彻底的土地革命纲领。

27. 请就如何选择教学适用的史料谈一谈你的认识。

【参考答案】

(1)根据课程标准，灵活调整教学的目标并选取史料，根据教学中的重难点补充相关史料。

(2)根据学生情况来选择史料(不宜选取文字阅读量过大的史料)。

(3)养成收集整理与教学相关的史料的习惯，建立教学史料库。

(4)选择多样化的史料，丰富课堂讲授内容，在观点的碰撞中锻炼学生的思维。

(5)带着问题去研读史料，选取能够激发学生情感、态度，形成正确价值观的史料，精心设问，质疑解惑。

28. 怎样通过科学、合理的评价促使教与学的协同发展？

【参考答案】

(1)评价方式要多样。学生的学习结果具有确定性的一面，也存在着不确定的一面。对前者可主要采用定量评价，对后者可主要采用定性评价，如采用描述性评语来反映学生的参与程度、交流的主动性、所提出方法的新颖性和创造性等。

(2)评价主体要开放。要使评价对象最大限度地接受和认同评价结果，在评价主体上，就要改变由教师作为单一评价主体的做法，重视评价主体间的多向选择、沟通和协商，加强学生自评、互评，教师评价和其他人员交互评价相结合的方式。

(3)评价内容要多元。在评价内容上要力图把历史课程标准的知识与能力、过程与方法、情感态度与价值观目标尽可能地纳入评价体系中。对学生的评价中，不仅要关注学业成绩，更要注重对学生综合素质的评价，注重学生创新精神和实践能力的发展，以及良好的心理素质、学习兴趣与积极情感体验等方面的发展。

(4)评价操作要科学。为兼顾学生的差异和特长，调动每一个学生学习的积极性，较好地发挥评价促进发展的功能，评价的操作方法一定要简明、有可操作性。

三、材料分析题

29.【参考答案】

(1)特点：由医疗的市场化改革向政府主导方向发展；政府加大对公共卫生领域的财政投入；通过立法等方式保障医改政策的实施；大力发展农村医疗；强调福利性和公平性。

(2)原因：原有的过度市场化的医改政策带来一些问题；“非典”爆发引起政府和社会反思；随着经济的发展，城乡差距扩大；国家经济实力增强；中国共产党坚持执政为民的理念。

30.【参考答案】

(1)清政府设立邮局，缺乏办现代邮局的经验、人才和其他设施，委托英国人赫德控制的海关来办；中国第一套“大龙邮票”由海关印制，设计者是外国人。

(2)教学环节：用在课末。原因：洋务运动时期中国的邮政状况体现了洋务运动的局限性，适合课末使用。用法：作为组织讨论的资源。

31.【参考答案】

(1)指标：难度。

要把握好命制试题的难度，要坚持以下原则：

①坚持综合性原则。了解各种影响试题难度的

因素及其影响程度，在试题命制的过程中，要根据整体命题计划和分工，从具体情境材料出发确定试题立意和难度目标，综合运用一种至多种影响试题难度的因素进行试题的命制，在命制出一定数量的试题后，再进行选择、调整和修改。

②坚持层次性原则。一份好的试卷应该是由难中易各档试题按一定比例组合而成的，命题者应该命制出难易程度不同的各个层次的试题。这就要求命题者能准确把控影响试题难度的因素和程度。

③坚持多样性原则。影响试题难度的因素是多种多样的，应运用不同的方法、不同的组合进行试题难度的设置，使试题难度呈现多样性，以达成对考生知识考查和能力考查的多样性。

④坚持参照性原则。试题命制中的难度设置是一个主观的过程，要做到难度判断与实际检测尽量相符，通用的办法是把个人难度评估与集体难度评估、讨论分析结合起来，作出试题难度的综合评估。还可以先建立参照性试题库，以此确定新命试题的难度。

⑤坚持和谐性原则。试题的难易结构编排应该是和谐的，即要按照适当比例选择各类难度试题进行组卷。一般来说，平时的训练题的难度维持在易为3、中为5、难为2的比例结构。

(2)①效度，指试题是否真正测验了它所要测验的特性的指标。

②信度，是对试题一致性的估计，是测验稳定性和可靠性的指标。

③区分度，指某试题区分考试的力度及其程度。

四、教学设计题

32.【参考设计】

环节一：导入新课

教师播放丘吉尔铁幕演说的视频，用多媒体课件展示斯大林对铁幕演说的谈话资料，提问：什么是冷战？冷战表现在哪些方面？冷战给世界带来怎样的影响？

【设计意图】教师通过播放视频，激发学生的兴趣，让学生迅速融入历史情景。问题引导有利于烘托课堂气氛，激发学生的学习兴趣。

环节二：新课讲授

(一)冷战的发生

教师引导学生阅读教材，提问：请同学们谈谈冷战的内涵和美苏推行冷战政策的原因。

学生回答：冷战是指第二次世界大战后的40多年间，以美、苏为首的两大集团之间既非战争又非和平的对峙与竞争状态。美苏推行冷战政策的主要原因是，美苏国家战略的对立和社会制度的巨大差异使双方的对抗、冲突不断加剧。

教师提问：冷战开始的标志是什么？

学生回答：1947年杜鲁门主义的出台。

教师指导学生阅读教材，提问：杜鲁门主义的内容、实质和影响分别是什么？

学生回答：杜鲁门主义把世界分为自由国家和极权政体两个对立的营垒，宣称美国将领导和帮助所有选择"自由制度"、抵抗极权统治的力量。该主义的实质是用意识形态的辞藻来掩饰美国全球扩张的企图。影响是，标志着美苏战时同盟关系正式破裂，冷战开始。

教师用多媒体课件展示美国援助西欧的漫画，指导学生阅读教材，提问：漫画反映了什么事件？美帝国主义"援助"西欧的真正目的是什么？你怎样看待这一事件？

学生回答，教师总结：漫画讽刺了马歇尔计划。美国实施马歇尔计划是以援助西欧恢复经济为名，达到控制西欧、遏制苏联、称霸世界的目的。马歇尔计划使美国加强了对西欧各国的控制；帮助西欧各国度过困难；防止了欧洲爆发革命，巩固了西欧资本主义统治秩序。

(二)德国的分裂

教师指导学生阅读教材和《四国分区占领德国示意图》，提问："四国"指的是哪些国家？分区占领德国是哪次国际会议作出的决策？后来德国是怎样分裂的？

学生回答："四国"指美、苏、英、法。分区占领德国是雅尔塔会议作出的决策。1949年9月，在美、英、法占领区成立了德意志联邦共和国；10月，在苏占区成立了德意志民主共和国；从此，欧洲冷战对峙的局面基本形成。

(三)北约与华约对峙

教师展示《北大西洋公约》签字仪式和《华沙条约》签字仪式的图片，提问：冷战政策除了在政治、经济上的表现，在军事方面有何表现？

学生回答：北大西洋公约组织与华沙条约组织两大军事集团的对峙。

教师提问：北大西洋公约组织是怎么建立的？该组织建立后有怎样的发展？

学生回答：1949年4月，在美国的操纵下，美国、加拿大、英国、法国等12国签订了《北大西洋公约》，建立了北大西洋公约组织，简称"北约"。此后，"北约"5次增加成员，扩大阵营，到2004年成员国达到26个。"北约"的建立，是美国冷战政策在军事上的表现。

教师提问：北约建立后，针对美国的冷战政策，苏联和东欧国家有什么反应？

学生回答：1955年成立了华沙条约组织，简称"华约"。

教师补充：美国冷战政策的结果是在欧洲形成了北约和华约两大军事集团长达三十多年对峙

的局面。北约和华约日益成为美苏争霸的工具。

【设计意图】教师通过展示漫画和图片,可以激发学生的学习兴趣。学生自学的环节可以加深学生对相关知识点的记忆,调动学生学习的主动性。

环节三:小结作业

1.小结:师生共同总结回顾本课所学知识。

2.作业:从政治、经济和军事方面归纳美苏冷战的表现与布局。

【设计意图】课后作业的设置可以帮助学生巩固对所学知识的记忆,锻炼学生解决问题的能力。

教师资格考试预测试卷(六)

答案速查:

1	2	3	4	5	6	7	8	9	10	11	12	13	14	15
A	D	A	C	D	A	A	B	C	D	C	C	A	C	B
16	17	18	19	20	21	22	23	24	25					
A	A	A	C	D	C	B	D	C	C					

一、单项选择题

1. A 【解析】根据题干材料可知,陶器上的"刻画符号"有一定规律并且出现在多个地区,结合所学知识可知,这些符号是早期人类用来记事和传递信息的,并非原始人类无意义的涂鸦,故A项正确,D项错误。甲骨文的形成标志着汉字形成完整体系,B项错误。材料中的刻画符号还未发展为文字,C项错误。

2. D 【解析】材料信息"谷贱则以币(货币)予食,布帛贱则以币予衣。视物之轻重而御之以准,故贵贱可调而君得其利"体现的是国家对经济的调控。由此可知,"轻重之术"重在研究国家调控经济的手段,故D项正确。材料信息未涉及"君权神授"和"重农抑商",故A、B两项错误。《管子》体现的是法家思想,C项错误。

3. A 【解析】秦代焚书坑儒旨在消除法家以外的各家学说,统一人民的思想以便维护自己的统治,汉代独尊儒术也是希望通过思想上的统一来巩固政治上的统一,其二者的做法都是出于政治上的需求。故答案选A。

4. C 【解析】关键信息:将豪强大族"田宅逾制"作为重要的监察内容。"被迁到长安附近集中居住"的原因是"财产达300万钱",说明汉武帝的做法是要抑制豪强,其目的是缓解土地兼并,C项正确;"经济支柱"说法错误,A项排除;B项无从反映;题干说的是政治手段,D项排除。

5. D 【解析】唐太宗这段话的意思是说应当发挥宰相等大臣的智慧来帮助朝廷进行决策。所以选D。

6. A 【解析】北宋时期的"交子",是世界上最早的纸币。

7. A 【解析】15世纪早期正处于明朝初年,结合题干要求及所学知识,可以知道答案应选郑和下西洋,郑和下西洋是中国古代规模最大、船只最多(240多艘)、海员最多、时间最久的海上航行,比欧洲国家航海时间早半个多世纪,是明朝强盛的直接体现。故答案选A。

8. B 【解析】结合所学知识可知,1790年乾隆80岁寿辰时,由徽商出面组织的来自南方的四大徽班先后到北京献艺。后来,徽调不断吸收昆曲、秦腔、京调、汉调等地方戏的优点,加以创造和改进,在道光年间逐渐形成为一个新的剧种"皮黄戏"。"皮黄戏"博采其他剧种的优点,又带有北京的地方特色,以后就被称为"京剧",并经过不断创新,成为最主要的剧种。因此B项错误。

9. C 【解析】辛亥革命并没有完成反帝反封建的任务,中国半殖民地半封建社会的性质没有得到根本改变,正确选项为C。

10. D 【解析】李鸿章是地主阶级的代表人物。分析选项,他能接受的维新主张有创办新式学堂、改革中央机构、创办新式军队,即他能接受在不改变封建君主专制制度的前提下进行的改革。④显然不符合李鸿章的阶级立场,排除。正确答案为D。

11. C 【解析】本题主要考查清代法治建设的进步。结合材料"如产物系一家之公物,则封本人名下应得之一分,他人之分不得株连"可知,《大清民国刑事诉讼法》废除了在判案后查封产物规定中的株连制度,体现了"一人犯法,一人负责"的原则,这是一个历史的进步,表明近代人权意识在中国影响的扩大,这是该规定最重要的时代意义,故答案选C。

12. C 【解析】材料中官员问话中的"黎庶"是百姓、民众的意思,但老农听不懂,以为问的是"梨树",说明文言文严重脱离广大群众,提倡白话文非常必要,C项符合题意。A、B两项偏重于政治,D项是经济问题。

13. A 【解析】分析题干材料,其主旨是在阐述二十一条对中国的残酷宰割引发了五四爱国运动，爱国主义和民族主义是五四运动爆发的重要原因，A项符合题意。题干只是阐述了五四运动爆发的其中一个原因，B项“全面揭示”的表述不准确，排除。抗日战争后中国的政局形势和国民党维护国共合作的政治愿望在材料中没有体现，C、D两项排除。

14. C 【解析】根据材料，结合所学知识可知，《论十大关系》从中国实际情况出发，总结了新中国经济建设的经验教训，在实际上提出了开辟具有中国特色的社会主义建设道路的重大问题，C项符合题意，B项不符合史实。三大改造是1956年底完成的，材料中的时间是“1956年4月”，A项错误。D项说法与开辟具有中国特色的社会主义建设道路没有关系。

15. B 【解析】从材料中看，科学实验成为三大革命运动之一，这是进步的一点，但是阶级斗争仍旧是三大革命运动之一，说明1978年宪法仍受“文革”“左”倾错误影响，不能完全适应改革开放新时期的需要，B项符合题意。阶级斗争写入宪法，说明我国的宪政建设尚不成熟，A项错误。各项路线的拨乱反正并没有完全实现，C项错误。中国特色道路的探索从新中国建立就开始了，D项错误。

16. A 【解析】本题以罗马法为切入点，旨在考查考生解读史料获取信息的能力以及调动和运用知识的能力。依据题干时间“公元前5世纪早期以前”和材料中“凡是罗马公民均受法律的保护，而不论其居住地区如何”，说明只要是罗马公民均受公民法的保护，故A项正确；B项万民法此时尚未出现；C项成文法在“建国之初”还没有出现，古罗马第一部成文法《十二铜表法》颁布于公元前5世纪中期；D项说法明显不符合题意。

17. A 【解析】本题需要注意时间。罗马开始颁布成文法是在公元前5世纪中期，6世纪东罗马帝国皇帝查士丁尼组织法学家，把历代的罗马法加以系统化和法典化，汇成《民法大全》，罗马法体系最终完成；隋唐时期(581—907年)是我国封建社会中央集权制度的完善时期，中央集权制度的确立以公元前221年秦王朝建立为标志。

18. A 【解析】材料中的信息“将参议院的用途描述为‘一个抗御……反覆与激情的必要防护’”“我们将法条(来自众议院)倒入参议院碟子里冷一冷”说明参议院的创立者希望立法决策更加审慎严谨，A项正确。B、C两项在材料中没有体现，排除。D项说法错误，排除。

19. C 【解析】18世纪后半叶至19世纪30年代，革命和改革相继成功后的欧洲各国并没有出现启蒙学者所描绘的自由、民主、平等、博爱的美好景象，人们极度失望，反映在文学领域，就是浪漫主义的兴起。故答案选C。

20. D 【解析】根据题干中的内容可知，因为英国有广阔的殖民地、市场和原料产地，不采用新技术也能推动经济发展，长此以往导致了英国经济的衰落，故选D项。

21. C 【解析】新航路的开辟使得世界开始慢慢地联系起来，欧洲人通过新航路到达美洲、亚洲，从而使得世界开始互相影响，联系紧密。故答案选C。

22. B 【解析】本题考查考生对“战时共产主义政策”的理解。由“土地属于我们，面包却属于你们；水属于我们，鱼却属于你们；森林属于我们，木材却属于你们”，可知农民对“战时共产主义政策”的不满，反映了“战时共产主义政策”挫伤了农民的积极性。故答案选B。

23. D 【解析】漫画反映希特勒试图控制世界的信息，可见德国称霸世界的野心昭然若揭，故D项符合题意。德国全面发动第二次世界大战是1939年9月1日，排除A项。德国作为资本主义国家，资本主义基本矛盾决定了它无法避免经济危机的打击，排除B项。欧洲第二战场是1944年开辟的，与漫画发表的时间不符，排除C项。

24. C 【解析】《通典》是我国古代保留至今的第一部典章制度通史。

25. C 【解析】刘老师通过讲述将学生们带入北宋当时具体的情境中，使学生身临其境地感受到北宋的经济特点，加深了理解，采用的是情景式教学方法。

二、简答题

26. 为什么说第二次鸦片战争是鸦片战争的继续和扩大？

【参考答案】

1856—1860年，英法在俄美支持下联合发动第二次鸦片战争。因其实质是鸦片战争的继续和扩大，故称第二次鸦片战争。

第二次鸦片战争是鸦片战争的继续，主要表现在：①战争的根本原因和根本目的一脉相承，都是为了打开中国市场，变中国为英国等国的商品市场和原料产地。②战争的性质一脉相承，都是侵略性的非正义的殖民掠夺战争。③战争的影响一脉相承，鸦片战争使中国开始沦为半殖民地半封建社会，第二次鸦片战争使中国的半殖民地化的程度加深。

第二次鸦片战争是鸦片战争的扩大，从战争的进程来看：①侵略力量扩大。鸦片战争侵略军只有英国，第二次鸦片战争是英法两国出兵，美俄参与。②侵略时间增长。第一次鸦片战争历时两年多，第二次鸦片战争延续四年之久。③侵略区域扩大。第一次主要在长江以南沿海地区，第二次从沿海一直侵入中国清政府的都城。④签约国和条约增多。第一次只与英法美三国签约，第二次签约国和签约数量增多。从战争的影响看：①通商口岸和割地增多。第一次开五处，割香港岛。第二次开十一处，割九龙司地方一区，丧失东北及西北边疆大片领土。②赔款增加。第一次是赔款2100万银元，第二次新增巨额赔款。③破坏了中国更多的主权。总之，第二次鸦片战争是鸦片战争的继续和扩大，促使了中国的半殖民地化程度进一步加深。

27. 谈一谈非智力因素对历史学习的影响。

【参考答案】

(1)兴趣：深厚的兴趣会使学生产生积极的学习态度，推动学生兴致勃勃地去进行学习。兴趣是影响学习活动效率的一个重要的心理因素。

良好的学习兴趣的形成，第一，要培养好奇心。第二，要引导兴趣适应变化的形势不断地向更高层次发展。第三，要在学习过程中不断强化良好的学习兴趣。第四，兴趣要从努力学习中培养。

(2)情感：学生有了对学习的强烈情感，就会增强其学习的积极性，主动地探求新的知识，大胆地进行创造性思维，顽强地克服各种困难，从而提高学习效率。历史知识蕴含着极为丰富的情感教育因素，学生的爱国主义情感可以促使学生在学习上自强不息，对学习产生热烈的情感，从而积极主动地学习历史知识。

(3)意志：在学习历史的过程中必须有坚持到底的意志，学生通过具体的学习活动来培养自己的意志，通过攻克难题、迎战困难来锻炼自己的意志。坚强的意志是学习取得成功的有力保证。

28. 简述乡土历史教学的功能。

【参考答案】

(1)有利于补充、订正现行教材的缺略和错误。

(2)有利于激发学生学习历史的兴趣。

(3)有利于使学生加深对重大历史事件和历史规律的认识和理解。

(4)有利于培养学生热爱家乡、热爱祖国的感情。

三、材料分析题

29. **【参考答案】**

(1)特点：治理历史悠久；历代高度重视；中央与地方共同治理；体系完备，专业化程度高；治河官吏职位高；军民结合；重点治理黄河下游；清末到民国黄河的治理不足。

(2)原因：党和政府重视；人民代表大会制度的建立和立法为治理黄河提供根本保证；科学决策；统筹规划；治理体系完善；依靠群众、地方和军民力量；理念先进，运用先进的现代化技术等。

(3)意义：有利于中华民族的伟大复兴，促进经济发展，促进区域协调发展，保护生态安全，推动黄河治理的现代化建设等。

30. **【参考答案】**

(1)设置问题一的目的是以史料作为评价历史人物的依据，联系所学知识总结历史人物的历史贡献，考查学生记忆史实的能力。

设置问题二的目的是通过分析史料、理解史料对历史人物的价值取向和判断，考查学生分析史料的能力。

设置问题三的目的是帮助学生形成公正客观地评价历史人物的能力。

(2)①有利于创设情境，激发学生的探究意识，培养学习兴趣；

②史料有利于还原历史，揭示历史本质，丰富教材内容，加深学生对历史的理解；

③有利于形成正确的价值观，提升思想道德修养；

④论从史出，史论结合，有利于培养学生的探究能力。

31. **【参考答案】**

(1)该教师的导入属于直接导入。

(2)直接导入的优点：节省教学时间，有利于学生迅速了解学习内容，提高学习效率，以便顺利完成教学任务。

直接导入的缺点：有一定的局限性，用不好很容易生硬、刻板、枯燥，缺乏感染力，尤其是连续采用这种方式时效果会降低。

四、教学设计题

32. **【参考设计】**

环节一：导入新课

教师用多媒体课件出示《三字经》部分内容："夏有禹，商有汤。周武王，称三王。夏传子，家天下。四百载，迁夏社。汤伐夏，国号商。六百载，至纣亡。周武王，始诛纣。八百载，最长久。周辙东，王纲坠。"教师请学生朗读《三字经》，并提问《三字经》里提到的朝代，以解释《三字经》为问题载体，进行新课学习。

【设计意图】教师通过让学生朗读《三字经》并提问，将学生的注意力吸引到教学内容上，方便后续教学内容的展开。

环节二：讲授新课

(一)夏朝的建立与"家天下"

教师介绍：夏朝的建立，标志着中国早期国家的产生，它是中国历史上第一个王朝。

学生自主学习：阅读教材，了解归纳夏朝建立的时间、地点和建立者。

教师提问:禹通过禅让制成为部族首领,那么在夏朝建立后,有没有继续通过禅让制选出下一任君王呢?《三字经》中的"夏传子,家天下"这句话又是什么意思呢?
学生回答:没有,禹的儿子启继承了王位。"夏传子,家天下"的意思是禹把王位传给了自己的儿子启,这个天下变成了他们家的天下,从此世袭制代替了禅让制,"家天下"开始。
教师补充:夏朝还建立了军队,制定刑法,设置监狱,制定历法对国家进行管理。
教师出示图片《夏桀把人当坐骑》,阅读教材,了解桀的暴政,提问:夏朝为什么会灭亡?
学生回答,教师总结:夏桀统治残暴,引起民众反抗。商的首领汤联络周围部族,起兵攻伐夏桀,桀大败,夏朝灭亡。
(二)商朝的统治
教师出示《商朝形势图》,提问:我们已经学了商汤灭夏,建立商朝。观察《商朝形势图》,商的都城为何多次变化?商朝为何称为殷朝?
学生阅读课本,回答:由于战乱和环境变化等因素,商朝多次迁都。到商王盘庚时迁到殷,此后保持了相对的稳定,因此,后人也称商朝为殷朝。
教师提问:商朝为巩固统治,采取了哪些措施?
学生回答:设置监狱,制定酷刑,加强对奴隶和平民的控制。
教师出示电视剧《封神榜》剧照,提问:这部电视剧以什么历史事件为背景?
学生回答:武王伐纣。
教师讲解:商纣王是商朝的最后一个王,他对外征伐,耗费国力,同时修筑豪华宫殿,对百姓征收繁重的赋税,还施用酷刑,残害人民。商朝晚期,分布于渭水流域的周部族发展迅速。周武王时,周部族日益强盛。公元前1046年,武王联合各地势力,组成庞大的政治联盟,与商军在牧野决战,商朝灭亡。
(三)西周的统治与分封制
学生自主阅读教材,了解西周建立的时间、地点和建立者。教师将学生分为三组,共同完成夏商西周的更替表格。

国家	建立时间	建立者	都城	末位国君
夏	约公元前2070年	禹	阳城	桀
商	约公元前1600年	汤	亳(殷)	纣
西周	公元前1046年	武王	镐京	幽王

教师出示《夏商周疆域变化图》,提问:面对如此辽阔的疆域,周天子是如何进行管理的呢?
学生回答:实行分封制。
教师补充:周王根据血缘关系远近和功劳大小,将宗亲和功臣等分封到各地,授予他们管理土地和人民的权力,建立诸侯国,以保证周王朝对地方的控制,同时稳定政局,扩大统治范围。诸侯具有较大的独立性,但需要向周王进献贡物,并服从周王调兵。受封者可以在自己的封地内进行再分封,从而确立了周王朝的社会等级制度"分封制"。周代的贵族等级分为天子、诸侯、卿大夫、士。
教师将学生分成两组,对分封制的利弊进行讨论。学生代表回答,教师总结:西周实行分封制,有利于周王朝对地方的控制,稳定政局,扩大统治范围。弊端则是诸侯的独立性较大,容易不服从周王朝的统治。
教师播放视频片段《烽火戏诸侯》,提问:这个故事的主人公是哪位西周君王?
学生回答:周幽王,西周最后一位君王。
教师补充:周幽王时,朝政腐败,社会各种矛盾激化。公元前771年,西周王朝被犬戎族所灭。
【设计意图】教师利用多媒体出示图片播放视频能够营造具体的历史情景,帮助学生在具体的历史情境中学习历史、思考问题。通过小组讨论,可以增强学生的合作意识,加深对相关问题的理解。
环节三:小结作业
1.小结:师生共同总结回顾本课所学知识。
2.作业:总结夏、商、西周三朝灭亡的共同原因。
【设计意图】课后作业可以巩固学生对新学知识的记忆,培养学生运用所学知识解决问题的能力。

教师资格考试预测试卷(七)

答案速查:

1	2	3	4	5	6	7	8	9	10	11	12	13	14	15
B	C	B	A	A	B	D	A	B	A	D	D	B	B	C
16	17	18	19	20	21	22	23	24	25					
A	D	D	D	D	B	C	C	B	B					

一、单项选择题

1. B 【解析】根据材料可知，该学者认为西周宗法制重在以君臣关系抹平血缘之亲疏，在公共政治事务中君主确立了面向大众的具有普遍公共性的权威，可见周代宗法制具有"公天下"的某些特征，B项符合题意。题干中没有涉及分封制，A项排除。C、D两项在题干中没有体现，排除。

2. C 【解析】科举制使得知识分子可以通过考试做官，从而可以培养"全国人民对政治之兴味"。同时，科举考试的主要内容为儒家经典，有利于儒学正统地位的巩固，也就有利于封建政府用思想上的统一来巩固政治上的统一，即加强中央集权。据此分析，钱穆所说的制度应为科举制。

3. B 【解析】根据材料关键信息"盐铁皆归于民。薄赋敛，省徭役，以宽民力"，不难得出这样的认识，董仲舒的观点有藏富于民的意思，即原始儒学的民本思想，结合选项可知B项符合题意。

4. A 【解析】京杭大运河是隋炀帝时开凿的，是世界上里程最长、工程最大的古代运河，也是最古老的运河之一。大运河对中国南北地区之间的经济、文化发展与交流，特别是对沿线地区工农业经济的发展起了巨大的作用。

5. A 【解析】据材料"蜀民以铁钱重，私为券，谓之交子，以便贸易""不能偿所负……"可知，交子有替代铁钱，作为交易凭证的功能，故A项正确；交子因铁钱不便于贸易而产生，"商业纠纷"是"富者资稍衰，不能偿所负"带来的结果，故B项表述与题意不符；C、D两项在材料中都没有涉及，排除。

6. B 【解析】由材料"科学的进步应具备的条件之一就是'闲暇'，不为生活而奔波""真正从事这一工作的人是工匠、失意的文人"可知中国古代从事科学研究的人比较贫困，这不利于中国古代科技的发展，B项符合题意。A项中的社会环境与题干无关，排除。材料没有体现主流意识认识和生产力发展的情况，C、D两项不符合题意，排除。

7. D 【解析】依据材料"番椒（辣椒）传入四川，在烹调中与当地特产的花椒有机结合，形成麻辣兼备的格局"来看，川菜既包含了外来番椒又包含了本土的花椒，表明清代中期的四川经济文化呈现兼容性特征，D项正确。材料信息未反映农副产品进入市场，A项排除。鸦片战争前清朝一直在实行闭关锁国政策，B项不符合史实，排除。材料只反映了川菜融合外来物品，不能证明长途贩运贸易繁荣，C项排除。

8. A 【解析】总理衙门成立之初，大臣主要从军机大臣、内阁大学士及各部尚书、侍郎中选派，没有定额，说明当时总理衙门的人员没有固定编制，其具有临时性机构的性质，A项符合题意。"全权处理"的说法绝对化，B项排除。从材料表述不能判断出总理衙门与军机处处于同等级别，C项错误。总理衙门的大臣部分从内阁大学士中选派，不能说明其受内阁大学士牵制，D项错误。

9. B 【解析】根据史实可知，为了宣传维新变法思想，营造改制的社会氛围，谭嗣同在其诗歌中引入了圣经典故，以及印度、英国的政治词汇和佛教用语，B项正确。谭嗣同此举是为改革做准备，开辟诗歌语言的新源泉不符合材料主旨，A项错误。传统三教思想指的是儒释道，材料信息未涉及道家思想，C项错误。谭嗣同主张的是学习西方的政治制度，不涉及文学革命，D项错误。

10. A 【解析】题干材料中国民政府的做法有助于粮食增产，有助于坚持长期抗战，适应了民族战争的实际需要，A项正确。上述做法发生在国统区，与敌后战场无关，排除B项。1940年世界反法西斯同盟尚未建立，排除C项。材料只是单纯涉及粮食增产，与农村生产关系变革无关，排除D项。

11. D 【解析】淞沪会战是抗日战争全面爆发后第一场重要战役，粉碎了日军三个月内灭亡中国的狂妄计划。

12. D 【解析】通过题干的描述可以看出中国在近代社会的复杂现象，这些现象体现了中国由传统社会向近代社会转变。所以选D。

13. B 【解析】注意题目中的时间为1960年。A项提出于20世纪70年代，可直接排除；美苏两国此时仍处于争霸时期，两国间关系并未发生实质性的变化，C项亦可排除；欧洲共同体作为资本主义国家共同体，它的成立虽冲击了美国在资本主义世界的霸主地位，但社会主义仍是它们共同的敌人，D项亦可排除；由于1958年之后中苏关系逐渐破裂，所以为了与苏联对抗，中国不得不调整与资本主义国家之间的关系，B项正确。

14. B 【解析】由表格可知会议的时间为"1961年"，会议的主要议题和成果集中在工业问题和农业问题，结合所学知识可知1959年——1961年我国出现了严重的经济困难，表中会议议题主要是为了应对国内严重困难的需要，B项符合题意。1961年我国并没有全面反思人民公社体制的弊端，且表格内容不只涉及人民公社问题，A项错误。1961年我国尚处于严重经济困难时期，国家工业化建设没有取得显著成就，C项错误。D项在材料中没有体现。

15. C 【解析】此题针对我国各个时期的建设成就进行命题，其中沈阳第一机床厂、鹰厦铁路是在"一五"计划时期建设的，其余的是改革开放后的建设成就。

16. A 【解析】材料"根本原因是得益于雅典国力的

强盛”“这一因果关系不能颠倒”意在强调雅典民主政治是以强盛的国力为基础的，而非雅典民主政治是雅典国力强盛的基础，A项符合题意，D项不符合题意。B、C两项在材料中没有体现。

17. D 【解析】根据材料“因信称义”“在上帝和个人之间不存在人为隔离”“人只要信仰上帝，‘所有的信徒都是牧师’”，结合所学可知，路德认为人们可以直接信仰上帝，无须让教会和教皇作为中介，否定教会的神学权威，A项错误，D项正确。B、C两项不是宗教改革的主旨。

18. D 【解析】图为法国大革命时期出现的漫画，据此可推断该宪法为《人权宣言》。

19. D 【解析】题干材料说明实际处理政治问题的是“政客”，即内阁，表明英国责任内阁制的形成，D项正确。A项是对材料的表面化、错误的解读，排除。B、C两项在材料中没有体现，排除。

20. D 【解析】根据材料“他们反对私有制社会”可知，这次的工人起义反对资产阶级的统治，具有无产阶级革命的性质，D项正确。马克思主义诞生于1848年，不符合题干时间“1844年”，A项排除。1831年，法国里昂工人起义已表明欧洲无产阶级开始登上政治舞台，B项错误。材料表明广大工人已经觉醒，不是斗争目标“过高”，C项错误。

21. B 【解析】1961年，不结盟运动正式形成。不结盟运动奉行非集团、不结盟的政策，推动了民族解放运动的深入发展，加速了帝国主义殖民体系的崩溃。从20世纪70年代开始，不结盟运动把反对美苏两个超级大国的霸权主义作为重要任务，同时，将建立国际经济新秩序作为不结盟运动的行动纲领。不结盟运动的兴起，标志着发展中国家所构成的政治力量登上国际舞台，在一定程度上冲击着两极格局。

22. C 【解析】以信息产业为代表的高科技产业的发展是20世纪末美国经济繁荣的重要原因。

23. C 【解析】根据材料“发展中国家在进口激增有损于发展计划时，可以临时采取数量限制的办法”“确认发达国家给予发展中国家差别优惠待遇的合法性”“对发展中国家的特殊优惠待遇原则，也在世界贸易组织中得到了进一步加强”可知，在全球经济发展过程中，不合理的相关制度和措施正在得到纠正与改善，体现了全球经济治理体系的不断发展与完善，C项正确。A项中“实现了”不符合史实，排除。材料并不能表明公正合理的国际经济新秩序已经建立，B项排除。材料中所述现象不能代表所有国际贸易规则的情况，D项错误。

24. B 【解析】材料中的史学观点科学地揭示了人类社会历史客观基础及发展规律，是唯物史观。

25. B 【解析】对于历史上的政治制度、经济结构、法令条约和科技文化等内容，一般采用讲解法。这些内容知识性强，情感因素少，比较枯燥，因此在教学中，需要教师以简明通俗的语言，配合图表等辅助手段，进行清晰的讲解和论证，帮助学生理解和掌握。

二、简答题

26. 简述《辛丑条约》的主要内容和影响。

【参考答案】

(1)主要内容：

①赔款。向各国赔款白银4.5亿两，分39年还清，本息共计9.8亿两。

②划定使馆区。划北京东交民巷为使馆界，界内各国可派兵驻守，不许中国人居住。

③拆除北京至大沽的炮台，准许各国派兵驻守北京至山海关铁路沿线要地。

④永远禁止中国成立反帝性质的组织。

⑤设立外务部。改总理衙门为外务部，是清政府对外交涉的专门机构。

(2)影响：

①巨额赔款加重了人民的负担。

②“使馆界”的划定和外务部的成立，使列强可以直接干涉中国内政，清政府沦为列强统治中国的工具。

③《辛丑条约》的签订标志着中国半殖民地半封建社会统治秩序的完全确立。

27. 历史课堂的读书指导可以分为哪些基本类型？

【参考答案】

(1)接受型。学生阅读结合教师讲解，书中的一些历史学科术语，学生往往需要在教师的指导下才能正确理解和把握。

(2)探究型。教师提出主题，学生借助阅读发现和解决问题。

(3)体验型。教师创设学习情境，学生借助课本提供的信息理解历史现象。

28. 简述中学历史教师如何正确使用中学历史教科书？

【参考答案】

(1)基于阅读的理解：①在深入钻研课程标准的基础上研究历史教科书；②以单元为单位阅读教科书；③仔细阅读每课内容，确定教学目标和重难点。

(2)基于教学重点的拓展学习：通过阅读和理解教科书的过程，教师结合具体的教学实际，可以制订合理的学习方案，并且对教科书学习顺序进行调整，尤其是对学习内容的拓展。扩大阅读范围，寻求更多更适用的教学材料。

(3)基于学生的自主发展:依靠学科促进学生的自主发展,首先是以教科书为蓝本的。因此,教科书能否发挥作用,也是需要教师在刺激学生自主发展的基础上,合理使用教科书,使其发挥作用。

三、材料分析题

29.【参考答案】

(1)原因:英国工业革命加剧了贫富差距;经济危机加剧了社会矛盾的激化;自由主义思想的影响;1601年《伊丽莎白济贫法》存在不足之处;无产阶级队伍壮大;维护统治的需要。

表现:以社会政策的方式规定有工作能力的人不能享受济贫院之外的救助;接受救济的穷人的生活标准必须低于自立劳动者的生活标准;建立全国一致性的贫民处置方法和济贫税征纳制度;成立中央到地方的不同机构,建立起完善的济贫管理体系。

(2)主要成就:经济实现快速增长;农村绝对贫困人口大幅度减少;人民政府积累了多项扶贫工作的成功经验。

异:近代英国是由于工业革命的进行带来贫困问题,扶贫旨在缓和社会矛盾,稳定社会公共秩序;现代中国是由于改革开放的推行伴随贫困问题,扶贫旨在改善人民生活,努力实现共同富裕与国家富强。

同:政府主导;调节收入分配;发展生产。

30.【参考答案】

(1)历史乡土课程资源的种类和形式多种多样,基本可以分为文本资源、实物资源、口头资源、人力资源和电子数字化资源。

重要性:①有利于激发学生的学习兴趣。宋老师出示马可·波罗泉州游示意图、泉州港出土的宋元时期海船示意图和马可·波罗纪念钟楼图后,学生看到自己熟悉的家乡景点会表现出强烈的好奇心,此时宋老师提出问题就可以把学生对乡土历史的兴趣迁移到历史学科的学习上,激发学生学习历史的兴趣,提高课程讲授质量。

②有利于深化情感价值观教育。宋老师用不同形式描述元代泉州开放与交流的繁荣景象,能够增强学生对自己家乡的热爱与自豪的感情,同时也有利于进行情感价值观教育。

(2)①以相对确定的学科知识体系为参照系,打破学校围墙,沟通社区,建立学生—教师—学者的联动机制,使得乡土课程资源开发更切合实际。

②根据不同学科特点有针对性地开发乡土课程资源。

③乡土课程资源开发不能只停留在书本和课堂上的探讨,要让学生参与实践,走出课堂,走到广阔的自然和社会生活当中。

31.【参考答案】

(1)①总结式;②拓展式。

(2)第一种方式是在对本课学习内容巩固的基础上,承上启下地引出新问题,为下一节课的教学进行铺垫,使学生产生好奇心和求知欲。

第二种方式既能促进学生对旧知识的学习,又能使学生提高比较、综合等思维能力,开阔学生的视野,提升学生对历史的认识。

四、教学设计题

32.【参考设计】

环节一:导入新课

教师播放德军闪击波兰、进攻苏联、敦刻尔克大撤退、日军偷袭珍珠港等视频剪辑,提问:为什么战争初期法西斯国家的侵略总是屡屡得手?在反法西斯战争的危急关头,被侵略国家如何奋起反抗?

【设计意图】教师通过播放视频剪辑,激发学生兴趣,让学生迅速融入历史情景。问题引导增加了课程的悬念,有利于烘托课程气氛,激发学生的学习兴趣。

环节二:新课讲授

(一)二战的爆发及主要战场

教师指导学生阅读教材,提问:第二次世界大战爆发的主要标志是什么?

学生回答:1937年七七事变后,中国全民族抗战开始,中国战场成为世界反法西斯战争的东方主战场。1939年9月1日,德国突袭波兰,第二次世界大战全面爆发。

教师用多媒体课件展示《二战战场示意图》,提问:第二次世界大战的主要战场有哪些?

学生:欧洲西线战场、北非战场、欧洲东线战场及太平洋战场等。

教师补充第二次世界大战初期各战场的主要情况:

1.欧洲西线战场

1940年4月,德国进攻北欧的丹麦、挪威。不久,荷兰、比利时投降,德国进攻法国北部,法国投降,德军逼近英吉利海峡后对英国实施了猛烈的轰炸。英国军民坚持抗战。

2.欧洲东线战场

1941年6月,德国向苏联发动突然进攻,开辟欧洲东线战场。战役:莫斯科保卫战。

3.太平洋战场

1941年12月7日,日本偷袭珍珠港,太平洋战争爆发。美、英对日宣战,第二次世界大战达到最大规模。

(二)反法西斯同盟的建立及战争形势的转折

1.世界反法西斯同盟的建立

教师指导学生阅读教材相关内容，提问：法西斯国家的大肆侵略，激起世界各国人民的愤慨，全世界反法西斯国家开始逐渐走向联合，世界反法西斯同盟建立的标志是什么？

学生回答：1942年1月1日，《联合国家宣言》的签署。签字国保证使用自己的全部军事和经济资源，对德、意、日及其仆从国作战，相互合作，决不单独同敌人停战议和。

教师：世界反法西斯同盟的成立产生了什么影响？其成立的史实给我们什么启示？

学生回答，教师总结：影响是，各国为了一个共同的目标，相互支援，协同作战，逐渐扭转了战争的形势。启示是，说明当时法西斯与反法西斯之间的矛盾成为世界的主要矛盾；在一定条件下，不同社会制度的国家也可以合作。

2.战争形势的转折

(1)斯大林格勒战役

教师用多媒体课件出示斯大林格勒战役的战争形势图，讲解斯大林格勒战役的背景和战况，提问：斯大林格勒战役的胜利有何意义？

学生思考、交流，教师点拨归纳：它使苏德战场的进程发生了根本性的转折，极大地提高了苏联的国际威望，加强了国际反法西斯联盟国家之间的合作和团结，对整个第二次世界大战的进程产生了重大影响，是二战的重要转折点。

(2)中途岛海战

教师指导学生看课本《中途岛战役双方主要损失对比》和教材相关内容，师生一起总结：中途岛海战后，美国取得了太平洋战场上的主动权，转守为攻。

(3)诺曼底登陆

教师展示诺曼底登陆的图片，提问：这是二战中的哪一历史事件，有何意义？

学生回答：1944年6月，美、英盟军成功登陆法国诺曼底，开辟了欧洲第二战场，德国陷入东西两个战场的夹击之中。

(三)雅尔塔会议及战争结束

1. 雅尔塔会议

教师介绍：在德国法西斯接近灭亡、反法西斯战争胜利在望的情况下，如何进一步安排战后和平和处理德国的政策等问题便提上了重要的议事日程；同时，日本法西斯还在继续进行抵抗，为彻底战胜日本法西斯，美英希望苏联尽早参加对日作战。为此，苏、美、英三国政府首脑决定召开一次国际会议来讨论这些问题。除了雅尔塔会议，第二次世界大战还召开了哪些重要的国际会议？

教师指导学生整理二战重要会议的相关内容，制作成表格。

名称	时间	参加国	内容	主要作用
开罗会议	1943年11月	中美英	(1)发表开罗宣言 (2)中国领土归还中国	有利于三国协同对日作战
德黑兰会议	1943年11—12月	苏美英	(1)通过三国在对德作战中一致行动和战后合作的宣言 (2)决定在欧洲开辟第二战场	加强三国联合对德作战
雅尔塔会议	1945年	苏美英	(1)彻底消灭德国军国主义和法西斯主义，惩办战犯，实现战后德国民主化 (2)准备在战后成立联合国 (3)苏联在欧战结束后三个月内参加对日作战	(1)加速德国法西斯的灭亡 (2)为雅尔塔体系的建立奠定基础
波茨坦会议	1945年	苏美英	(1)重申雅尔塔会议关于处理德国问题的精神 (2)会议期间，以中美英三国名义发表《波茨坦公告》，敦促日本无条件投降	加速日本法西斯的灭亡和世界反法西斯战争的最后胜利

2. 第二次世界大战结束

教师指导学生阅读教材，归纳总结二战结束进程：1943年，北非战事首先结束；1943年7月，意大利投降，法西斯轴心国集团开始瓦解；1944年，欧洲第二战场的开辟加速了战争的胜利进程；1945年5月，德国签署无条件投降书，欧洲战争结束；1945年9月，日本正式签署投降书，第二次世界大战最终结束。

3. 第二次世界大战的影响：

教师：第二次世界大战的性质是什么？

学生：是一次伟大的正义的世界反法西斯战争。

教师组织学生讨论第二次世界大战取得胜利的主要原因并总结：(1)法西斯国家发动的是侵略战争，它们把战争强加给各国人民，遭到了各国人民的反对。战争的非正义性，决定了它们的必然失败。(2)世界反法西斯同盟的建立，加强了反法西斯各国的合作，增强了反法西斯力量，这是取得反法西斯战争胜利的一个重要原因。

教师将学生分组，讨论第二次世界大战的影响。学生代表分别发言，教师总结：第二次世界大战带来的破坏和灾难前所未有，人类多年积累的财富毁于一旦；摧毁了法西斯主义，争取和平的思想日益深入人心；沉重打击了国际帝国主义，促进了民族解放运动的蓬勃发展；促进了国际社会主义力量的壮大；客观上推动了科学技术的迅速发展。

【设计意图】教师通过展示图片、播放纪录片的形式，提高学生的学习兴趣。战争地图的使用，可以锻炼学生读图识图的能力。学生自学和小组讨论提高了学生参与合作的能力。

环节三：小结作业

1. 小结：师生共同总结回顾本课所学知识。

2. 作业：撰写小论文，谈谈第二次世界大战给人类带来的危害，你认为如何才能避免战争？

【设计意图】历史小论文的布置可以锻炼学生收集和处理信息、解决问题的能力，提高学生的历史思维能力和写作能力。

教师资格考试预测试卷(八)

答案速查：

1	2	3	4	5	6	7	8	9	10	11	12	13	14	15
D	B	B	B	A	B	A	B	B	C	B	A	B	C	B
16	17	18	19	20	21	22	23	24	25					
C	C	B	B	D	B	B	A	B	B					

一、单项选择题

1. D 【解析】分封制也称封建制，即狭义的“封建”，由共主或中央王朝给王室成员、贵族和功臣分封领地，属于政治制度范畴。D选项康熙封四子胤禛为雍亲王只是称号的封加而并无领地。故答案选D。

2. B 【解析】孟子是儒家的代表且儒学重视封建礼制，排除A；法家的思想重视法律的权威性，材料与之无关，C项错；荀子“性恶论”是儒学的一个思想分支，因此排除D；墨子的“兼爱”思想反对儒家所强调的“爱有差等”的观点，积极倡导“爱无差等”，是一种博爱思想，受到当时儒家和法家的攻击，故答案选B。

3. B 【解析】贾谊的话的大意是：要想使天下安定，最好多多建立诸侯国而使他们的势力减小。力量弱小就容易用道义来指使他们，国土小就不会有反叛的邪念。贾谊此言针对的是西汉时期出现的王国问题，主张削弱诸侯王势力，后来这一主张发展为“推恩令”，诸侯国被越分越小，中央集权得以加强。

4. B 【解析】材料中介绍了唐朝科举考试中尚书省考试考生的两个来源，即生徒和乡贡，分别出自官办学校和民间。乡贡说明唐朝的科举考试承认民间生源的合法性，B项正确。A项在材料中无法体现，排除。C、D两项不符合史实，此时关陇贵族依旧把持着选官用官的主动性。

5. A 【解析】由材料可知，交子需要两张券合得起来才能交钱，说明交子产生时就注重其“防伪”功能，A项正确。B项在材料中没有涉及，排除。交子没有取代金属货币成为主要的货币，C项不符合史实，排除。纸币的出现是商品经济发展的结果，不是源于封建政权的强大推动力，D项说法错误，排除。

6. B 【解析】本题根据材料和所学知识回答即可，杜甫在诗中赞赏了白瓷。成熟的青花瓷出现于元代，彩瓷是在清代。故答案选B

7. A 【解析】由“最初他只是经营棉布、粮食等”可以看出①正确；由“积累了巨额财富，用于购田置地”可以看出②正确；③中的“放弃”是对“政府许可”的曲解；材料中没有涉及商人的地位问题，④不正确。故答案选A项。

8. B 【解析】由题干材料可知，题干以经济工业化的角度划分历史，而中国工业化的起步是洋务运动，B项符合题意。

9. B 【解析】影响一个国家外交政策的主要因素是国家利益。欧美列强之间虽然矛盾重重，但它们都不同程度地支持或纵容日本侵略中国,其主要目的是通过日本对中国的战争扩大各自的在华利益,这符合它们各自的国家利益,B项正确。A、C、D三项均不是其主要目的。

10. C 【解析】C项时间对应不准确,前者发生于1900年,后者发生于1915年。

11. B 【解析】唐胥铁路是中国人自建的第一条铁路,1881年就已开通;1912年中华民国成立,街上路人互相行脱帽鞠躬礼体现了民国初年社会习俗的变革;北伐发生在国共合作后的1926年;1919年,李大钊发表《我的马克思主义观》,极大地推动了马克思主义在中国的传播。

12. A 【解析】根据材料“在充分尊重史料的基础上,本着求同存异的原则,共同撰写的史书”可知,学者们在相互包容的基础上形成历史共识,即尝试构建共同的“中国史观”,故A项正确。大陆实行社会主义制度,而台湾实行资本主义制度,可见文化价值观是不一致的,B项排除。根据材料中的“求同存异”可知C项错误。材料只涉及学术问题,是否认可“一国两制”的政治构想在材料中无法体现,D项排除。

13. B 【解析】二战后,亚非地区民族独立运动蓬勃兴起,而美苏之间日益加剧的冷战,严重威胁着亚非国家的独立与安全。为表达亿万人民争取和保障民族独立、反对侵略战争、维护世界和平、促进团结合作的共同愿望,新兴的亚非国家于1955年4月18—24日在印度尼西亚万隆召开反对殖民主义、推动亚非各国民族独立的会议,即万隆会议。题干中的表述就是周恩来在会议上的精彩发言。所以答案选B。

14. C 【解析】题干的材料中并未涉及工农业的产值和比例问题,故排除B、D两项。一五计划为我国的工业化奠定了初步基础,故排除A项。从题干材料中可以看出,一五计划期间我国重工业发展较快,一定程度上改变了重工业落后的局面,故答案选C。

15. B 【解析】题干中的材料说明当时实行人民公社和“一大二公”的人民公社体制,所以答案选B。

16. C 【解析】随着罗马的不断扩张,被征服地区的人民由于得不到罗马公民法的保护,对罗马统治表现出强烈不满。为稳固国家统治,罗马法的适用群体由罗马本邦公民扩展到帝国全境,发展为万民法。

17. C 【解析】新航路开辟前,人类的技术手段尤其是交通的发展很难突破地理障碍的限制,这是造成区域文明交流少的主要原因。

18. B 【解析】达尔文强调自然界中生物的进化规则是物竞天择、适者生存,传播了进化论思想;严复在《天演论》中积极宣传进化论思想,阐述变法的必要性,激发了无数仁人志士救亡图存的信心。A项英国政治革命发生于17世纪中后期,时间不符合;C项否定上帝的权威只符合西方;D项说法只符合中国。故答案选B。

19. B 【解析】材料中一些国家的君主专制统治被称为“国王的神圣权利”意在强化专制与神权的结合,而社会契约学说则从君权的源头上说明君权来自国王同人民签订的契约,国王应对其统治的人民负责,故答案为B项。

20. D 【解析】注意时间要求“20世纪初”。俾斯麦是德国统一的最大功臣,德国统一后被德国皇帝夺回权力,19世纪末已经去世,故D项说法错误。

21. B 【解析】普鲁士、美国是资本主义国家,“普鲁士的铁路管理+美国的技术和托拉斯组织+美国的国民教育”说明列宁主张利用资本主义国家的进步因素建设社会主义,B项正确。A项“突破了”的说法错误,排除。题干没有涉及计划经济和市场经济,C项排除。题干没有涉及战时共产主义政策,D项排除。

22. B 【解析】1947年3月,杜鲁门提出的“遏制共产主义”、干涉别国内政、加紧控制其他国家的纲领政策,被称为“杜鲁门主义”。它的出台,标志着美苏战时同盟关系正式破裂、美苏之间冷战开始。故答案选B。以杜鲁门主义为起点,美国在经济方面推行了援助西欧的“马歇尔计划”,在军事上建立了北大西洋公约组织。

23. A 【解析】联系所学可知,该国际组织是国际货币基金组织,其主要职能是制定成员国间的汇率政策和经常项目的支付以及货币兑换性方面的规则;对发生国际收支困难的成员国在必要时提供紧急资金融通;为成员国提供有关国际货币合作与协商等会议场所;促进国际间的金融与货币领域的合作;维护国际间的汇率秩序;协助成员国之间建立经常性多边支付体系等,符合题意的是A项,C、D项是世界银行职能;B项是世界贸易组织的职能。

24. B 【解析】法国年鉴学派由吕西安·费弗尔和马克·布洛赫于1929年创立,得名于是年发刊的《经济与社会史年鉴》。

25. B 【解析】形成性评价是在某项教学活动中,为了更好地达到教学目标、取得最佳教学效果而不断进行的评价。它能用来及时了解某阶段教学的结果和学生学习的进展情况以及存在的问题,因此可据此及时调整和改进教学活动。题干中的教学评价是在教学过程中实施的,故属于形成性评价。

二、简答题

26. 简述明初加强君主集权统治的措施及其影响。

【参考答案】

(1)措施:①政治上:在地方,废除行中书省,设直属中央的三司,分管民政、刑狱和军政;在中央,废除丞相,撤销中书省,由吏、户、礼、兵、刑、工六部分管朝政,直接对皇帝负责;另设殿阁大学士以备顾问。②设立特务机构锦衣卫,兼管对臣民的监视、侦查。

(2)影响:通过以上措施,明初统治者加强了皇权,促成了明代集权政治的建立。这种高度集中的权力,为明初社会经济的发展、统一多民族国家的巩固,提供了政治上的保证。但是,因为明朝时我国封建社会已到晚期,专制主义的强化,必然导致封建政治的腐败,也束缚了资本主义萌芽的发展,延缓了封建社会的瓦解,其消极作用也是显而易见的。

27. 简述中学历史教师如何做好充分的课前准备。

【参考答案】

(1)钻研课程标准和教科书,熟悉教学内容,理清教材与课程标准之间的关系。

(2)及时自查知识结构和相关知识储备,补充和拓展相关学科的知识,更新自己的知识结构,以适应课堂教学的需要。

(3)尽可能多地搜集与教学内容相关的文字、图片、音乐、影像、故事等各种资料,并对有关资料进行分析处理,与教科书资源实现有机整合。

(4)了解学生既有的知识基础和兴趣爱好等心理因素,将教学内容由艰涩、枯燥变得通俗、生动,激发学生的学习兴趣。

(5)做好课前教学设计,包括设计教学构思,根据教学内容确定教学方法,设计多样化的课堂活动等。

(6)尝试欣赏不同风格、不同艺术特点的文学艺术作品,提高自身的欣赏能力。

28. 简述有效的历史教学设计包含怎样的特征。

【参考答案】

(1)明确的历史教育价值取向。

(2)适应学生的需求、知识和能力水平。

(3)科学地整合学习内容。

(4)强调探究发现式的教学策略。

三、材料分析题

29. **【参考答案】**

(1)世界由战后的两极格局向多极化演变;美国在里根时期实力有了长足的发展,美苏力量对比发生了有利于美国方面的变化;苏联社会陷入危机边缘;戈尔巴乔夫在苏联进行改革。

(2)促进了东欧剧变与苏联解体;推动两极格局瓦解,暂时形成"一超多强"的国际关系格局;推动了"冷战"的结束,开启了一个新的时代;导致国际共产主义运动遭遇重大挫折。

30. **【参考答案】**

(1)优点:教师采取了以学生为主的课堂小结方式。教师通过提问,调动学生积极回忆所学知识,增强学生对本课重要知识点的记忆与理解,达到了知识掌握的教学目标。教师在结束语中对后续知识的学习做了相应的铺垫介绍,激发学生学习下面新课的兴趣。

不足:该教师在课堂小结过程中,对学生总结的散乱、并不准确的回答未加以总结和纠正。教师精心准备的科学归纳未能发挥效果,不利于学生在课堂小结环节得到提升。此外,该教师忽略了课堂上的习题演练和课后作业布置,造成授课内容和教学环节缺失,影响教学效果的最大化。该教师没有对学生的学习做出及时评价。

(2)①在树立实践以学生为主的课堂教学理念的同时,应继续发挥教师的课堂主导作用,对学生的总结要加以总结和纠正,进行科学归纳。

②课堂小结要做到首尾呼应,结语要突出重点,结论简明扼要。

③既要紧扣时代精神,又要避免空洞说教,适当地向学生传授正确的人生观、世界观和价值观。

④课堂小结要适当留下悬念,为下节课做铺垫。

⑤课堂小结要注重评价的作用。

31. **【参考答案】**

(1)该教师的教学设计存在一定的问题。该教师在准备授课内容时应该充分注意到学生现有的知识水平同本节课所讲内容之间的差距,即教学内容间的衔接问题。如果仅就春秋战国时期社会生产的发展和商鞅在秦国变法的角度进行授课,会人为地造成知识的割裂。在导入环节,对于春秋战国时期的社会变革,应结合之前周王室的衰落及作为其统治基础的相关制度的瓦解作为时代变革的原因提前交代。此外,本节课的教学实施环节缺少学生的充分参与,应结合小组讨论、情境再现等方式引导学生的积极参与。

(2)教师通过讲授春秋战国时期的社会变革,帮助学生树立勇于进取、敢于创新、努力拼搏的精神,使学生理解当代中国所发生的变革。教师通过和学生一起分析商鞅的历史地位,帮助学生掌握正确评价历史人物的方法。

四、教学设计题

32. **【参考设计】**

环节一:导入新课

师:我们已经学习了两次没有硝烟的战争,它们分别是什么?

生：第一次工业革命和第二次工业革命。

师：第一次工业革命使社会日益分裂为两大直接对立的阶级，世界形成了西方先进、东方落后的局面。那第二次工业革命对人类社会产生了哪些影响？

生：进一步增强了人们的生产能力，交通更加便利快捷，改变了人们的生活方式，扩大了人们的活动范围，加强了人与人之间的交流……

师：随着生产力的迅猛发展，出现了垄断组织，人类历史进入垄断资本主义时代，也叫作帝国主义时代；随着后起的帝国主义列强与老牌的帝国主义列强争霸世界的矛盾日益激化，战争危机也日益逼近了。那第一次世界大战究竟是如何打响的？给人类造成了哪些灾难？今天我们就来学习第8课"第一次世界大战"。

【设计意图】通过复习已经学过的知识，"温故而知新"，唤醒学生的已知认识，使学生在"温故"的基础上"入题"，开启"新知"，自然进入新课学习。

环节二：讲授新课

1. 帝国主义争霸世界

(1)背景

师：在第二次工业革命的推动下，资本主义国家的生产力获得了突飞猛进的发展。资本主义国家开始从自由资本主义向垄断主义即帝国主义发展过渡。哪些国家、何时进入帝国主义阶段？

生：19世纪末20世纪初，美、德、英、法等国家相继进入帝国主义阶段。

(2)19世纪末20世纪初帝国主义之间的矛盾

师：19世纪末20世纪初是资本主义高速发展的时期，但资本主义各国的经济发展是不平衡的。这种发展的不平衡导致资本主义各国的实力对比发生了变化。

师：这种不平衡表现为什么？

生：后起国家美国、德国赶上并超过了英、法等老牌国家。

①根本原因：帝国主义政治、经济发展不平衡。

②主要原因：帝国主义国家矛盾的激化。

师：英国是老牌资本主义国家，19世纪中期建立了海上霸权、殖民霸权、工业霸权。19世纪末20世纪初，随着德国经济的发展，德国工业赶上并超过了英国。德国成为英国的主要竞争对手。英德之间的竞争不仅表现在欧洲商品市场竞争上，在殖民地问题上的矛盾也日益加深。英德之间的矛盾成了帝国主义之间的主要矛盾。

俄奥矛盾主要表现在对巴尔干半岛的争夺上。巴尔干半岛位于欧洲东南部，欧、亚、非三洲交汇处，战略地位显赫，是欧洲列强争夺的焦点，而争夺最激烈的就是俄国和奥匈帝国。20世纪初，巴尔干地区不断出现严重的政治危机、军事危机和局部战争，成为列强争夺霸权最敏感的地区。

师：与实力对比变化相反，各帝国主义对殖民地和势力范围的占有状况未变，还都是按旧的力量对比划分的。这样，矛盾就产生了。作为帝国主义筵席上的迟到者——后起的资本主义国家，绝不满意仅仅得到一些残羹剩饭，他们要求按照新的实力对比重新瓜分世界。正如列宁所说："世界是第一次被分割完了，所以将来只有重新分割，也就是从一个'主人'转归另一个'主人'。而不是从'无主'的变为'有主'的。""帝国主义的一个重要特点，是几个大国都想争夺霸权，即争夺领土"，这正是帝国主义国家间矛盾的根源，也是第一次世界大战爆发的根本原因。

师过渡：帝国主义国家之间的矛盾十分尖锐，各帝国主义大国出于自身的利益拉帮结派寻找盟友，重新组合，导致帝国主义两大军事侵略集团的形成。

(3)三国同盟和三国协约

师：（课件显示《三国同盟和三国协约》图，结合矛盾的三个中心环节，讲两大军事侵略集团形成的过程，教师边讲边用计算机演示）

师：这两大军事侵略集团指的是什么？

生：三国同盟和三国协约。

师：它们分别由哪些国家组成？

生：德国、奥匈帝国、意大利组成三国同盟；英国、法国、俄国组成三国协约。

师补充：同盟国——1879年德奥签订对付俄国的同盟条约。1882年意大利和法国争夺突尼斯失败，加入德奥集团，三国同盟形成。德国是德、奥、意三国同盟的核心。第一次世界大战爆发后，意大利一开始宣布中立，后于1915年加入协约国。协约国——1892年法俄为对付德国签订军事协约。英国看到德国对自己的威胁最大，便协调与法、俄的矛盾，1904年和1907年，分别与法、俄签订协约。英、法、俄三国协约形成。战争期间，土耳其和保加利亚先后加入同盟国，相继加入协约国的则有日本、意大利、罗马尼亚、希腊、美国、中国等国家。日本向德国宣战，出兵占领德国在中国的势力范围——山东省。

师过渡：这两大军事集团展开疯狂的扩军备战活动，世界大战一触即发。

2. 第一次世界大战

师：在战前，国际政治局势动荡不安，而局势最紧张最敏感的地区是哪里？

生：巴尔干半岛。

师：第一次世界大战就是从巴尔干半岛这里点燃的（课件显示地图：《第一次世界大战前的巴

尔干半岛》)。战前的巴尔干半岛就像一个充满了炸药的火药桶,只要有一点火星,就足以引起整个欧洲的大爆炸。巴尔干半岛素有欧洲“火药桶”之称。

(1)大战的爆发

导火线(直接原因):萨拉热窝事件。

师问:第一次世界大战的导火线是什么事件?

生:萨拉热窝事件。(显示图片《萨拉热窝事件爆发前的奥匈帝国王储斐迪南大公夫妇》),奥匈帝国王储在萨拉热窝被刺事件刚一发生,德皇威廉二世就兴奋地叫嚷道:“这是一个千载难逢的机会!”

师问:这是一个什么机会?

生:发动战争的机会。

(2)大战概况

师:经过与德国策划,奥匈帝国向塞尔维亚发出了最后通牒,并于1914年7月28日向塞尔维亚宣战。在接下来的一周内,德、俄、法、英四国也很快投入战争,大战爆发了。

师问:意大利最初为什么没有参战呢?

生阅读课本回答:意大利为了自身利益,见风使舵。后来意大利加入协约国一方,对自己的盟友开战。

师:这说明了什么?

学生发表各自的看法。

师归纳:就帝国主义国家而言,只有永恒的利益,没有永恒的友谊和信义。这场战争很快超出了欧洲的范围,发展成为一场世界大战。

主要战役:

凡尔登战役:①战略地位②时间③交战双方④战争的残酷性⑤结果⑥影响

(生阅读回答,师点评)

索姆河战役:(课件显示:坦克)生阅读“知识拓展”的内容。

师:第一次世界大战的激烈程度远远超出了人们的预料,主要表现在,战场由最初的欧洲扩大到非洲、亚洲和太平洋地区,先后有三十多个国家、15亿人口(约占当时世界人口总数的67%)卷入了战争。当大战进入到1917年后又发生了两件大事,一是俄国的革命,二是美国的参战,这两件大事对大战的结束产生了重大影响。

(3)大战结束

师:大战爆发后,美国总统威尔逊发表了“中立”声明。但是美国的中立是怎样的一种中立呢?在战争初期,美国利用自己的“中立”地位,同交战各国做生意,出售军火和其他物资,大发战争横财。

①美国:“中立”——参战

提问:美国为什么此时才参战? A.1917年前,美国采取“坐山观虎斗”的方针,利用“中立”地位,大做军火生意。B.美国借战争之机正可大发横财,因此不忙于结束战争。C.目的是分享战胜国的利益,收取“渔翁”之利,并击败未来的竞争对手德国。

②俄国:1917年11月,俄国十月革命胜利,苏维埃俄国退出战争。

师问:想一想,美国的参战和俄国革命对大战的进程会起什么重大影响呢?

学生互相讨论、发表看法。

师:美国的参战大大加强了协约国的经济和军事实力,使战势更加有利于协约国;俄国革命有力地冲击着各国帝国主义政府的反动统治,加速了战争的结束。在各种因素影响下,特别是各国革命运动的打击下,1918年10月奥匈帝国土崩瓦解。接着11月德国投降,第一次世界大战以同盟国的失败宣告结束。

师:大战结束了,但战争却给世界留下深刻的影响。这样一场历时4年,30多个国家、15亿人口卷入的世界大战给世界带来了哪些后果呢?

(4)大战的后果

①探讨第一次世界大战给世界带来的灾难。

②评价第一次世界大战,对学生进行情感教育。

(5)大战的性质

教师启发学生从战争的原因、各国参战的目的以及大战产生的后果等方面分析一下这次大战是一场什么性质的战争?

师:这是大战是一场非正义的帝国主义掠夺战争。

【设计意图】历史图片的大量使用有利于创造历史情境,使学生直观地感受真实的历史场景。师生问答法的使用有利于师生互动,提高学生学习兴趣,通过层层递进的提问与回答加深学生的理解与认识。

环节三:总结

请学生谈谈:学习了第一次世界大战后,你感受最深的是什么?

学生回答后,教师点评并总结回顾本课所学内容。

【设计意图】通过提问和点评的方式帮助学生加深对一战的认识。课后小结有利于巩固学生对所学知识的记忆与理解。

环节四:作业(任选一题)

1. 第一次世界大战大事记。

2. 谈谈第一次世界大战给我们的启示。

【设计意图】课后作业的设置有利于巩固学生对本课知识的掌握,使学生认识到战争是一场巨大的灾难,从而珍惜和热爱和平。